アマルティア・セン回顧録（下）

イギリスへ、そして経済学の革新へ

アマルティア・セン【著】　東郷えりか【訳】

HOME IN THE WORLD
:A Memoir by Amartya Sen

勁草書房

HOME IN THE WORLD
by Amartya Sen

First Published as HOME IN THE WORLD in 2021 by Allen Lane, an imprint of Penguin Press.
Penguin Press is part of the Penguin Random House group of companies.
Japanese translation published by arrangement with Penguin Books Ltd. through The English Agency (Japan)Ltd.

目次

第Ⅲ部（承前）

※本文中の〔　〕は訳者による補足

上巻目次

第Ⅲ部（承前）

第13章　マルクスをどう考えるか

1

私の学生時代、カルカッタのカレッジ・ストリート界隈にいた学生や研究者のあいだでは、知的な地位と名声においてカール・マルクスに比肩する人は誰もいなかった。政治的な活動をしている大多数の人びとが、自身を「マルクス主義者」と考えていたが、なかには断固として自分は「非マルクス主義者」だとか、「反マルクス主義者」だとすら主張する人もいた。肝っ玉の据わった何人かの人は、マルクスにもとづくどんな分類も拒絶すると宣言したが、マルクスの主張の健全さ——もしくは不毛さ——に関して何ら見解をもたない人はごくわずかしかいなかった。

私もまたマルクスの思想には十代のころから多大な関心をもっていた。これは何人かの親戚が自分をマルクス主義者だと考えていた（および彼の言葉をよく引用していた）ためだけでなく、マルクスの膨大な著作のなかに、私には重要で、議論するにふさわしいと思われた概念を見いだしたからだ。彼が世界に提示した問題の重要性はさておき、マルクスについて論じるのは楽しかった。

しかし、マルクスはプレジデンシー・カレッジの経済学の授業ではあまり論じられておらず、その点で言えば、カルカッタのほかのどのカレッジでも事情は変わらなかった。彼は何かしらの代替経済を提唱する英雄として、おおむね見なされていた。私は標準的な経済学の授業から、マルクスがほぼ完全に排除された状況を理解しようと努めたのを覚えている。彼の存在は周辺部に大きくのしかかっていたのだが。私たちが大学で教えられた経済学から彼が除外されていたことに関しては、いくつかの単純な見解があった。そのうちの一つは、現代の経済学者はマルクスが「労働価値説」に忠実な点を単に嫌っており、この理論は多くの人には素人的で短絡的なものに思われた、というものだった。この理論のいくつかの説明の一つでは、物資の相対価格はそれらの財やサービスを生みだすのにかかわった労働力を反映し、それが「搾取」の存在を示すことになるという主張がなされているようだった。資本家は労働力を利用することで物を生産させるが、労働者自身は自分たちが物資の生産につぎ込む労働の価値よりもはるかに少なく支払われている。利潤（もしくは剰余）は労働者が生みだすものの労働価値と、彼らが雇用者から賃金という形で支払われる少ない（ときには雀の涙のような）額との差から生まれる、というものだ。

マルクス主義の経済に反対する人びとは、「労働価値説」は初歩的な間違いにもとづいていると考える傾向にあった。あまりにも初歩的で、指摘するのが恥ずかしいほどのものだと。生産には間違いなく労働以外の要素も貢献しており、それらの非労働資源の使用も生産されるものの価格に含まれなければならない。物資の相対価格は、それらをつくるのに費やされる労働量だけを反映しているのではない。確かに、労働価値説はことによると、非労働資源を無視することで、価格のおおざっぱな近似値をつかむのに役立つのかもしれないが、これは魅力的な概念とは言えない。そのため、かつての「古典的」経済学者（たとえばマルクスよりも古い時代に生きて、彼に強い影響を与えたアダム・スミスなど）にはどれだけ魅力的に見えたとしても、マルクスは欠点のある労働価値説を擁護せずに、これを放棄すべきだった。製造の非労働要素を労働とともに全体像に含めて、より完全に理解すれば、搾取されているという判断を下すのは難しくなるだろう。物資の価格には、資本などの非労働資源にたいする報酬も含まれなければならず、資本家はそれによって生産過程に貢献しているのだ。これらの追加の要素を認めれば、労働という観点のみからの価格説は成り立たないし、非力な労働者の搾取という理論もまた消えるのである。マルクスについてはそこまでだと、自己満足した主流の経済学の教師たちは言い、教員の談話室で紅茶とビスケットを互いに回し合うのだった。

2

価値と搾取に関するマルクス主義の理解は、これで説得力をもって一蹴されたのだろうか？　私たちのカレッジを含む各地の大学の標準的な経済学のカリキュラムで、マルクスがこれほど無視された理由の説明が、それでつくのか？　これらの見下したような議論の稚拙さは別として、経済学のカリキュラムにマルクスが含まれない理由を説明するこのような要約には、少なくとも二つの問題がある。第一に、マルクスの思想の多くは労働価値説に関することではまったくなかったので（その一部をこれから見ていくことにする）、マルクス主義経済の有益さは労働価値説が興味深い価格論であるかどうかだけに左右されるものではない。第二に、マルクスが労働価値説を用いた限りにおいて、彼はそれを本当に価格のよい理論だと見ていたのだろうか？　このことから次の疑問が湧いてくる。マルクスはなぜ労働価値説を用いたのか？

ポール・サミュエルソンは、私自身もプレジデンシー・カレッジとＹＭＣＡで過ごした時代に好んで読んだ偉大な経済学者で（彼はアメリカのＭＩＴ〔マサチューセッツ工科大学〕で教えていた）、よい概算と悪い概算という観点から解明を試みた。彼は労働価値説が確かに価格論のための概算として扱えることは認めたが、これはよい概算ではなかったとした。ならばなぜそれを用いるのか？　ケンブリッジの経済学者のモーリス・ドッブは、説得力があると思われる次の指摘をしたサミュエルソンの言葉を引用している。「現代の科学と経済学には単純化する一次近似があふれているが、それらが二次近似よりも劣ることを人はすぐに認め、反論されればそれらを撤回する」。ならば、もっと通用する理論が容易に展開できるのに、なぜ労働価値説を使うのか？　せいぜいおおざっぱな近似値を与えるだけの理論になぜこだわるのか？　労働価値説をなぜすっかり捨て去らないのか（サミュエルソンが好むように）[1]？

労働価値説のこの単純な却下――悪い一次近似として――は、ドッブの著書『政治經濟學と資本主義』のなかの「価値論の必要条件」と題された小論のなかで、ドッブによって厳しく見直された[2]。彼の主張によれば、「のちの近似値には欠けるものが一次近似には何かしら見られる」場合は、良識を働かせて一次近似を拒否する必要はないという。だが、この「何かしら」とは何なのか？

ドッブは、労働価値説は生産における労働の役割が強調される場合、真価を発揮すると主張した。労働価値説はさまざまな観点から見られるのだ。価格論としては、この理論は一次近似でしかなく、通常は近い値でもない。だが、道徳的な内容が込められた規範的な理論としては、これは世界における不平等について、そして資本主義のもとで貧しい労働者がいかにひどい仕打ちを受けているかについて、私たちに何かしらを語る。これらの視点それぞれに何らかの妥当性はあるのかもしれないが、労働価値説は――さらに突き詰めれば――基本的には記述的理論としても見なせるものであり、財やサービスを生みだすうえで人間の労働が果たす役割を描いていることになる。マルクスは自分が研究したほぼすべてのことに人間がどうかかわっているのかという点に、とくに熱心に関心を向けていた。ドッブはこのことを手がかりに、労働価値説は「社会経済関係の事実的記述」であると主張した。この記述が人間の労働にとくに焦点を絞っている事実は、それゆえにこの理論を誤ったものにするわけではない。これはさまざまな社会的動作主《エージェント》——労働者、資本家など——のあいだの関係を見るための特定の、重要な視点を反映しているのだ。

この理論は、歴史の一般論に見られるようなその他の労働にもとづく記述と比較することができる。フランスの歴史学者のマルク・ブロックが封建制度を、封建領主が「ほかの人びとの労働を糧に暮らしていた」制度として、適切に特徴づけたようなものだ。だが、そうなのだろうか？　この記述は、労働（とくに重労働）に具体的に注目すれば、確かに適切だが、封建領主の所有する土地に生産性があることも否定しない。しかし、ブロックの見解は生産に携わるさまざまな人びとのさまざまな役割の不釣り合いさに注目するものであって、生産過程における農奴の重労働と、かたや自分が所有する土地を領主が生産目的の使用を許可することによる貢献の比較は、そこではなされていないかもしれない。「重労働をすること」と「自分の土地を使わせること」はどちらも生産的かもしれないが、両者はかなり異なった生産活動だ。私たちは経済学者が「限界生産力」（生産のための要素を一単位増やすことで得られる生産量の増加分）と呼ぶものがこだわる機械的対称性にとどまらず、種類の違う資源の使用を区別することなく、はるかに多くのことを追究できるのである。

生産過程における別の種類の区別を検証するために、フィレンツェの有名なダヴィデの彫像を考えてみよう。私たちは良識的に「ダヴィデのこの像はミケランジェロがつくった」と言うことができる。この言葉が真実かどうかは、石像をつくるための大理石を切りだし、のみやハンマーを用意する必要性を否定したからといって左右されはしない（ミケランジェロは間違いなくそれらを必要とした）。多要因を考慮する記述では、これらのさまざまな「生産の要素」はいずれも彫像の製作にかかわっている。それでも、芸術家であるミケランジェロにとくに注目するときは、生産過程の別の、重要な側面を引きだし、彼が果たした役割を、集められた大理石やハンマーやのみが提供するものと同一視することはない。

このように、生産／製作は、多様な方法で記述することができる。そこにかかわった労働に注意を傾けることは、間違いなく一つの正当な方法だし、記述の目的や文脈しだいでは適切なものと見なせるものだ。封建制度の特徴を示すにあたって、封建領主が「ほかの人びとの労働を糧に暮らしていた」事実の特定の側面――すなわち、重労働――に焦点を絞ることにしたとき、マルク・ブロックには謝罪したり、何かしらの間違いを告白したりする必要はなかった。マルクスはどんな大失敗も告白する必要はなかったのであり、ドッブにしてもまた然りである。労働価値説の妥当性は、私たちがどの視点を強調しようとしているかにかかっているのだ。

私はドッブのじつに読みやすい小論、「価値論の必要条件」を要約した長い夜のことを鮮明に覚えている。夜遅くにその作業を終えたとき、これでもうマルクスの労働価値説の利用を別の視点から考えることができると思った。内心こうも考えた。イギリスに行くことがあれば、モーリス・ドッブにぜひ会わなければならない、と。

3

これから私がとくに興味深いと思ったマルクスの著作の別の側面について論じることにする。しかし、その前に、彼の著作を読みつづけるなかで、私にはますます明らかになった彼の特異性について若干述べたい。マルクスが明らかに関心をもっていた膨大な経済分析――労働価値説、生産手段の不平等な所有、労働の広汎な搾取、利潤率の低下など――に比べて、政治組織にたいするマルクスの精査は奇妙なほど初歩的に思われた。「無産階級《プロレタリアート》の独裁」の考え以上に息をつかせない理論立てはなかなか思いつかないし、プロレタリアートの要求がどんなものか（または、どうあるべきか）は中途半端にしか特徴づけがなされておらず、そのような独裁制のもとで実際の政治的取り決めがどう機能するのかもほとんど説明されていない。それどころか、マルクスの著作には、人びとの選好と優先順位から実際の社会的決定や行政措置までどう進めるのかという問題への関心がいちじるしく欠如しているように私には思われた。これらは「社会的選択」の重要な側面なのだ。私は社会的選択を理解することにますます関心をもつようになっていたので、その問題に首を突っ込むことにマルクスが明らかに乗り気でなかった点に、やや失望させられた。

マルクスによる民主主義の扱いにも重要な欠落がある。ジョン・ケネス・ガルブレイスが私たちに理解させたように、民主主義は、一つの有力集団が別の集団に「対抗力」を行使することで、圧倒的な力をもちうるどの集団もあまりに強大にならなければ役立つかもしれない。ガルブレイスの考えは、民主主義が実際にどうすれば機能しうるのかを理解するうえでマルクスをうまく補うものとして、私の頭のなかで浮上し始めた。

マルクスの思想から着想を得たと主張する共産党政権の権威主義的な実践について、マルクスを（実際ときおりされるように）非難するのは、もちろん公平ではない。これらの政権はマルクスが考案したものでも、推奨したものでもないからだ。しかし、権力がどのように分配されるのか、または行使されるのかについて、彼が語りたがらなかったことが、資本主義後の社会に隙間を残し、そこに権威主義的なものが追加されて危うい形で埋められかねないことを察するだけの理由が、彼には間違いなくあっただろう。野党勢力の政治が果たす建設的な役割はマルクスの眼中にはほとんどなかったようだった。

一方、自由や、選択の自由に無関心であったとしてマルクスを非難することもできない。それどころか、彼は選択の自由には、非常に関心をもっていた。ところが、政治的組織と権威主義に対抗する予防手段を彼が軽視したことにより、圧力団体の役割が考慮されず、政治的権力の利用が抑制されなくなり、自由の要求を歪めることにつながった可能性は充分にある。マルクス主義と認められた政権につきまとう問題である自由の欠如は、マルクスが何ら推奨したものではないかもしれない。とはいえ、権力や圧力団体に関して彼が口をつぐんでいた結果、自由の欠如が幅を利かせるのに好都合な雰囲気が生まれたのだ。

　また、よく知られるようにマルクスが個人の選択の自由を擁護したとき（フリードリヒ・エンゲルスとの一八四六年の共著『ドイツ・イデオロギー』で）、多くの著者が――それどころか、大半の著者が――見落としがちな重要な考えを彼が捉えていたのは確かである。彼は「個人の自由な発展と活動のための条件を各人の管理下に」置くことの大切さを力強く説明し、こう述べた。「今日は自分が一つの仕事をし、明日は別の作業をすることが、たとえば午前中には狩りをして、午後には魚を捕り、夕方には牛を育て、夕食後は批評するといったことが可能になる。ちょうど私が一度もハンターや漁師、羊飼い、評論家にはならずとも、そうしてみたいと願うとおりになるのである[3]」。ここには自然と個人の自由の重要性が見事に謳われている。もっとも、田舎暮らしに関するマルクスの経験上の理解にたいする信用は、牛を育てるのに夕方がまたとない時間だと彼が明らかに信じていることから、やや疑問視されるのだが。「夕食後は批評する」ことの自由については、彼はより馴染みがあった（彼はそれをかなり頻繁に実践していたに違いない）。マルクスが選択の自由の重要性を非常によく理解していたことについては、ほとんど疑いない。そして、人びとが豊かな人生を送ることの必要性も理解していたのである。

4

私はマルクスにＹＭＣＡで過ごす夕食後の時間をそれ相応に配分していたが、彼にはほかに、アリストテレス、アダム・スミス、メアリー・ウルストンクラフト、ジョン・スチュアート・ミルなどの競合相手がいた。二年生になって、自分の政治哲学が一種の平衡状態に落ち着き始めていたころ（一部の考えはマルクスに影響されていたが、それ以外では彼と大きくかけ離れていた）、私の好きな思想のうち、マルクスが多大な貢献をしたものに注目する際には、より明確に考えなければならないと心に決めた。「非搾取」の原理（彼の唱えた労働価値説によって定められた収支計算に従い、働きに準じた報酬を支払われるもの）と、「必要原理」（各人の仕事や生産性よりも、その必要に応じて報酬を支払うこと）を彼が鋭く区別した点は、急進的な思考における力強い教えとなった。

一八七五年に出版された彼の最後の著書『ゴータ綱領批判』では、マルクスはドイツ社会民主労働党が「社会のすべての構成員の平等の権利」を労働者が「〔何ら控除されず〕目減りしていない労働の成果」を得る権利だと見なしたことを非難した。労働党の会議はゴータの町で開かれることになっていた。「ゴータ綱領」は同党が提案した宣言で、その会議で提示されることになっていた。平等の権利は、搾取を防ぐことと完全に合致したものだったが、マルクスはこれが人びとの要求や権利・資《エンタイト》格《ルメント》の保有を考える唯一の方法ではないと鋭く指摘した（彼はその種の権利は「ブルジョワ的権利」だとすら述べた）。彼はその後、それに対抗して、各人が必要なものを受けられる原理を検討した。マルクスは二つの競合する原理をそれぞれに支持する議論を、交互に論じつづけた。これら二つの原理が完全に別々のもので、互いにぶつかり合うものであることを労働党が明らかに理解していないことに、マルクスは非常に批判的だった。そして、それらは社会を組織するための二つのまるで異なる手法に行き着くのだと説明した。労働者の運動は二つの原理のうちどちらを優先すべきか、それはなぜなのか、冴えた頭で選ばなければならないのだと。

マルクスは最終的に必要原理を選んだ――人にはそれぞれに異なる重要な必要〔扶養家族の多寡など〕があり、その違いを無視することは公平ではないためだ――が、仕事に意欲をもたせるのに充分な制度とこの原理を結びつけるのは、非常に難しいかもしれないとも記した。どれだけ働いても稼ぎに結びつかなければ、勤勉に働く意欲を失うかもしれない。そこで、必要原理を強く支持したあとで、マルクスはそれをただ長期的な目標であるとした。遠い将来のいずれかの時点で、人びとが現在よりも意欲〔報償金〕に動かされることがなくなったときの目標である。マルクスは必要原理のほうが基本的に優れていると考えたが、近い将来にはそれにもとづく制度を実現することは不可能だろうと認めた。そのため彼は当面、社会民主労働党の唱える、働きに即した支払いへの要求を支持する覚悟を決めたが、働きにもとづいた分配が究極的には社会正義のためには充分ではないと認めることは、重要でありつづけた。

マルクスが必要原理を支持したことは、そのとき以来、公開の討論のなかで忘れられたことはない。その道徳的な力は、世界各地で続く論争のなかで繰り返しその原理をもちださせた。その実現性に立ちはだかる障壁を破るための大胆な試みは、毛沢東がいわゆる「大躍進」を遂げようと画策したときにもたらされ、結果的に大惨事を引き起こした。一種の必要原理が、もっと協力的で無私の文化が育つのを待たずして押しつけられたときのことだ。これが失敗に終わったとき〔マルクスがおそらく予期したように大躍進は失敗した〕、毛沢東は大々的な「文化大革命」を通じてその原理を強制しようと試みて、追い打ちをかけた。またもや、マルクスが提案したように文化が長期的に推移するのを待つことなく、近い将来に急進的な変化を起こそうとしたのである。マルクスを超えようとする毛沢東の試みは、明らかに成功せず、最終的に終わりを遂げた。

総合的な政策目標としては必要原理が実現不可能であることは、短期的にはこれを放棄しなければならないことを意味した。とはいえ、さほど総合的ではない形で必要の重要性を認めること――マルクス主義の倫理はその点を非常に重視した――は、ゆっくりとはいえ、現代の世界各地の政治的野心や願望のなかにしっかりと根づいている。たとえば、一九四八年にイギリスが導入し、私がこの国に留学する少し前から完全に運用されるようになった国民保健サービス（NHS）は、とくに医療に関する限りは、必要原理のきわめて重要な要素を実施するための勇気ある草分け的な試みだった。NHSの発起人であり、この制度を断固として擁護したアナイリン・ベヴァンは、ロンドンの中央労働大学でマルクスの著作を研究した人で、次のように述べた。「どんな社会も、財力がないために病人が医療を受けられないのであれば、文明社会を自称することはできない[4]」。さらに、ヨーロッパの福祉国家はその概念全体が、実現可能である限りとはいえ、必要原理への忠誠にもとづいている。

マルクスの言葉とされ、よく繰り返されるスローガン――「各人の能力に応じたものから、各人の必要に応じたものへ」――が、近い将来に実現可能だとマルクスが実際に考えていたものとは相容れないと主張することが正しいとしても、必要と自由に関するマルクス主義倫理のいくつかの実践例が、第二次世界大戦の荒廃後のヨーロッパに深い影響を与えた進歩的かつ啓蒙的な主たる原理となってきたこともまた真実である。

別の方面では、近年――とくに二〇〇七年から〇八年の財政危機後に――多くのヨーロッパの国々で「緊縮財政」を課そうとして散々な結果を招いたことは、必要原理を否定して、経済管理の当座の需要と認識されたことと密接にかかわっている。具体的には、高水準の公的債務への対処を優先するのが責務であるとするものだ（これらはとりわけケインズ主義の洞察を無視したがために、おおむね間違って理論立てられた）。必要からの要求と、意欲（および仕事に関連した権利・資格保有）からの要求の闘争は、マルクスが多方面に影響を与えた『ゴータ綱領批判』を書いた当時と変わらず、今日でも活発に続いている。

労働報酬の支払いのさまざまな原理を区別することと関連して、人間がもつ複数のアイデンティティが重要となるいくつかの一般的な事実に、マルクスが意見を述べていることを付け加えておくべきだろう。私たちは人間をいくつもの異なる視点から見なければならないと、彼は主張した。ドイツ社会民主労働党にたいする彼の批判には、人が労働者として生産するという観点からのみ「社会のすべての構成員の平等の権利」を解釈することで、その人がもつ別の側面やアイデンティティが顧みられていないことが含まれていた。働き手であることは、どんな人にとってもその唯一のアイデンティティにはなりえない。マルクスが述べたように、労働者の権利と非搾取という点だけに専念したことで、ゴータ綱領は人間を「ただ労働者として」見なす結果になり、「ほかには何も認められず、それ以外のすべてが無視されている」ことになった。一八四八年の「共産主義者宣言」での彼の有名な誘いかけ――「万国の労働者、団結せよ！」――では、すべての労働者が多くの側面をもつ人間でもある事実は消しさられていない。

今日の騒々しい世界では、人にただ一つのアイデンティティを当てはめることが顕著に見られ、（マルクスが述べたように）「それ以外のすべてが無視されている」ことを考えれば、人間を一元的に見ることを避けようとする彼の決意に、きわめて重要なメッセージを見いだすことができる。長く続く論争のなかで一八七五年にマルクスが漏らした何気ない言葉は、アイデンティティをめぐる争いが大半を占める今日の紛争にとって、明らかにずっと大きな重要性がある。

5

マルクスの考え方には、私を惹きつけた展開がほかにもあった。私が興奮を覚えるとともに大いに興味をそそられた一つの考えは、彼の非常に独創的な「客観的幻想」の概念と、それに関連した「虚偽意識」についての議論だった。客観的幻想は、眺望のきく特定の場所からは客観的な真実と思われる見かけ上の真実だが、実際には批判的検討をするためにも、最初の地点から本物に見えたものが本当にそうなのかよく吟味して判断するためにも、別の観察から補う必要があるものだ。たとえば、太陽と月は地球からは同じくらいの大きさに見えるかもしれない。しかし、そのような観察から、太陽と月は物理的質量や体積においても同じ大きさだと結論づけるのはもちろん、完全に間違っている。それでも、地球からは確かに同じ大きさに見えることを否定するのもまた間違いだろう。マルクスによる客観的幻想の研究（彼が「物事の外形」と呼んだもの）は、場所に左右される観察が認識におよぼす意味合いや、観察にもとづいた熟考を理解するうえで先駆的な貢献をなしている。

　客観的幻想の考えは、マルクスの社会・経済分析にとって重要だった。観察と批判的な見直しを組み合わせることで、私たちが明らかにできる真実がある。特定の場所にもとづいた評価では、すぐさま反映されないかもしれないものだ。マルクスは客観的幻想の一例として、〔賃金と労働力の〕自由な交換があるおかげで、労働者と資本家のあいだにある、一見すると公平で衡平《エクイタブル》に見える関係を検討した。しかし実際には、労働者側は交渉力を欠くため、経済的に搾取されているのだと彼は主張した。労働者は、市場の仕組みと生産手段の所有がいちじるしく偏っているために、自分たちが生産したものの価値を受け取っていないのだ。自由な交換の要求について考えるには、よりよい方法があるとマルクスは論じた。

マルクスによる働きに応じた収支計算から浮かびあがるものは、私たちが市場で実際に目にするものとはかけ離れている。市場では「等価」が平等に交換されている印象を与えがちだ。モーリス・ドッブが提案した一例を考えてみよう。かりに工場の一方の側から別の側への移動を可能にする――もしくは禁ずる――門をたまたま（何らかの訴訟のあとなどに）所有していたとすれば、それを開けることで生ずる「生産性」を理由に門に莫大な使用料を課すことができるかもしれない。この「生産性」を徹底的に――完膚なきまでに――精査することは可能だ。絶妙な場所にある門は、生産を妨害する潜在力のほかは何も生みださず、そのような潜在力の使用を避けることから「限界生産物」のように思われるが、本当は生産のための資産ではない。この門は生産性の幻想を生むかもしれないが、その幻想は道理にもとづいた議論によって否定することができる。

　客観的な幻想というこの考えは、マルクス自身の利用をはるかに超えて多くのことに応用が可能で、階級やジェンダーの不平等を理解するうえでとくに、学生時代の私の思考に深い影響を与えた。これらの不平等はすぐさま明らかにはならないかもしれない。往々にして異なった人びと――労働者と資本家や、女性と男性――が同じように扱われているように見えても、実際には微妙ながらも甚大で（まともな政治的議論がなされない場合は）見過ごされている深刻な差別があるからだ。大学で日々を過ごすにつれて、私は衡平を促進する政治により関心をもつようになり、客観的幻想の事例の検証に時間を費やすようになった。不平等な社会で労働者が自分たちの搾取の本質を明確に見抜けないようにごまかされている事例はとくによく研究した。

6

マルクスの著作からは多くの収穫があったし、彼は間違いなく代替経済の強力な源泉として見なすことができた。しかし、マルクスを狭義に決まりきった観点から見ることには危険がある。たとえば彼を「唯物論者」として見て、世界を物質的状況の重要性という観点から解釈し、アイデア〔観念・思想・考え〕の重要性を否定していた、などと考えることだ。この唯物論者という見解はよく見られるが、これはアイデアと物質的状況のあいだの双方向の関係を強調したマルクスを、まるで誤解している。社会的理解にアイデアが果たす広範な役割は、マルクスがじつに多くの光明を投じたことであり、その点を見逃すこともまた残念である。

私がケンブリッジに留学したころ注目されるようになった歴史解釈をめぐる論争の争点を説明させてもらおう。イギリスの歴史学者エリック・ホブズボームが一九五五年に『マークシスト・クウォータリー』で発表した「イギリスの歴史家はどこへ向かうのか？」は、あまり知られていないが優れた論考の一つだ。ホブズボームはこのなかで、アイデアと物質的状況のあいだの双方向の関係をマルクスが評価したことが、二〇世紀にいかに異なる教訓を与えたかを論じていた。かたや、一九世紀にマルクスが自分の周囲で見ていた世界では、支配的な知的関心事――たとえばヘーゲルやヘーゲル主義者が選んだもの――は、アイデアが一方的に物質的状況におよぼした影響を強調することだった。マルクスが実際にかかわった経験的論争において、その誤解また悪用に抵抗して〔アイデアと物質の〕関係を特徴づけた際には、総じて逆方向の影響――物資的状況からアイデアへ――により注目していた。マルクスの時代に支配的だった偏見〔アイデアが物質的状況におよぼす影響を強調して、逆は顧みないもの〕を正すために彼が修正的に注目したことは、現代では適切でないし、双方向の影響に関心をもっていたマルクスにたいして公平でもない。

私たちの時代には、主要な関心は変わりがちだった。二〇世紀なかばに歴史学で最もよく知られていた学派は、人間の行動は単純な種類の物質的な関心によって、とりわけ狭義の利己心によって、ほぼ全面的に動機づけられると考えるタイプの唯物論を奉じる傾向があったと、〔ルイス・ナミエの非常に影響力のあった歴史的著作を引用して〕ホブズボームは述べた。この完全に別個の偏見は、ヘーゲルをはじめ、マルクス自身の時代のほかの影響力のある思想家による観念論の伝統とは、多くの面で反対のものだ。そう考えると、偏りのない双方向の見解を示すには、いまはとりわけアイデアとそれが物質的状況におよぼす影響の重要性を強調しなければならない、とホブズボームは主張した。〔二〇世紀に唯物論が優勢を占めるなかで〕アイデアからの影響はあまりにも無視されてきたからだ。したがって、二〇世紀におけるマルクス主義の分析は、アイデアと物質的条件の双方向の関係にたいするマルクスの見解から離れることなく、彼が生きた時代に示したものとは異なる方向に向かう必要がある。

たとえば、ウォレン・ヘイスティングスがインドで不正行為を働いたとして、エドマンド・バークが〔有名な弾劾公聴会で〕非常に影響力のある批判を繰り広げたこと〔第10章参照〕は、バークが正義と公平さの考えを堅く奉じていたこととじかに関連している。かたやナミエのような、利己心に焦点を絞った唯物論的な歴史学者は、ヘイスティングスの政策にたいするバークの不満には、東インド会社の経営における財政面の懸念の影響しか見ていなかった。唯物論――とりわけ狭義の唯物論――を重視し過ぎることには、マルクス主義の広い視点から本格的な修正を加える必要があった。ホブズボームは次のように論じた。

ナミエ以前の時代には、マルクス主義者は政治の物質的な基盤に関心を向けることを、自分たちの主要な歴史上の義務の一つと考えていた〔……〕しかし、ブルジョワの歴史家たちが粗雑な唯物論の特殊な形態であるものを採用して以来、マルクス主義者は彼らに歴史とは、自分たちの物質的環境の反映であるのと同じくらい，アイデアをめぐる人間の争いでもあることを思いださせなければならなかった。トレヴァー＝ローパー氏〔有名な保守派歴史学者〕はイギリス革命〔清教徒革命〕が地方の紳士階級の没落の反映だと信じた点で間違っていただけでなく，ピューリタン信仰が単に迫りくる破産の反映と考えた点でも誤解していた(5)。

カルカッタで勉強していたころ，私はウォレン・ヘイスティングスの弾劾公聴会でバークが提示した考えに大いに関心をもっていた。バークの倫理が――ナミエなどによって――その弾劾に関する「鋭い」歴史解釈と見なされているもので，ごくわずかな役割しか担っていなく思われたことを，私は憂慮していた。バークはロバート・クライヴを称賛する一方で（クライヴは，私の考えではヘイスティングスよりもずっと悪質な男で，はるかに帝国主義者だった），ヘイスティングスを攻撃したために混乱していたと私は判断した。しかし，イギリスの支配が始まった初期の時代に，インドの臣民に同情を示したバークの寛大さに私は心を動かされていたので，彼の雄弁な反帝国主義的批判を単なる金銭面の利己心の反映とは見なせなかった。ケンブリッジでナミエとバークに関するホブズボームの論考を読んだとき，私は目から鱗が落ちた気がした。

7

主流の経済学を――カルカッタおよびのちにケンブリッジで――学んでいたころ，誰もが利己心を優先し，その他の価値観から自分たちの懸念や判断に影響を与えることはないのだと想定するよう私たちは強く推奨されていた。私にはこれは粗雑であり，間違った考えに思われた。これはマルクスも想定したものなのだろうか？　それによって人間の行動に関するそうしたきわめて限定的な想定に疑問をもたずに、主流の経済理論の歪んだ見方を吸収したのだろうか？

　私の脳裡に徐々に根づいた一般的な教訓は、人間の行動にたいするマルクスの幅広い教えに充分な関心を払うことの重要性だった。避けるべきは、彼の思想を単純な決まり文句で狭めることだった。とくに唯物論を（なかでも利己心に関する全般的な仮定の形で）優先することと結びつけることである。マルクスは多様な種類の動機について広く語り（たとえば『ドイツ・イデオロギー』で）、時代を経るにつれて協力的な価値観が出現することについて感動的に書いているので（たとえば『ゴータ綱領批判』で）、そのように狭めてみたところで、その見解を持続させるのは難しいはずだ。マルクスに関するホブズボームの解説は、この問題についても明確にしていた。

　ホブズボームの論文は、私がケンブリッジを卒業するころにちょうど発表された。私はケンブリッジに行く前から彼の初期のいくつかの著作に注目していたので、向こうに行ったら彼に会いたいと思っていた。幸い、当時ケンブリッジ大学キングズ・カレッジの若い特別研究員《フェロー》だったエリックと知り合いになるのは難しくなかったので、キングズ・カレッジに留学していた友人のプロルハド・ボシュに、私たちをお茶に招いてもらった（モーガン・フォースター〔小説家〕が一緒で、おかげでこの機会はたいそう有意義になった）。私はケンブリッジ時代の初めのこうした出会いで覚えた興奮をよく覚えている。当時、私はマルクス主義の知的な幅の広さに大いに感銘を受けていたが、マルクス主義者になるまで心をそそられてはいなかった。私にとっては、思想の源泉はほかにもあまりに多数あり、そのすべてがマルクス主義の信条とは一致しなかったからだ。しかし、マルクス主義の偉大な――そしてかつては非常に独創的な――伝統の退廃と思われたものにも、総じて懸念を覚えていた。一九五〇年代には文学や経済学、歴史学の決まりきった体制順応主義的な分析を生みだすことに、マルクス主義はあまりにも没頭していたからだ。エリックは、かなり強固なマルクス主義者だったが、こうした知性の放棄には与《くみ》していなかった。モーリス・ドッブやピエロ・スラッファなど、ケンブリッジではひらめきを与えてくれたその他の人びとも同様だった。のちに、エリックは親しい友人になった。私は彼の考えや著作に反映された、マルクス主義の豊かな伝統からは喜んで学ぼうと試みたが、マルクス主義を機械的に実践する人びとが擁護する決まりきった学習は拒絶した。

8

素晴らしい歴史学者であるガレス・ステッドマン・ジョーンズが『カール・マルクス――偉大さと幻想』〔未邦訳〕というマルクスを再検証する優れた作品を近年執筆した。一九世紀末から二〇世紀にかけて、マルクスが歪められて理解された理由をいくつか彼が特筆している。マルクスが無謬の思想指導者であり、疑う余地のない政治のグルだとする見解を生むことになった理由である。

そこから浮かびあがった人物は、あごひげを生やした厳格な家父長であり立法制定者であって、遠い未来まで見据えて、無慈悲なまでに首尾一貫した思想家だった。これは二〇世紀が――まるで間違って――見ていたマルクスだった(6)。

ステッドマン・ジョーンズの本の目的は、それとは対照的に、「マルクスを彼が生きた一九世紀の状況に、彼の死後にその性格や功績をたたえる労作がつくりだされる以前に戻す」ことなのである。マルクスの著作を理解し解釈するには、ステッドマン・ジョーンズが見事にやってのけたように、彼を当時の状況に置いて見なければならない。彼が論ずるのは、マルクスが熟考、論争、政治的かかわりで選択したものを取り巻いた付随的な諸々の出来事だ。それに怒りと歓喜も（と付け足せるだろう）。しかし、そのためには、ホブズボームにヒントを得た論点も加えなければならない。ステッドマン・ジョーンズの視点と並行して、マルクスを理解するうえで別の強調点と動機を与えてくれるものだ。マルクスの思想のうち当時とは別の時代——具体的には二〇世紀から二一世紀の世界——に通ずるものは、一九世紀に彼自身が全般的な主張とした観点からは、完全には理解できないことも私たちは気づく必要がある。一部の目的のために歴史的文脈付けが必要だとすれば、状況が変われば、脱文脈化、もしくは文脈の変換も必要なのだ。マルクス主義の分析の範囲と力を、マルクスの時代とはまるで異なる背景で理解するためには、私たちはそれに適した汎用性を用いなければならない。

物質的状況を変えるアイデアの途方もない力は、ホブズボームが立証するように、完全にマルクス主義のものだが、彼自身が充分に関心を向けたテーマではない。当時の対抗思想との闘争に明けくれていなければ、彼ももっと関心を注いだだろうが。実際には、今日の私たちの世界で最も役立つマルクス主義思想の一部——首尾一貫した記述の徹底、客観的幻想の妥当性、多数の分配目標、アイデアと物質的状況の二重の役割——は、彼の一般的な考察から汲み取らねばならない。ときには何気ない見解ですらあり、たいがいは口にしてもそれ以上言及することもなく、ごく簡単に説明したものなのだ。

マルクスを最大限に活用するために、彼自身の著作に反映された優先事項にとらわれずもっと深読みする必要があると、私はますます確信するようになった。カレッジ・ストリートのコーヒーハウスで交わされた私たちの議論の多くは、この幅広い哲学を検証しようとする試みだった。私たちの再解釈は、かならずしも成功したわけではないが、自分たちにどこまで可能か試すことは試した。日々のコーヒーとともにもたらされた、マルクスに取りつかれた世界のなかで。

第14章 若き日々の闘い

1

心気症は長年、私の「友」だったが、この友情がいつの日か自分の命を救うことになるとは思いもしなかった。ちょうど一八歳の誕生日を迎えるころ、私は口のなかに滑らかなしこりがあることに気づいた。硬口蓋《こうこうがい》の上に、半分に割ったエンドウ豆ほどの大きさのものがあったのだ。痛みはなく、何ら支障はなかったが、それまで見てきたものとはまったく違うものだった。私は心配になった。

これは一九五一年一一月のことだった。その時分にはカルカッタのＹＭＣＡ寮に落ち着いていたので、寮で学生一般の面倒を見ることになっていた医師の診察を受けに行った。医師はしこりについては何とも思わず、そのうち消えるだろうと言った。心配はいらないと。だが、彼の無関心さに私は不安になった。しこりが何であるかもしれず、何が原因と考えうるのかの説明もなかったからだ。考えられる説明を私が求めたのにたいして、彼が次のように答えたとき、この不安はさらに増した。「われわれ医者は、神が創造してくださった世界の些細な特徴は理解していないことが多いが、そのことでうろたえたりはしないのだよ！」私の長年の知的な道連れ、すなわち順世派《ローカーヤタ》の唯物論哲学を思いだして、私はその中心となる命題の一つ、「物質的な出来事には物質的な原因がある——それ以上の世界を探し求めるな」について考えた。紀元前六世紀からのその助言を無視すべきどんな理由も、私には見いだせなかった。

クリスマス休暇のあと、一月に寮に戻ってからもしこりはまだそこにあった。それどころか、しこりは少し成長したように思われた。私はこの問題により真剣に取り組むことにした。「成長」という言葉が頭のなかをぐるぐる回りつづけており、私は大学図書館に行ってがんに関する評判のよい本を数冊調べて、心を落ち着かせることにした。実際にはこれは逆効果となり、読んだものから、私は「上皮性悪性腫瘍」と呼ばれる奇妙なものについて考え始めた。私はその真相を突き止めようと考えた。費用のかかる治療はできない（両親はまだデリーにいて、この件について何も知らなかった）ので、カルカッタの大きな公立病院の一つ、カーマイケル病院の外来に行った（ここはのちにR・G・カー医科大学と附属病院の大きな複合施設に併合されることになる）。この病院は内科・外科とも優れた医師がいて、貧乏な患者でもぞんざいに扱われないと評判だった。

私は二時間ほど列に並んだ。ようやく私の番がくると、堂々とした外見の医師がにっこりと微笑んだ。私は医師に、硬口蓋にしこりがあって、上皮性悪性腫瘍ではないかと思うと伝えた。彼は親しみのこもった満面の笑みになり、すぐさま私の機嫌を取り始めた。経済学部の学生が下した医療診断を却下しようとしているのは明らかだった。「はい、はい、そうですか」と彼は言い、「上皮性悪性腫瘍だと思うわけですね！　ならば、じっくり診たほうがいいね。ただしその前に、ほかにも何か深刻な病気ではないかという懸念はありませんか？」

「いいえ、上皮性悪性腫瘍だけです」と、私はきっぱりと答えた。そこで、彼は私の上顎を明るいランプで照らしながら検査した。私が次のように尋ねるまで、彼はほとんど何も言わなかった。「生検をするんですか?」「いや、やっても意味がないでしょう。ここには重大なものは何もないからね。ただちょっと腫れているだけで、間違いなく消えてなくなります。そのプロセスを速めたいなら、消毒液に浸すことはできます。デットルでうがいをするといいかもしれない」

「でも」と、彼はしばらく口をつぐんだあとで言った。「いい考えがあります。午後遅くまで待てるのであれば、どうせいくつか小さな外科手術の予定が入っているので、局部麻酔でしこりを切除してあげますよ」。そうなれば、しこりはなくなり、「あなたの不安とパニックもなくなります」と。がんについて少しばかり読んだおかげで、私はこれがとんでもなく悪い考えであると判断するくらいの知識は得ていた。つまり、がんの可能性がある症例を扱っているという自覚すらない人に、しこりを適当に切除させることである。そこで、私は彼に礼を言って病院を出て、安堵どころか落胆して寮に帰った。自分はがんかもしれず、まだきちんとした診断を得られていないのだと考えて、勉強も手につかなくなり始め、コーヒーハウスでの気楽な会話ですら楽しめなくなった。

自分が愚かなのではないかと、疑いはした。すでに二人のれっきとした医者に心配の種を診てもらっており、どちらも何ら疑わしい点は見いださなかったのだ。何か深刻な病気ではないかと疑ってしまう私の手に負えない性向は、もちろん自覚していたし、友人たちには楽しみの源になっていた。シャンティニケトンの校医に「どうしようもない心配性」と言われた言葉がついて回るようになった一件を私は思いだした(ベンガル語ではマシに聞こえるが、それでも褒め言葉ではない)。その言葉は、私が絶不調のときに起きたある出来事に触発された、無理もないものだった。ある日、私は胃腸に関連した症状があったため、コレラの初期症状ではないかと疑った。その説明は省くが、かつて窮地に陥ったイギリスの帝国主義者たちが「デリー腹《ベリー》」と呼んでいたあれだ。校医は私がコレラには罹患していないと請け合い、続いてたいへん興味深い所見を述べた。彼の診療経験では、コレラ患者は総じて非常に楽観的であったので、私がこれほどうろたえているのは、コレラには罹っていないさらなる証拠だと、校医は言ったのだ。

私にとってその所見は、とびきりの慰めになった。私はうろたえるのをやめ、楽観的になった。そして当然ながら、またもや新たなパニックに陥った。私の楽観主義は、校医の基準によれば、私がコレラに罹っていないのではなく、むしろコレラだという指標に違いないからだ。その考えを伝えると、校医はお手上げ状態になって言った。「アマルティア、どうも君を安心させられないらしいが、その心配性分は抑えなければダメだ！」何年ものちにカルカッタでこの校医の助言を思いだしたこのときは、心気症は私の決心を固めることになった。口のなかに深刻な病気があるかもしれないと考えるだけの何らかの理由――その蓋然性がどれほど低くても――があるのだと、私は自分に言い聞かせた。たとえこの懸念を頭のなかから追いだすためだけでも、それを追求しなければならなかった。

2

ＹＭＣＡには、カルカッタ医科大学で医者になるためにインターンをしていた、なかなか頭のよい気さくな寮生がいた（彼の名前を思いだせないのは残念だが、何しろ六〇年も前のことだ）。私は彼と長話を始め、自分の窮状を説明したあと、口内のしこりを診てもらえないか聞いてみた。「まだ研修を終えたわけではないけど」と、彼は私の口蓋を覗き込みながら言った。「これは僕には上皮性の悪性腫瘍らしきものに見えるね」。ようやく私の不安に応えてくれる人に出会えたのだ。翌朝、彼は医科大学の図書館に行って、上皮性悪性腫瘍に関する本を二冊借りてきてくれた。

私はその晩、大きな本を二冊かかえてベッドに入った。しばらく一心に読んだあと、真夜中近くには、自分にはしこりの形になった扁平上皮《へんぺいじょうひ》がんがあるのだと――純粋に形態状の理由から――確信していた。もはや即刻、がんの専門医に診てもらわなければならないと、私は自分に言い聞かせた。しかし、誰に？　カルカッタには母のいとこのオミヨ・シェン博士がいた。オミヨおじ《ママ》（と私は呼んでいた）は優れた医師で、カルカッタの有名な外科医だった。彼は市内の南のはずれ、バリゴンジに住んでいた。彼に電話をかけて、助言が欲しいのでそちらに向かうと伝えると、私は市内の北端から彼の家の近くまでを往復していた二階建てバスに乗った。バスの二階から日差しを浴びたカルカッタを眺めながら、素晴らしく輝かしい日に、自分を待ち受ける暗黒の世界への恐怖が裏づけられるかもしれないと考えたことを覚えている。

　オミヨおじは、しこりを深刻なものと考え、生検が必要かもしれないが、がん以外の理由も考えうるので、まず局部的な消毒を試してもらいたいと言った。彼が私に処置したのはマーキュロクロム〔赤チン〕と呼ばれる、赤色の液体だったと思う。これは口の奥から少しずつ漏れだしがちで、唇の上に一、二カ所、染みをつけていた。そのため、私は級友のあいだで、口紅を濃く塗った女の子たちにキスばかりしているに違いないと評判になった。「僕に言わせれば、少なくとも一人にキスしているな」と友人の一人が言い、自分は政治においても過激主義には反対なのだと説明した。

　赤い液体は私には何の効果もなかったので、オミヨおじの助言に従って、私はカルカッタに新設されたばかりのがん専門病院、チットロンジョンがん病院で局所麻酔による日帰り手術と生検を受けることにした。すでに五月初めになっていて、カルカッタは夏に向かい暑くなり始めていた。オミヨおじ自身がしこりの切除を執刀し、その根本部分をジアテルミーで焼灼《しょうしゃく》した。これは彼が会議に出席するためにロンドンへ発つ二日前のことで、その後は数カ月間、イギリスで仕事をすることになっていた。診断書が出たころには、彼とは連絡が取れなくなっており、数回試したのちに私は諦めた。

　こうした諸々の出来事があり、私が生検の結果を待っているあいだに、両親がデリーからカルカッタに引っ越してきた。両親には何も知らせておらず、引っ越しをしてきたのはただの偶然だった。父が西ベンガル公務委員会のメンバーとして新しい仕事に就いたためだった。公務員の応募者の面接をして採用を決めるのが父の仕事だった。彼はこの仕事が気に入っており、両親はともにカルカッタが好きで、妹のモンジュもやってきたので、私は寮から新しい実家へ喜んで引っ越した。何もかもが楽しいような状況のなかで、結果を受け取るのが遅れていることだけが気がかりだった。その後、私は何とか空元気《から》を掻き立てながら、両親にこれまでの経緯を打ち明けた。両親はすぐにオミヨおじと連絡を取りたがったが、彼はまだイギリス滞在中で居場所がわからなかった。

病院からは生検の結果は郵送するが、緊急に連絡する必要があれば、電話をすると言われていた。だが、何もこなかった。明らかに自分で行って、結果を聞かなければならなかった。しかし、チットロンジョンがん病院は容易に入り込めないし、検査結果を患者に直接、それもとくに若い患者に渡すことを好まないのを私は知っていた。この件を家族内で話し合ったあと、父のいとこであるオショク・シェン（私はチニおじ《カカ》と呼んでいた）が私の代わりに行って、検査報告を取ってきてくれた。

両親はその検査報告を私より先に見ていた。授業が終わって帰宅すると、葬式のような雰囲気だった。母は明らかに泣いていた（隠そうとはしていたが）。父は陰鬱な彫像と化していた。妹のモンジュはひどくむっつりとしていた。そしてチニおじ《カカ》は重苦しい表情でそこに座っていた。「生検の結果がきたんだよ」と、父が私に言った。「とても残念だけど、扁平上皮がんだったと言わなければならない」。私はもちろん、ひどく気落ちしたが、勝ち誇った気分でもあった。「知っていたよ」と、私は家族に言った。「僕が最初にそう診断したんだ」と、いくばくかの科学的誇りを感じながら私は言った。

打ちのめされた気分だった。私たちは押し黙ったまま夕食を食べた。それから、父が翌朝、がん病院に予約を取ったけれども、病院へは事務所から直接行くし、私は同行する必要はない、それどころか、すべきではないと言った。医師たちが私には話したくないことを、父には自由に伝えられるようにするためだった。

その晩、ベッドに横になりながら――私の寝室はベッドの四方が本棚に囲まれていたので、書斎のように見えた――私の脳裡には、いまの窮状と私が最初に診断を下していた事実の双方が何度もよぎっていた。自分は実際には二人の人間なのだと思ったことを覚えている。一人は患者《ペイシャント》で、何か絶対的に悪い知らせを聞いたばかりの人間だが、私はその患者の世話をする代理人《エージェント》でもあった。本を読んで患者の病気を注意深く診断し、生検をすべきだと主張し、結果を手にし、運がよければ、患者《ペイシャント》を生き延びさせることのできる人物だ。私は自分のなかの動作主《エージェント》を失ってはならないのであり、受動者に完全に乗っ取られることはできない。絶対にできないのだった。そのことはもちろん、慰めにはならなかったし、何であれ慰めにはなりえなかったが、それは元気づけられる考えだった。私にはこの先の歳月を闘い抜くために、そのエネルギーが必要なのだと、自分に言い聞かせた。その闘いは実際には、当時の私は知らなかったが、何十年ものあいだ続くことになった。最初の任務は、何が最良の治療か、この患者にどのようなチャンスがあるのか明らかにすることだと、エージェントはペイシャントに語った。

私がようやく眠りに落ちたときには、夜が明けていた。家々を訪ねて回る貧しい行商人がもう何かを売ろうと――自家製の野菜だったと思う――かなり声を張りあげていた。困難な人生にもかかわらず、彼は強い意志を漲《みなぎ》らせていた。声で感じる彼の存在と、生きるための彼の闘いが励ましとなり、私にも決意の感覚を与えていた。まばゆい日差しとともに、新しい日が始まることにも、励みになるものがあった。私には睡眠が必要だったが、それを本当の長い眠りには、あるいは永遠の眠りにはしたくなかった。

3

一九五二年五月一四日付の生検報告には、「扁平上皮がん、グレード2」と書かれていた。そのころには、グレード2がよい数字でないことは充分に知っていた。グレード1の上皮性悪性腫瘍では、非がん性の細胞にかなりよく似たがん細胞があり、検査所の説明では、正常な細胞とも似て「よく分化している」。グレード3と4では分化はほとんど見られず、活発で恐ろしいものとなることを意味していた。私の場合は「やや分化した」状態で、中間的な症状だった。すぐさま死を宣告されたわけではなかったが、心配し、急ぐ理由は確かにあった。そして、チットロンジョンがん病院が父に告げたのはそのことだった。病院側は、私ができる限り早く放射線治療を受けるべきだと考えていた。

私は父と一緒に病院へ行き、院長のシュボド・ミットロ博士と面談した。ミットロ博士はがん全般については知っていたが、口腔がんの専門知識はなかった。それどころか、彼は一流の婦人科医で、膣式手術で革新的な研究をなした人だった（私にはあまり役立たないものだ）。当時、彼は「ミットロ手術」と呼ばれるようになったもの（率直に言えば、膣式広汎子宮全摘手術）で有名になりつつあり、医学雑誌にそれに関するいくつかの論文が掲載されていた。彼はこのために、私が彼の病院で治療を受けているあいだにも、ウィーンで何かの表彰を受けていた。

私は病院内の口腔がんの専門家は誰なのか聞いてみたが、満足できる回答はもらえなかった。もっとも、具体的な専門分野に言及することなく、何人もの名前が挙げられはしたが。私の治療は放射線医が担当してくれるのだと、だから心配は無用だと言われた。父はこうしたすべてをどう評価すべきかやや迷っていたが、私の病気の診断にとても動揺しており、とにかく迅速に行動したがっていた。

普段はとても無口な人である父が、やや度が過ぎるほどにしゃべり、集まった医師たちのあいだの医学的なやりとりに（「腫瘍クリニック」であったに違いない場所で）口を挟むのを見て、私も驚いた。そのために、本来ならば彼の知的な質問を聞いてもらえる機会が失われていた。

口腔がんに関して読んだことから、放射線治療のあとに手術を受けることになるだろうと私は確信していた。ところが、そこで指示されたのは、ただ大量の放射線を浴びることだけだった。そのことがいくらか心配だったほか、より全般的には、チットロンジョンがん病院が非常に新しいことを私は案じていた。そこは私が行った二年前の一九五〇年一月に創立されていた。医師の一人は、同院がマリー・キュリーによって開設されたのだと私に教えた。ノーベル賞を二度（物理学と化学）受賞した人である。だが、そう聞いても、あまり安心させてはもらえなかった。一つには、由緒があるからといって専門的な医療が受けられるわけではないからだが、マリー・キュリーは一九三四年に（核物質で研究したために発症した白血病の一種である再生不良性悪性貧血から）死去しており、一九五〇年のカルカッタでは病院を開設するどころか、何一つできなかったのを知っていたためだ。

さらに少しばかり調べると、チットロンジョンがん病院を開いたのはマリーの娘で、やはりノーベル化学賞を受賞したイレーヌ・ジョリオ＝キュリーであったことがわかった。そのことを知ってありがたくは思ったが、私の疑問はまだ残っていた。すなわち、私の治療について誰が専門的指導をするのか、である。その答えは、ただ消去法によってだが、明らかに放射線科の研修医自身だった。何度も主張した挙句に、私は彼と二度の面談に漕ぎつけた。彼はとても賢そうに見え、ベンガル人にはとても珍しく、やや赤っぽい髪をしており、どこか風変わりだった。恥ずかしながら名前を失念してしまったが、彼は記憶に永久に名前を刻むべきほどに私の人生にとって重要な人だった。

この放射線医はかなり説得力をもっていた。口腔がんは完治するのが難しく、私のがんがグレード

2であることも、事態を悪くするばかりだった。回復率の統計を見せてほしいと私が迫ると、彼は答えを渋ったが、おおむね予測されるような数字がやがてわかり、私の場合は五年後の生存率は一五パーセント前後だった。その統計は確かに非常に意欲を失わせるものだった。もっとも、放射線医はがんの症状はそれぞれ異なるし、私ならばそれらの数値よりもずっといい結果が出せるだろうと（理由を明確にはしなかったが）安心させてくれた。私のために計画されている積極的治療なら、間違いなく功を奏すると彼は元気づけるように言った。

なぜ手術はしないのだろうか？　放射線医は手術をすれば、かえって拡大する可能性があるようなことを言った。そして、放射線治療を遅らせる結果になるとも言った（スピードが重要であるのに、と彼は強調した）。口腔がんのほとんどのタイプは、高線量の放射線に非常によく反応するのだと、彼は請け合った。私のタイプが、よく反応しないものであった場合は？という疑問には、理路整然とした答えと呼べるようなものはもらえなかったが、なぜか私のは反応するタイプなのだと彼は信じていた。この病院では「ラジウム鋳物《モールド》」を手に入れたばかりで、それを鉛製の容器に入れて口内のその他の組織が影響を受けないようにして使用する予定だった。放射性物資〔ラジウム〕をなかに収められる窪みのある鉛の容器をあつらえてもらうために私は多くの時間を費やした。

高線量の放射線——八〇〇〇ラド——を受けなければならないのだと、私は言われた。これが、格別に高い値であることが私にはわかった。なぜそれほど大量に浴びなければならないのか尋ねてみると、放射線医はこう答えた。「いいかね、この治療は繰り返すことはできないし、君が耐えられる限り、できるだけ強く照射しなければならないんだよ。私はがんを消滅させるのに必要な最小限の量を求めているわけだが、それは君が許容できる最大限の範囲でなくてはならない」。数学におけるほかの「ミニマックス」問題〔最大可能損失を最小限にするゲーム理論の問題〕なら馴染みがあるというようなことを、私は彼にベラベラとしゃべり、大いに不安になりつつも、いくらか決心も固めて帰宅した。私がラジウムで受けたような放射線はさほど深くまで貫通せず、より深くまで到達するX線が開発されるとともに時代遅れとなったことをのちに知った。ラジウムはマリー・キュリー自身が（ポロニウムという、ポーランド出身の彼女にちなんで付けられた別の元素とともに）発見した元素だった。自分が昔ながらのラジウムで治療を受けていた一九五〇年代初めにも、医療用線形加速器《リニア・アクセラレーター》の研究が始まっていたことは、当時の私は知らなかった。これはより貫通力のある放射線を、より狙いを定めて照射するものだった。

私は、病気を退治するには充分だが自分自身を殺さない程度の量を、旧式の放射線学の方式で七日以上にわたって照射されることになった。私の治療は病院にとって、新しい冒険の一環だったのだ。私は病院が新たに入手したラジウム・モールドで高線量放射線治療を受けた、ごく初期の事例だったのである。病院の人びとはみな、この治療に関して大いに興奮しているのだと私は教えられた。私も、もちろん同様だった。

4

六月二六日、カルカッタで突然モンスーンが始まった日に、私はチットロンジョンがん病院に入院した。この病院は非常に交通量の多いS・P・ムカルジ・ロードにあり、やはり交通量の多いハジュラ・ロードとの交差点の近くにあった。病院から通りを挟んだ向かい側には小さな空き地があり、試合をするには狭すぎるその場所では、本格的にプレーをするには軟らかすぎるボールを使って、子供たちがサッカーに興じていた。入院した日は両親が付き添い、友人も二人ほど、さらに大勢の親族たちが見舞いにきてくれた。父の姉——私の伯母《ピシマ》——は、朱色の印の付いた銀製の物体を送ってくれた。

それは何かしらの方法で清められていて（私にはどのようにしてかは定かでなかった）、幸運をもたらしてくれるものなのだと私は言われた。

さらに憂鬱なことに、その夕方、ダッカから虚弱ながん患者が「最後の頼み」の治療を受けるために到着したものの、翌日に実際、私の治療が始まる前に亡くなっていた。初日の朝、病棟内を歩き回ると、さまざまながんを患う大勢の若い人――その一部は幼い子供たち――に出会った。一八歳は、そのなかではかなり大人だと、私は思った。

放射線治療は過酷な体験だったが、それは痛みを伴うからではなく（痛くはなかった）、口のなかに鉛の容器の窪みに入れたラジウム・モールドを入れたまま、グラグラする金属製の椅子に座りつづけ、とてつもなく退屈な時間を過ごし、しかも七日間、毎日それを繰り返さなければならないためだった。その代物は口蓋にぴったり押し当てた状態にしなければならず、毎日五時間じっと座っていなければならなかったのだ。少し離れた場所に窓があったが、多くのごみ箱と葉がわずかに残る木が一本見えるだけの病院の陰鬱な敷地が見えるばかりだった。それでも私はその木をありがたく思い、イギリスの支配者から「予防拘禁」されていたコンコル伯父が、刑務所の窓のない部屋から、窓の外に木が見える別の部屋に移されたとき、どれほど嬉しかったかを語っていたことを思いだした。

毎日五時間もずっと椅子にじっと座りつづけ、放射線照射を受けたら退屈するのではないかと心配になり、私は本を何冊かもち込んだ。経済学の本ではなく、ジョージ・バーナード・ショーの未読の小説と戯曲が中心だったが、シェイクスピアの未読の戯曲もいくつか含まれていた。〔シェイクスピアの〕『コリオレイナス』は再読した。私には彼のような決意――その抵抗――が必要だと思ったのだが、ほかの人びとを顧みないコリオレイナスの姿勢や、いわれのない優越感なしに、それが達成できるだろうかと疑問に思った。シェイクスピアの劇ではいつものことだったが、根底にある緊張関係が頭のなかでぐるぐるとめぐりつづけた。私はまたエリック・ホブズボームの初期の著作も何冊か読み、当時、イギリスで創刊されたばかりの新しい歴史雑誌『過去と現在』の刊行計画に関する資料を地元の左翼の人びとからもらいもした。

放射線治療の初日には、親切なピシマが彼女のよく知る方法で神の加護を求めてくれた。私には間違いなく運が必要だったので、幸運をもたらす方法を彼女が知っているようにと祈ったのを覚えている。ロンドンの記者がある事件の調査に派遣された苦境を描いた、ショーの短編小説を読んだことも覚えている。片田舎の村に住む信仰心の篤い人びとが、川の土手にある教会の墓地に罪深い酔っ払い男を埋葬したところ、教会が一夜にして川の対岸に移動してしまい、罪人との縁を切ったという事件だ。新聞記者――ショーの短編では『タイムズ』紙の記者だったかもしれない――は、無知な村人の心をつかむ迷信について記事を書くために現場に送られた。ところが、村人たちの言うことが正しく、教会が実際に川の向こう岸に移動していたことがわかり、記者は問題に遭遇する。

そこで、彼がそのことを編集部に書き送ると、君はそこへ村人がいかに非合理的であるかを書くために派遣されたのであって、村人のばかげた信仰を裏づけるためではないのだと、編集部は折り返し言ってよこした。彼自身が迷信にとらわれたまま戻れば、元の仕事に復帰することは期待できないのだ、と。仕事を失う確かな見通しに直面して、記者は自分にできる唯一の知的な行為を実践した。以前、教会があった場所に埋葬された（教会はそこから川を渡っていた）酔っ払いの棺を真夜中に掘り起こし、川向こうの教会の新しい敷地まで運んだのである。移転先の墓地にアル中男を再び埋葬するや否や、教会はすぐさま川を越えて、元の場所に戻った。記者はそこで編集部宛に、教会はそれまでつねにあった場所にまだ立っていると請け合う記事を言葉巧みに書き、村人の迷信を歯に衣《きぬ》着せずに非難した。私は科学に逆らうそうしたささやかな奇跡は、目下の状況では大いに歓迎しようと考えることにした。

七月上旬に七日間におよぶ試練が終わり、私は家に帰った。放射線にたいする当面の反応は何もなく、鏡を使って上顎を覗くと、しこりを切除した根元部分はまったく同じように見えた。しかし、二日後には口内でまぎれもない猛火が始まった。口蓋全体が腫れあがって、粥のような状態になり、私は何も食べられず、顔を触ることもできず、鏡のなかの自分は見たこともない姿で、話したり笑ったりするたびに——私の母はそのため毎回悲鳴をあげた——傷ついた口から血が滲みでてきた。痛みはあったが（それに関しては事前に言われていたが、充分にではなかったかもしれない）、何よりも奇妙な違和感があった。どんな警告でも予期できないほどの異常な感覚だ。

私は、そのわずか七年前に原爆を落とされた広島と長崎についていろいろ読んでいたので、突如として自分も同じように攻撃された一人なのだと見なせるようになった。日本の犠牲者たちにたいする仲間意識に、すでに感じていた以上に急激に目覚めたのだ。これで自分は間違いなくおしまいに違いないと、考えざるをえなかった。放射線医は最大許容線量を計算間違いしたに違いない。彼はのちに実際、反応を予測するうえで問題があったと語っていた。治療プロセスの一環として、かなりひどい状況になることは予想していたが、あれほどの反応は予期していなかったのだ。放射線は若い細胞組織にたいしてより破壊力をもつことで、がん細胞を殺す。がん細胞は体内では新しいからだ。しかし、私自身もかなり若かったので、私の全細胞も比較的若く、予期しない過剰反応が起きたのである。自分の口内で生じた凄まじい出来事は、新しいチットロンジョンがん病院の若い患者の放射線治療に関する医学的理解を広げることに貢献したかもしれないと、私は思った。しかし、母がつくってくれた液体状の食べ物を——私が口に入れられるものはそれだけだった——痛みを堪えてすすっていたとき、この高尚な考えが脳裡を占めていたとは主張できない。

二週間後には、医師たちは生検したしこりの残りが完全に消滅したのを見て歓喜に沸いていた。私も嬉しかったが、あまりにも破壊的だったので、自分の体からほかにも何かが押し流されたのではないかという不安を拭えなかった。両親と妹はよく労《いたわ》ってくれ、私が楽観的でいられるように最善を尽くしてくれた。事態は「すぐに、本当にすぐに」解決するのだと。私の口は徐々にまた形を取り戻し始め、二カ月後には――あれはひどい二カ月間だった――私はチットロンジョンがん病院に入院する以前の姿に似てきた。家から外に出て、芝生に座ってみようという気になった最初の日、物理学者のサティエーン・ボースが訪ねてきた。彼は芝生の上の近くの椅子に座って、自分がどれほど物理の研究に夢中か（「君は物理を諦めるべきではなかったんだ」と、彼は励ますように言った）を含め、じつに多くの話題について話をした。逆境がときには、勉学を続ける決意をいっそう強めることもあるのだと、彼は付け足した。

大学生活から遠ざけられてしまったことで、自分の勉学への思い入れや、もし生きられるとすれば将来何をすべきかについて熟考する時間が与えられていた。私にはインドの識字率と貧困をどうにかしたいという自分の計画や希望――および試み――についても充分に考える時間があった。プレジデンシー・カレッジと友人たちのもとへ戻りたいと、ますます気をもむようにもなった。ずいぶん多くの授業を欠席してしまったが、この期間ずっと友人たちが状況を報告してくれていたし、私が聴き逃した講義のノートをくれることすらあった。ショミル＝ダはとくにほぼ連日、見舞いにきてくれ、何があったかを話してくれた。大学では私が死の床にあるという噂が流れていたので、自分にとっても親友たちにとっても、私が再び姿を見せて、その憶測をかき消すことができたのはとりわけこころよいことだった。

5

九月に、私はカレッジ・ストリートに戻った。復帰できて、どれほど嬉しかったことか。私の世界は戻ってきた。級友たちとしゃべる楽しみも、政治をめぐる激しい議論も復活した。女子学生たちは私が休学する前と同じように賢く魅力的に見えたし、コーヒーハウスは以前と変わらず私を元気づけてくれた。詩のサークルからは温かく歓迎してもらい、ジョティルモエは気持ちの浮き立つ詩が含まれた希少な詩の本を何冊かくれた。

それからまもなくして、私は友人のパルト・グプトとカルカッタから一九〇キロ以上離れたバハランプルに全ベンガル・ディベート大会に参加するために向かった。パルトは歴史学者を目指して勉強中の優秀な研究者で、素晴らしい人物だった。私たちはこの大会でちょっとした成功を収め、道中の列車のなかでもパルトと二人で以前のような政治議論を再開できたことが、私にはなかでも嬉しかった。暗い話題では、ソ連による東欧諸国の扱いとソ連国内での粛清と裁判のニュースについて話をした。パルトと私のような左翼の人間にとっては物議を醸す話題だ。パルトは、アメリカのジャーナリストのジョン・ガンサーが著書『現代ヨーロッパの内幕』のなかで、公判にかけられたブハーリンなどはかなり健康そうで、拷問に遭ったようには見えなかったと報告していると指摘した。(1)ガンサーの話を信じれば、どんなことでも信じることになるだろうと私はパルトに言った。

パルトはさほど説得を必要とはしていなかった。彼は私と同様に、共産主義が当初宣言していた自由の約束が、スターリン主義（私たちはまだこの用語を使ってはいなかったが）によっていま踏みにじられているのではないかとひどく憂慮していた。放射線治療から復帰後の私の大学生活は、出遅れた分の挽回も含め、とりわけ政治議論に明け暮れることになった。

放射線治療からどんどん回復するにつれて、関与せずにはいられなくなった別の、もっと個人的な論争もあった。私はカルカッタの学生のあいだではそこそこに名前が知られていたので、闘病していたことはこれらのグループ内でよく話題になっていた。私が誤診され、間違った治療を受けたという噂が広まっていたのだ。チットロンジョンがん病院の幹部が私の父を急き立て、（公立病院なのに）有料で私に放射線治療を受けることで手を打たせたという噂まであった。おかげでこの医療機関は少しばかりお金を稼いだだけでなく、入手したばかりのラジウム・モールドの用途を見つけたのであり、この装置は騙されやすい患者に使用されるのを待っていたものなのだ、と。噂はさらに一歩踏み込んだ。私は何ら治療を受ける必要はなく、まして大量の放射線のような死を招きかねない治療など必要がないのに、病院に殺されかけたというものだ。

こうした噂はいずれも真実ではなかったが、放射線治療を受ける決断が確かに急いで下されたことだけは、もちろん例外だった。カルカッタでのわが家のかかりつけの医者（カマッカ・ムカルジ博士）は、決断を下した時期には不在で、決定された内容に非常に不満をもち、報告書を書いた。「シュリー・シェンの両親は［生検の報告を見て］非常に心配になり、セカンド・オピニオンを求めず、確認のためにもう一度検体を調べずに、一九五二年六月に放射線治療を急いで実施させた」〔シュリーは英語のミスターに相当する語〕。実際、セカンド・オピニオンと二度目の生検をする余地は、確かにあっただろう。しかし、急を要する状況でもあったし、診断結果を考えれば急ぐべきもっともな理由はあり、そのために判断は難しくなっていた。私たちが行なったことについて、何ら疑問をもつ理由は思いつかなかった。両親は賢明に行動したと思うし、病院側はやる気にあふれた放射線医の助けを借りて、最善を尽くしていた。彼は経験不足を、幅広い文献に当たることで補っていた。また、放射線を受けたあとでは、すでに起こってしまったことを蒸し返す意味が私には感じられなかった。

実際、もし私が放射線による試練を――医療ミスで――必要もないのにくぐり抜けたのだとしたら、自分が実際その苦しみを非常によい理由のために体験したのだという思いを強める代わりに、大幅に苦痛を増すことになっただろう。

6

放射線治療を受けてから十数年後に、偉大な科学者のJ・B・S・ホールデンがカルカッタの別の病院で治療を受けたのちに、直腸がんで亡くなった。ホールデンは一九六〇年代初めにインドに帰化して、妻のヘレン・スパーウェイとともにオリッサ州ブバネーシュワルに暮らしていた。私ががんになってから、ホールデンが発病するまでのあいだの時期に彼とは会ったことがあって、少しでも知り合いになれたことが得意だった。学生時代から知っていた彼の著作には、大きな影響を与えられたからだ。彼が病気になった時期には、私はデリーで教えており、お見舞いに行けなかったことを悔やんでいる。

ホールデンはカルカッタで入院中に病床で、がんについての詩を書いた。この優れた詩は、一九六四年二月二一日に『ニュー・ステイツマン』誌で発表されたもので、彼の人柄から予想されるように、やたら肯定的な信念によってではなく、批判的推論によって気持ちを掻き立てるために書かれたものだった。彼はがんの高い発症率に触れることから始めた。

がんとは、おかしなものだ。
私にホメーロスの声があれば
よいのだが、直腸がんのことを歌えれば。

がんに殺される人間は、実際、ずっと多い
トロイの略奪で殺《や》られた数より夥《おびただ》しい。
［……］
私は知っている、がんがよく殺すのを
でも、車や睡眠薬だって同様なのを。
それにがんは汗をかくまで人を痛めつける
虫歯や未払いの借金だって苦しめる。
ちょっとした笑いは確かに、
回復を早めてくれる、往々に。
だからわれら患者も本分を尽くそう、
われらを治す外科医に手を貸そう。

ホールデンは前向きな姿勢がもつ治療効果を過信していたのかもしれない。統計上の証拠は、そうした姿勢がどれだけ役立つかについてはかなり結果が分かれている。一九五二年当時は、まだ彼の詩を読んでいなかったけれども（まだ書かれていなかったので）、明るい気持ちをもちつづける努力についてホールデンが与えるような助言には従っていた。そのことは何ら結果に違いをもたらさなかったかもしれないが、意図的に気分を盛りあげなければ、致死量に近い放射線を浴びる苦難は簡単には潜り抜けられなかっただろうと思う。「本分を尽くす」必要があるという考えは、逆境にもかかわらず、私が送ろうとしていた人生に確かに違いはもたらした。

肯定的な姿勢をもつことが実際の回復を助けると期待することにおいて、ホールデンが正しいにしろ間違っていたにしろ、それは間違いなく、悲観主義にはできない形で、治療とその予後の体験を耐えられるものにしてくれる。このことは、おそらく一部の人びとが考えるほど些細な点ではないだろう。私たちの人生は経験の連続で成り立っているのであって、治療期間もその連続の一部なのだ。したがって、私たちはただ「最終結果」だけを見るのではなく、病気になって死のうが死ぬまいが、その苦しみと闘っているさなかですら、自分たちが送っている人生も見なくてはならない。あるいは、別の言い方をすれば、闘病後の人生についてのみ関心をもつのではなく、闘いのさなかの人生にも目を向けるだけの理由があるのだ。がんの場合、それはかなり長い時期となりうるのである。

苦痛緩和剤は、私たちの人生にはもちろん重要なものだが、医師がときおり大いに強調して、治療は「単なる緩和ケア」（つまり「結果には何の違いもない」）だと示す判断をするのは、おそらくそれがよい人生に通じるからというよりは、むしろ総合的な体験に目を向けさせるためのものだろう。そこには私たちの知識や懸念、不安や希望（おそらくは突飛な願望も）が含まれている。ホールデンが陽気さをがんとの闘いの一部として見たのは、正しかったと私は思う。

7

プレジデンシー・カレッジとコーヒーハウスに戻ると、私は以前のカレッジ・ストリートの暮らし、つまり読書、論争、討論を再開した。まったく幸せな気分だった。がんの脅威はもちろん、なくなりはしなかったし、骨や組織への放射線によるダメージに対処しなければならず、この先何十年ものあいだ注意と管理を必要とするものになった。しかし、当面、心気症には暇をやることにした。そのころには何としても人生を歩むのだと、それも精力的に歩まねばならないと、切実に感じていた。私は自分にとって重要なテーマ（私のがんは明らかにそうであった）だけでなく、世の中にとって重要なことを再び議論するようになった。私はがんによって抜けだせないほどの自己中心的態度を強いられていたが、それを克服したことを祝いたかった。

一九五二年一〇月上旬のある夕方、プレジデンシー・カレッジのベランダの端に座りながら、私は一世紀以上の歳月に隔てられたヘンリー・ディロジオのことを考えた。教育に関する彼の考えが批判的で恐れ知らずであったがために、カルカッタで学問をする人びとはじつに素晴らしいスタートを切ることができた。彼ならば、私のそのときの精神状態を理解してくれただろうと感じると、自分の心配事を凌駕するほどに祝いたい気分になった。通りの向こうのコーヒーハウスで友人たちとコーヒーを飲みながら、知的な熟考に耽る喜びと私のあいだには、隔てるものは何もなかった。あるのはただカレッジ・ストリートにずらりと並ぶ書店と本であふれかえる露店だけだ。それは心が浮き立つような瞬間だった。

第15章　イギリスへ

1

私がイギリスに留学するという考えは、最初は父の頭のなかで芽生えた。父はロンドン大学で三年間、農芸化学の博士課程で学び、その大半をハートフォードシャー州ハーペンデンのロザムステッド研究所で過ごして大いに楽しんでいた。私ががんの放射線治療を受けていたとき、両親はこの治療騒動が終わったら私が楽しみにできるものを何か与えたがっていた。父はロンドン・スクール・オヴ・エコノミクス（LSE）のよい評判を聞いていたので、この大学に行きたくはないかと、私に尋ねた。「それはすごいね」と、私は答えた。「でも、それだけのお金があるの？」これは当然の質問だった。私の家は裕福ではなかったし、長年、大学の教師を務めた父はかなり薄給の身だったからだ。

ちょっと計算してみたところ、学費を含め、私がロンドンで三年間過ごせるだけの資金が——ちょうど——あると判断したのだと父は言った。当時は、イギリスへ留学するための奨学金などはまずなく、その時点で私が対象になりそうなものは間違いなく皆無だったが、幸い、学費はきわめて安かった。インフレ分を調整しても、今日の何分の一以下だ。

そのため、私は高線量放射線治療による体力消耗から回復したのち、自分が何をすべきかを検討することになった。私は先述したオミヨ・ダシュグプトとも話をした。オミヨおじは、確かに留学先はイギリスにすべきだと考えたが、ＬＳＥ（彼は一九三〇年代初期にそこで博士号を取得した）ではなく、当時、経済学では世界一流だと彼が考えるケンブリッジに行くべきだと言った。

そこで、私はブリティッシュ・カウンシルの図書館に行って、イギリスの大学に関する情報を集めた。そこの図書館は、私が足繁く通っていた場所の一つで、魅力的であり、とても使いやすい場所だった[1]。ケンブリッジのさまざまな学寮《カレッジ》に関する資料を調べていたとき、トリニティ・カレッジが私の目に飛び込んできた。このカレッジに関しては、いくつかの別々の理由から少しばかり知っていた。私のいとこのブッドはインド独立直後に、このカレッジでインド行政職の研修生として半年間を過ごしていた。私はブッドが大好きで、英語が読める以前の子供のころから、シェイクスピアの戯曲の裏話を彼から聞いていた（彼は私にとってチャールズ・ラムの『シェイクスピア物語』〔邦訳は岩波文庫など〕の生きた見本だった）。のちに成長して一六歳になったころ、ブッドが帰国してまもなく、トリニティについて語る彼の楽しそうな賛辞に耳をそばだてるようになった。カレッジのグレートコート〔という広い中庭〕にある時計が男女の声で交互に（つまり低い音と高い音で）時を告げるという彼の話すら楽しんだ。

私はさらにニュートンや〔フランシス・〕ベーコンについても、〔バートランド・〕ラッセルや〔哲学者のアルフレッド・Ｎ・〕ホワイトヘッド、〔哲学者のジョージ・Ｅ・〕ムーアにヴィトゲンシュタインについても、かなりよく知っていたし、トリニティの詩人たち（〔ジョン・〕ドライデンが私のお気に入りだったが、ほかにも〔アンドルー・〕マーヴェル、バイロン、テニスン、〔アルフレッド・Ｅ・〕ハウスマンなど）や、トリニティの数学者たち（〔ゴッドフリー・Ｈ・〕ハーディ、〔ジョン・E・〕リトルウッド、それに侮りがたき〔シュリーニヴァーサ・〕ラーマーヌジャン）やトリニティの物理学者、そして生理学者についても知っていた。

決定的瞬間が訪れたのは、二〇世紀でおそらく最も独創的なマルクス経済学者のモーリス・ドッブがトリニティで教えていて、ピエロ・スラッファも同様であることを発見したときだった。スラッファは経済学と哲学双方の主要な思想家で、偉大なマルクス主義思想家のアントニオ・グラムシの親友であり、同僚だった。そして彼らのほかにデニス・ロバートソンの名前も付け加えなければならない。ロバートソンは功利主義的経済学の第一人者で、優れた保守派の思想家でもあるが、マクロ経済学において素晴らしく独創的な研究も行なった人物だった。ある意味で、ジョン・メイナード・ケインズに関連づけられる考えを予期させるものだ。ドッブやスラッファ、ロバートソンとともに研究できる可能性は、何とも心ときめくものだった。私は自分の選択を強く確信していたので、トリニティに願書を出したばかりか、ほかのどのカレッジにも出願しなかった。実際には、「トリニティか不合格かだ」と、私は心を決めていた。

2

そしてたちまち、不合格になった。トリニティは私の願書を驚くほど速やかに却下し、「本年」はインドからあまりにも大勢の優秀な出願者がいたという、型どおりの説明がそこには付されていた。何とも残念なことだった。そこで、私はカルカッタ大学で勉強を続けることにした。私はプレジデンシー・カレッジで二年目を終了するところで、その年度が終われば何らかの学士号が取得できることになっていた（その学位を取得したころには私は一九歳になっていた）が、あと二年勉強すれば、本格的な大学の学位を得られることになり、これは——修士号と呼ばれていたが——ケンブリッジの学士号とおおむね同じ基準となることを意味していた。トリニティにはいずれ博士課程修了後に研究しに行くこともまだ可能だと、私は自分に言い聞かせた。だがいまは、カルカッタでもう二年、さまざまな分野を学んでいる友人たち――スコモイ・チャクラヴァルティー、ムリナル・ドット・チョウドゥリ、ジョティルモエ・ドット、ミナッキ・ボシュ、バルン・デ、ジャティ・シェングプト、シュニティ・ボシュなど――と楽しい日々を過ごすことができるのだ（残念ながら、もう一人の親友、パルト・グプトはそこにはいないことを私は知っていた。彼はすでにオックスフォードへの入学を決めて出発の準備を始めていたからだ）。一九五三年のモンスーンの涼しい雨のなかでは、トリニティの不合格はさほど悪いことには思われなかった。

八月のある朝、突然トリニティから電報がきて、インドからの合格者の何人かが辞退したので、一〇月の初めまでにケンブリッジにかならず行けるのであれば、結局のところ入学できるのだという。急いで手配をしなければならなかった。私は父と一緒にブリティッシュ・エアウェイズの前身である英国海外航空（BOAC）に行った。係員はとても丁重だったが、当時の航空券は非常に高額で、わが家では手の出るものではないことがわかった。しかし、ボンベイからロンドンまで船で行けば、一九日間も居心地よく寝泊まりができて、食事とワイン（私はまだ飲み始めていなかったが、確かに興味はあった）、甲板での遊び、それに毎晩のビンゴ（世界で最も退屈なこのゲームをやりたい人がいればだが）もすべて込みでも、いちばん安い航空券よりもはるかに安くすむことがわかった。そこで、父はちょうどいい時期にイギリスに到着するP&O汽船のストラスネイヴァー号の切符を私のために購入した。

その後に、背広、ネクタイ、コートなど、カルカッタでは決して必要のなかったいくつかの買い物をした。父は、まるで自分が再びイギリスの大学に戻るかのように興奮していた。彼は真夜中に起きだして、私が必要な品々のリストをつくりだすのだった。最終的に、私たち、つまり両親と妹のモンジュと私は、ボンベイ行きの列車に乗って一緒に出発した。カルカッタの鉄道駅（正式にはハオラ駅と呼ばれている）で、私はほかにも同じ船に乗るためにボンベイに向かう人たちに会った。歴史学者のトポン＝ダは私を温かく迎え入れてくれ、ボンベイまでの二日間の列車の旅が始まると、学園祭のような雰囲気になった。その浮かれ気分は、やや不吉ながら、イタリアのネオレアリズモ映画『にがい米』（一九四九年製作。カレッジ・ストリートの学生のあいだで、シルヴァーナ・マンガノの圧倒されるような美しさゆえだけでなく人気があった）の最初のほうの場面を思いださせた。田植えのために雇われた出稼ぎ労働者たちがポー川流域に向かうために鉄道駅に和気あいあいと集まるのだが、やがて目的地では悲劇が待ち受けるというものだ。

3

ボンベイでは、私たちは母のいとこのオジョイ・グプト――私にとってはオジョイおじ《ママ》――の家に三日間泊まった。私が学校に上がったばかりのころ、パズルや難問を次々に繰りだしてよく楽しませてくれた祖母の姉妹トゥル＝ディの息子である。私はオジョイおじも大好きで、インド国産の製薬会社の先駆けであるCIPLA《シプラ》の献身的な試みに身を投じることにした彼の慧眼をとくに尊敬していた。一九三五年に、科学的才能のあるインドのナショナリスト、クワジャ・アブドル・ハミードによって創設されたシプラ社は、西洋の製薬会社と互角に渡り合おうとするものだった。その野心的な試みはいまではおおむね達成されており、オジョイおじはその創設期から同社と密接にかかわっていた。

シプラ社が収めた大きな成功の一部は、オジョイおじの死後、ごく最近になってようやくもたらされた。シプラ社がエイズの治療に不可欠な抗レトロウイルス薬の世界的カルテルを崩す偉業を成し遂げ、この薬の国際価格を大幅に下げることに成功したとき、私は彼のことを考えた。この新しいジェネリック医薬品は、アフリカから南アメリカまで、以前の一般価格の何千分の一かで売られて大評判を巻き起こし、抗レトロウイルス薬によるエイズ治療を世界各地でいっきに手の届くものにした。シプラ社は医薬品が買えないという理由で、その恩恵を受けられずにいる人びとにも薬を行き渡らせようと断固として努力しつづけてきた。いまでは、薬物耐性の尿路感染症の患者がゼムドリ〔プラゾマイシン〕――もともとアケオジェン社が開発したものだが同社はのちに倒産した――という特別な抗生物質を使いたい場合は（アメリカでも）供給元はシプラ社にならざるをえず、同社はこの効果的な薬を生産しつづけている。

出港に備えるあいだ、私はオジョイおじと何度か話をした。彼はインドを経済的に繁栄させるために、自分にできることをしたいのだと語った。この考えは、ある面ではナショナリスト的だが、彼の言葉には排他性は少しも感じられなかった。彼はハミードの能力と才能をたたえるだけでなく、度量の広さも称賛していた。ムスリムであるハミードが、ユダヤ教徒の女性を妻にしていた事実は、その広い視野を示す一例に過ぎなかった（後年、私は彼らの息子、ユスフ・ハミードをよく知るようになった。そのころにはユスフがシプラ社を非常に巧みに経営していた）。オジョイおじはまた、西洋諸国による製薬業界の植民地的支配にたいし、ハミードが政府統制を通じて競争の封じ込めを画策するのではなく、製造と販売面で欧米の製薬会社に打ち勝つよう努力して対応した点も評価していた。揺るぎない左翼である彼は、インドの人びとが国際貿易をひどく悪いものとして考えていることへの驚きを表明した。そこには、大きな知的欠如が見られるという点で、私は彼に同意した。

私たちの会話は、実際的な問題にもおよんだ。オジョイおじはそこで、「おじ」としての務めを果たしていた。私の心に残った助言の一つは、自分が無理なく遂行できる以上に約束してごたごたに巻き込まれないようにしろ、というものだった。彼はそれがイギリスにいるインド人学生の常習的な問題だと考えていた。これには、ガールフレンドとの関係も含まれるのだと彼は言った。彼はパートナーとの偽りのない関係と、無分別の楽しみによる軽率な行為には、大きな違いがあることを私に理解させようと熱心に語った。私はこの違いが認識論的に健全であることは認めたが、無分別の楽しみや自然発生的な行為が、日常生活において何の利点もないのかという点について、オジョイおじに議論を吹っかけることはできなかった。

オジョイおじのことは、彼の政治・経済上の見解以外には、充分に知らないのだと私は感じた。ボンベイでの彼の暮らしは孤独に見え、留学中に彼が私生活でどんなかかわりをもっていたのかは知らなかった。その謎が見事に解けたのは、彼の魅力的なスコットランド人のガールフレンド、ジーンがボンベイにやってきて彼と一緒になったときのことだった。二人はすぐに結婚し、三人の素晴らしい子供をもうけた。ただし、この一家と連絡を取るのは難しくなった。ボンベイで数年間暮らしたのち、オーストラリアへ移住してしまったからだ。こうしたことはいずれも、私がケンブリッジに出発する前の夜に話し込んでから、何年ものちの出来事だった。

4

私がストラスネイヴァー号に乗船して、ロンドンに向けて出航するばかりとなったのは晴れた夕暮れのことだった。波止場まで一緒に行って、そこで私は家族に別れを告げた。興奮と漠然とした不安が奇妙に入り混じっていた。大陸横断の旅費は非常に高いので、インドに戻れるのはケンブリッジで学位を取得したのちであるのはわかっていた。それにもちろん、自分にとって楽しいときも苦しいときも、非常に大切だった人びとをあとに残して行くのだということも知っていた。

甲板に立って、沈む夕日のなかでインドがどんどん遠ざかってゆくのを眺めながら、マクシム・ゴーリキーが父親に連れられてモスクワ大学に入るためにやってきたときのことを回想録に書いていたのを思いだした。彼はこの大学の有名な正面階段を上りながら、父親の手をつかんだ。別れを告げてから一人で立つと、それまで味わったことのないような孤立感を覚えた。いまならゴーリキーがもっと理解できると、私は思った。インド以外の国はビルマしか知らなかったし、それもごく幼いときのことだ。新しい場所へ――イギリスへ、ケンブリッジへ――行くというスリルは、私がたいへん強い帰属意識をもつ国を離れる悲しみと入り混じっていた。

同じくらい重要なことに、私はごく幼少期から戦うべき相手だと教えられてきた帝国の首都に向かっていることに不安を感じていた。これはインド独立からわずか六年後のことであり、かつての帝国とその元属国との関係はまだ正常化していなかった。「予防拘禁」されていたおじたちや、いとこたちと面会するために、イギリス統治下のインドの刑務所の待合室に座っていた記憶は、まだ新しく生々しかった。船を動かし、私たちにあれこれ指図する一団の白人を眺めながら、私は一九二〇年代に父がロンドンで博士号のために勉強していたときのささやかな、とくに重大ではないある体験のことを思い浮かべた。父はイギリスでの暮らしは非常に楽しかったが、それでも支配者と被支配者の関係の異常さについては、よく考えたと私に話していた。あるとき、彼が家に手紙を送ろうとして、自分が貼った切手で充分かどうか確かめようとしたことがあった。隣の人に小声で質問すると、その人は父の言うことが――この場所が混み合った鉄道駅だったため――よく聞き取れず、そこへ一人の少年が駆け寄ってきて父にこう言った（その子は一〇歳にもなっていないだろうと父は思った）。「そうです、それでちょうどぴったりです。わが帝国内はどこでも同じ郵便料金ですから」。その子供が帝国をもっているかのように語ったのを、私の父は面白がっていたのだが、もちろん少年はただ手助けをしようとしていたのだ。

ストラスネイヴァー号では、私は知り合いの乗客仲間に事欠かなかった。イギリスに留学するインド人学生が二十数人乗船していたからだ。そのなかには、トポン・ラエチョウドゥリとパルト・グプトも含まれており、どちらもオックスフォードへ行くところだった。私たちがイギリスに発つ前の夏に、パルトと私はダージリンのヒル・ステイション〔北部丘陵地帯にイギリス人が設けた避暑地〕で、予防接種を一緒に受けていた。美しい山間の土地を長いこと歩きながら、私たちはありとあらゆる話題について話し合った。インドの左翼の問題をはらんだ政治活動もその一つだった。私たちはどちらもおおむね左翼に共感していたが、世界各国の共産党の民主的資質にはかなり疑問を抱いていた。さまざまなテーマのうち、ソ連のレーニン主義哲学者の第一人者であるブハーリンが受けた待遇については長い議論をした。ブハーリンは最終的に自分が裏切り者だったと自白させられ、その後に処刑された。カルカッタにはヨシフ・スターリンの崇拝者が大勢いたが、パルトと私はどちらも、スターリンが本当は何を理念としていたのか疑問に思っていた。

トポンは私より数歳年上で（私は目上の人を呼ぶ際のベンガルの慣習に従って、トポン＝ダと呼んでいた）、イギリスに発つ前にカルカッタでは一度しか会ったことがなかった。彼が後年、土地の所有権について書き、第8章で私が引用させてもらった文章は、彼がデリーとオックスフォードで伝説的な歴史学の教授となった数多くの理由の一つに過ぎない。

船にはもう一人、ロミラ・ターパルというきわめて才能豊かな歴史家が乗っていた。デリーの上流階級出身で知的な社会集団に属していた彼女は、急速に高まりつつある学問上の評判に、その他の才能を掛け合わせた人だった。すなわち、社交ダンスの腕前を含む優雅な生活様式である。彼女は以前からの知り合いではなく、船上で選び抜いたサリーをまとって優雅に動きまわる姿を何度となく見かけたものの、話をする機会がなかったことを残念ながら報告する。私たちは住む世界が違っていたのだ。私はパートナーの足を踏まずに（悲鳴をあげさせずに）、どうダンスをすればよいのかも知らなかった。だが、ロミラと私は何年ものちにデリーで友人になった。

アラビア海から地中海へと大海原を進むなかで、私はトポン＝ダとパルト・グプトと、たいがいは時事問題についての会話を大いに楽しんだ。船旅が続くにつれ、トポン＝ダはインド人学生がイギリス人やオーストラリア人の船員から、なかでも食堂のウェイターから受けている高圧的な扱いと彼が考えるものにたいし、少々苦痛を感じるようになった。これに関する苦情を彼が高級船員に申し立てると、非常に辛抱強く聞いてはくれたが、改善措置が取られた形跡はなかった。

船にはほかにもインドの女子フィールドホッケーチームが乗り込んでいて、何かの国際大会に出場するためにイギリスに向かっていた。彼女たちの何人かはとても話しかけやすく、なかなか素敵だった。私は女子選手たちと何時間も一緒に過ごしたので、知的な友人パルトの困惑に答えねばならなかった。「あのホッケー女子たちと何時間もおしゃべりをしても、君はくたびれないのかい、アマルティア？」

ホッケーチームのなかでもとびきり魅力的な一人は、コーヒーを飲みながら私と話をしたがっているようであり、こう尋ねた。「イギリスには教育を受けに行くの？」私はそのようなありふれた目的を告白することに、やや気まずさを覚えたが、まさしくそのつもりだと答えた。「本当に？」と、彼女は言った。「学校なんてずっと嫌いだったわ。教育を受けて何になるの？」そのような根本的な懐疑心にどう答えればよいのか、私にはよくわからなかったが、どうにか答えらしきものを返した。「僕はホッケーのやり方を知らないから、教育を選ばざるをえなかったんだ」。すると、彼女は言った。「あら、ホッケーなんて簡単よ。教えてあげる」。「でも、もし君がそうしたら、それも教育になるんだ。君が僕を教育することにね」と、私は言い逃れた。「そうね」と、彼女は同意した。「でも、ずっと楽しいんだから。あなたが甲板の上で午後ずっとやっていた退屈な数学より、ずっとね」。私は負けを認めなければならなかった。

5

船には、インドとパキスタンからきた大勢の人がいて、私は彼らと大いに話をした。船上で友達になったなかでも、とりわけ大収穫だったのは、カエシャル・ムルシェドというベンガルからの若い東パキスタン人と知り合ったことだった。ムルシェド家は、ややイギリス化したカルカッタの知識人たちのあいだでよく知られていた。カエシャルの父親、K・G・ムルシェドは、インド高等文官（ICS）の栄えある高級官僚の一人で、ロンドンの本国政府に代わって国の行政の大半を動かしていた。K・Gは高等文官のなかでとくに頭が切れ、植民地政府がこれらの官僚に委任していた権限を行使するにあたっては非常に人道的だったと私は聞いていた。

カエシャルはある日、私が甲板に立ってアラビア海がやや荒れてくるのを眺めていたとき話しかけてきた。彼はハローと言い、しっかり包まれた棒状のものを手にして、「チョコレートはいかがですか／ウジュー・ケア・フォー・サム・チョコリット？」と、私に聞いた。私はそれまでそのような提案の仕方――「ケア・フォー？」（英語はまだ私にとって、ベンガル語、サンスクリットに続く第三言語だった）は聞いたことがなかった。私は自分の好みについて質問されているのか（チョコレートを摂取の対象物として好ましいと考えているのか？〔ケア・フォーは実際「好む」を意味する〕）、それとも贈り物を差しだされているのだろうか（一切れ欲しいか？）と迷ったのを覚えている。私はきわめて愛想のよさそうなこの人物としゃべってみたかったので、ただ「イエス、サンクス」とだけ言った。実際にはチョコレートはあまり好きではなかったのだが。すぐに差しだされたのは、何とも美味しいスイス・チョコレートの一切れだった。私はこの素晴らしく頭脳明晰な人とたびたび話をする機会を楽しみ、お互いの友情は船旅のあともずっと続いた。

カエシャルは、カルカッタ市の英語を話す住民たちが好んで教育を受けていた、聖ザビエル・カレッジで学んでいた。彼はオックスフォードに法律を学びに行くところで、一般的な意味でこの将来の見通しが気に入っていたが、私には彼の動機が何であるかあまりよく理解できなかった。彼はオックスフォードで非常によい成績を収め、リンカン法曹院に入る資格も得て、ハーヴァードでも法律の優れた修士号を取得したのだが、法律家の道には進まなかったことをのちに知った。代わりに、彼はパキスタン高等文官になり、そこで東パキスタンでも、のちにはバングラデシュでも頭角を現わし、バングラデシュの外務大臣を務めたのち引退した。彼がその生涯と職務において多大な社会貢献をしたことは間違いないが、私は後年、これほど将来性のある思想家を学術界が勧誘できなかったことにたいし、〔学問の世界にいる者として〕偏狭ながら、一抹の無念さを覚えずにはいられなかった。

オリッサ州からのリリーという溌溂とした若い女性もいて、彼女と同じくらい溌溂とした母親と一緒に旅をしていた。イギリスでどのように法律の勉強を続けるつもりなのか、私はリリーの考えを少しばかり聞いたが、彼女自身が説明する限りでは、それはまだ完全には明確ではなかった。私は自分がイギリスで何をするつもりか――トリニティ・カレッジでモーリス・ドッブとピエロ・スラッファに師事して経済学を学ぶこと――かなり明確にわかっていたので、リリーの何でも受け入れる姿勢を好ましくも不可解に感じた。

リリーの逡巡《しゅんじゅん》するいじらしい姿や、カエシャルが熟慮のうえでなお不確かであるのを見聞きすると、自分の抱負に関する私自身の確信が、これまで思っていたほど本当に正常なことなのかと疑問に思えてきた。アラビア海の青い海を渡るなかで、自分がどこへ向かっているのか、本当にコロンブスよりもよくわかっているのだろうかと自問した。

6

アラビア海を渡ったあとの最初の寄港地は、イエメンのアデンだった。当時、イエメンはほとんど知られていない国だったが、いまでは悲しいことに、国外からの破壊的な爆撃を含め、恐ろしい苦難と困難に人びとが見舞われている場所としてよく認識されている。一九五三年にはアデンはまだのどかで、私たちは世界のなかで並外れて乾燥し、荒涼としつつも美しい場所を見るためにバスで案内された。その後、ペルシャ湾と紅海を渡ると、ストラスネイヴァー号はスエズの港に着いた。私たちはそこで一日、中休みを取ることになり、エジプト当局が許可してくれれば上陸できるだろうと告げられた。上陸が可能かどうか聞くために待つあいだ、甲板からいかにも上流階級の英語で話す一行が、エジプトの行政の混乱とされた状態を強く批判する言葉が聞こえてきた。その前年、西洋諸国に忠実だったファールーク一世が廃位させられ、ナギーブ大統領の率いるエジプトの新しい革命政府が政権の座に就いていた。臨時政府内では、ガマール・アブドゥル＝ナーセルがすでに頭角を現わし、一年後には大統領の地位を奪うことになった。スエズ運河の支配と使用をめぐる論争は過熱していた。イギリスとエジプトの関係はすでにかなり悪化していたが、戦闘状態に突入するのはその三年後のことだった。

したがって、私たちが船上でエジプトの役人がすぐにくるのを期待しながら待っていたときも、何らかの緊張はあった。最終的に役人たちは、全員が糊の効いた白い制服をきちんとまとって現われた。私たち乗客は、乗降口のある甲板から最上階まで長い列をなしていた。私は、エジプト人の無気力さなどの欠点と、エジプト好きのT・E・ローレンスや考古学者のレナード・ウーリーの騙されやすさについて、大声で話す男たちの二つのグループのあいだに挟まれていた。

　エジプト人の役人がタラップを上ってきて、立ち止まって私に目を留め、どこからきたのか尋ねた。インドからだと伝えると、その役人は私を船からすぐに降ろし、待機しているバスの列へ案内して、バスに乗り込もうとしていた有色人《ピープル・オヴ・カラー》（当時は使われていなかった現代の用語で言えば〔有色人種〕を意味していたカラードが黒人の差別用語になったための代替表現〕）の一団に加わらせた。これは私の全人生において、インド国籍であるために国境で優遇された唯一の機会だった。私はいまでもインド国籍なので、パスポートの検問所では長い列をつくって並び、自分が通過する国がどこであれ、そこに居座りたいのかという質問に答えることにすっかり慣れている。当時は、この優遇体験がいかに珍しいこととなるか、私は理解していなかった。

　私たちのバスは一台ずつ出発し、一日かけて素晴らしい観光をしたあとで船に戻ってみると、エジプトの出入国管理で手間取り、ごく短いツアーにしか出られなかったイギリスとオーストラリアの乗客たちが、怠慢で屈辱的な扱いとされるものを受けたことについて大声で話す会話がどうしても聞こえてしまった。「運河を彼らの手から取りあげるべきだ」と、よく響くある声は言った。何年かのちに、ケンブリッジでエジプト人の友人――実際にはキリスト教徒のエジプト人――にこの出来事を話すと、彼は私に「イギリス人は本当に怒っていた」のかと尋ねた。「まあ、そうだと思うよ」と、私は答えた。「いいね」と、私のエジプト人の友人は言った。「じつに、じつにいいね」

7

私たちはゆっくりとポートサイドを通り抜け、少しばかり停泊したのち、地中海を進みつづけた。

ヨーロッパはときおり垣間見え、ある晩にはストロンボリ火山が「地中海の灯台」という評判に違わず、火を噴くところすら見た。船はジブラルタル海峡を抜け、ビスケー湾を渡り、ブルターニュ半島の突先を回り、それからフランスの海岸沿いのシェルブールに予定外の寄港をした。私はフランスの港に着いたことに興奮して、よく見ようと下に降りてみた。船上の人びとと陸上の怪しげな人びとのあいだで、小さな通用口から何か物資がやりとりされていた。私がこの光景に見とれていると、一人の高級船員が私に尋ねた。「ここでいったい何をしているんだ？」ヨーロッパを見たいのだという私の答えはまるで意に介されず、そそくさと船内に追いやられてしまった。

それから少しばかり船旅を続けたあと、私たちはようやくティルベリー・ドックス〔ロンドンの外港〕に着いた。その日はどんよりした天候で、ときおり雨が降ってきた。駐英インド高等弁務官事務所の鼻持ちならない役人が乗船してきて、私たちインド人学生に、現地のイギリス人がどう振る舞うか（大声で話さないなど）や、私たちがそれを見倣うべきことについて講義した。それは、キャプテン・クックの時代に教えられれば、彼の命を救ったかもしれないような助言だったが、私たちが一刻も早く下船してイギリスの地に上陸したいときには、途方もなく不適切で、やたらに長く感じられた。

私たちはしばらくのちにようやくロンドン行きの鈍行で出発した。セントパンクラス駅に着いたころには、午後の穏やかな陽射しが降り注いでいた。セントパンクラス駅の優雅な構造は、構内のそこかしこに陽光が入り込み、うっとりするような光景を醸しだしていた。

私の父のいとこ――家族内では「キャパ・ジャタ」と呼ばれ、文字どおりには「狂ったおじ」を意味する（嬉しくなる名前ではないが、ベンガル語の愛称には蔑称を真似たものがよくある）――が、彼の会社で働いている若いインド人と一緒にプラットフォームに立っていた。車でロンドンを抜けてハムステッドにあるキャパ・ジャタの家まで夕食を食べに向かう途中、黄昏が建物や公園に夢のような趣を与えていた。その静けさは、私の祖国をはじめ世界のじつに多くの場所を支配下に置き動かしてきた大都市を——ついに——目にする瞬間として想像していた衝撃とは対照的だった。

キャパ・ジャタの一家と夕食を食べたあと、私はキルバーン〔ロンドン北西部〕にある下宿に泊まりに行った。そこはシャンティニケトンの元在校生のナラヨン・チョクロボルティが手配してくれたものだった。眠りに落ちながら、ロンドンにたどり着いたのだから、もっと喜びにあふれるはずではないのかと思った。別に失望したわけではなかったが、もう少し都会の喧騒があったほうが自分には適していたのではないかとは私は思った。「それは明日のお楽しみだ」と私は自分に言い聞かせ、翌朝、通りで子供たちが互いに大声で話す声に目を覚ますと、気分が浮き立った。

8

朝は、豪勢なイングリッシュ・ブレックファストを食べながら、下宿のおばさんとの会話を楽しんだ。ローストしたトマトは丁重に扱わねばならないことに、私は初めて気がついた。というのも、熱くなったトマトは湯たんぽのようなもので、ナイフでやっつけようものなら、煮えたぎった液体をそこらじゅうに撒き散らすからだ。日中は地下鉄の使い方を学び、わずかな予算を注意深くやりくりしながら、オックスフォード・ストリートにあるデパートでいくつか必需品の買い物をした。ブルームズベリーとリージェンツ・パークでは長い時間を過ごし、この街の美しさに夢中になった。ずっとのちに、私はロンドンで二〇年以上たいへん幸せに暮らすことになり、自分の第一印象がすでに何かを語っていた事実に気づくことになった。

夕方になって、ウィニフレッド・ハントという女性が私を訪ねてきた。彼女は——イギリスに出発する前に両親から聞かされていたのだが——何十年も前に、父が学生だったころのガールフレンドだった。ウィニフレッドはじつに親切で、あらゆる種類の役立つ助言を与えてくれたうえに、私の下宿で夕食を一緒に取ってくれた。ウィニフレッドは若いころの父についても、私の知らなかった一面をいくらか語ってくれた。「彼のバイクの後ろに乗って各地を回ったものよ」と、彼女は言った。「でも、いつもスピードを出し過ぎだとアシュに納得させるのは難しくてね」。その数年後、同じくイギリス時代の父を知っていた家族ぐるみの友人、オニル・チョンドと話をすると、やはりこのスピード狂の件を請け合っていた。「イギリスの道路では、時速一一〇キロや一三〇キロはちょっと速すぎると思うね」

後年、私は自分の娘で、俳優（および子供の本の作家）であるノンドナに、行動に関してはわが家の伝統にきちんと従わなくてはいけないと諭したことがあった。ノンドナは映画――正しくは「アクション映画」――の撮影をしていて、そのなかであるビルの二二階から、別の隣接したビルの二二階に飛び移らなければならなかった。一つのビルの二二階から隣のビルの二二階へ行く場合、わが家の伝統ではエレベーターで最初のビルの一階まで行って、隣まで歩き、それからエレベーターに乗ってもう一方のビルの二二階まで上るものだと、私は言った。ところが、自分の娘に説教をする折から、ウィニフレッドの言葉が甦ってきて、活動的な父が若いころ何をしていたのか私には定かではなくなった。

ウィニフレッドはクエーカー教徒として生まれ（当時もまだそうだった）、彼女の家族は、とくに男性たちは第一次世界大戦中に戦うことを拒否したことを厳しく非難されていた。家の外壁には、批判者たちがいつも「コンチー」と書いていた。「良心的兵役拒否者《コンシエンシャス・オブジェクター》」（コンチーはその略称）と言われることは、侮辱の言葉として発せられた場合にはひどいものだっただろう。次の第二次世界大戦では、ナチの支配下で起きたテロや虐殺について自分が知るようになったことを考えれば、（クエーカー教徒としての」道徳的要求を守れたかどうかは、さほど確信がもてないとウィニフレッドは言った。

「でも、おそらくそれでもコンチーでありつづけたでしょうね」

ウィニフレッドの訪問は、ロンドンでの最初の自由な夕べの過ごし方としては、やや想定外のものだった。しかし、この訪問は二重の意味で重要だった。おかげでロンドンが——それどころかイギリスが——異国の地などではないという感覚がもてたし、たとえよい大義のためであっても、暴力は容認できないことを議論できたからだ。これは植民地支配にたいする戦いでインドを二分する問題だった。ところが、ここイギリス帝国の中心地（たとえそこがキルバーンであっても）で、まるでガーンディーの指導のもとに独立のために戦い、同じ信念を抱いた人びとのように、私は非暴力の普遍的必要性について論じていたのだ。キルバーンについては知らないが、人がなぜコンチーになるかは確かに知っていると、私は自分に言い聞かせた。

第Ⅳ部

著者と妹のシュプルノ（モンジュ）といとこのミラ（1948年頃、シャンティニケトンで）

第16章　トリニティの門

1

一九五三年九月、ロンドンに到着した翌々日の朝、私はキングスクロス駅からケンブリッジ行きの鈍行列車に乗った。当時、急行はリヴァプール・ストリート駅から出ていたが、重い荷物があった私にはキングスクロスのほうが行きやすかった。荷物には、私の父がロンドンに留学したとき使った大型のキャビン・トランクがあり、そこにはいくらかの衣類と身の回り品のほか、必要になるのではないかと思った経済学と数学の本が大量に入っていた。ケンブリッジまでは鈍行で二時間ほどかかり、私は窓から途中の駅名を確認するために、不安な思いで外を眺めつづけた。ようやくケンブリッジの駅名標が見えてきた。たいへん親切なポーターが、トランクをタクシーまで運ぶのを手伝ってくれ、私は予約しておいたパークパレード通りのB&B〔朝食付きの宿〕に向かった。

トリニティは私のためにカレッジ内の部屋ではなく下宿《ディグ》――大家の女主人のいる家の貸間――を用意していた。それが当時の慣習で、一年生は下宿に入り、学年が上がるとともに学寮《カレッジ》内に移れるようになっていた。これはとんでもない制度だと私は思った。知らない街の不慣れな場所で暮らす新入生にしてみれば、それがはるかに苦労の多いものとなるからだ。その家はハンティンドン・ロードから奥に入ったプライオリ・ロードにあり、トリニティからはかなりの距離があった。ところが、その部屋は一〇月の初めまで用意ができておらず、到着した日はまだ九月二九日だった。そのため、私は一時的にケンブリッジの中心街に近く、素晴らしい公園が見渡せるパークパレードに行ったのだ。イギリスの公園や草地は夏にはたいがいそうだが、青々として魅力的な公園である。

パークパレードの部屋はダッカ時代からの家族ぐるみの友人で、シャハブディンというパキスタン人が私のために手配してくれたものだった。彼はケンブリッジで法律を勉強していて、喜んで手を貸してくれることになっていた。彼自身は新たな下宿に移る予定だったが、私のために二晩、彼がその当時いた場所で部屋を確保してくれたのだ。ロンドンの親切な下宿のおばさんとは異なり、その下宿の女主人は愚痴の多い人だった。シャハブディンは朝早くから法学部の図書館を使うために出かけてしまったので、彼女は私に「あなたの友達」への苦情を伝えてもらいたがっていた。「入浴するには一シリングかかるのは知っているでしょ？　お湯は高いんだから」。「いま知りました。ですから昨夜の自分の入浴代はもちろんお支払いします」と、私は言った。「そういう意味じゃないのよ」と、女主人は言った。「あなたの友達はずるいの。一日に四回も風呂に入っているのに、そんなことはないと嘘をつくんだから。風呂は一日に一回しか入ってなくて、残りは足を洗うだけだと。とんでもない嘘つきよ！」私は彼女に、ムスリムは礼拝前に体を清める必要があることを説明しなければならなかった。

女主人は聞く耳をもたなかった。「そんなに何度も足を洗う意味がどこにあるのよ？」私は礼拝前のお清めの義務について、もう少し話をした。「あなたもそれをやるの？」と、彼女は攻撃的な口調で聞いた。私は彼女を安心させようと試みた。「いいえ、私はムスリムではないし、お祈りもしません。神を信じていませんから」。その一言で、私はフライパン上の責め苦から逃れた途端、火中へ投じられた。「神を信じていないですって?」と、彼女は恐ろしげに叫んだ。私はすぐさま荷物をまとめるべきだろうかと思い始めた。だがそこで危機は去った。商魂のほうが勝り、彼女は私が友達に話をつけて、風呂に入るたびに一シリングかかるのだと念を押してもらえるかどうか聞いた。私はそうしようと約束した。その夜、シャハブディンに会ったとき、私は女主人としっかり話をしたほうがいいと勧めた。「彼女は頭がおかしいんだ」と、シャハブディンは言った。「僕は明日にはこの家を出るつもりだ」。実際、私たちは二人とも翌朝、パークパレードをあとにした。女主人はおそらく、嘘つきか不信心の——またはおそらくその双方の——下宿人がいなくなってよかったと思っているに違いないと私は考えた。

2

プライオリ・ロードの下宿の、私の長期にわたる大家さんは、まるで違うタイプだった。ミセス・ハンガーと呼ばれていた彼女は、たいへん親切で、世界の出来事に関心があった。しかし、家に私を下宿させることは非常に心配していたのだと、彼女は告白した。それまで白人以外の人に会ったことがなかったからだった（もっとも、列車やバスで見かけたことはあると、彼女は付け足した）。彼女は実際トリニティに、有色人種でないほうが望ましいと伝えたのだが、大学側の返答は、ならば大家のリストから完全に削除するのはどうかというものだった。彼女はその返答に動揺し、誰であっても文句は言わないと答えた。おそらくそこで宿泊担当の職員は、即座にまぎれもない有色人種を彼女の家に送ることで、少々楽しんだのだろう。

実際には、ハンガー夫人の有色人種への恐怖は、彼女の科学の理解においていくらか合理的な根拠があったためだった。初日に私を温かく迎えてくれたあと、彼女はこんな質問をした。「あなたの色はお風呂に入ると落ちるの？　つまり、すごく熱いお湯に入ったら？」私は彼女に、自分の色はいい具合に堅牢で褪《あ》せないのだと請け合わねばならなかった。そのあと彼女は、電気がどう作用するかを私に説明し、煌々と明かりをつけた部屋でカーテンを閉めなければ、たとえ外は暗闇に見えても、外からはあなたが丸見えなのよと言った。こうした諸々の問題が解決したあとは、彼女はひたすら私が楽しく快適に暮らせるように尽力してくれた。二日後には、彼女は私が痩せすぎで恐ろしく栄養不良だと考え（今日の私にはこれは何とも懐かしい考えだ）、私に飲ませようと成分無調整の全乳を注文した。「これを飲まなければダメよ、セン、毎朝、私のために。少なくとも一杯はね。あなたを肉付きよくしないと」

3

ケンブリッジに着いた初日に、まだパークパレードにいたとき、私は自分のカレッジを探しに出かけ、写真で見たとおりに威風堂々とそびえるトリニティの大門《グレートゲート》の前に着いた。トリニティの大門が、カレッジそのものより古くからあったことを私はおぼろげながら知っていた。この門はもともと一三一七年に創設されたキングズ・ホールという学寮があった時代に建てられたものだからだ。トリニティ・カレッジは一五四六年にヘンリー八世が、二つの既存の学寮であるキングズ・ホールとマイケルハウスを合併させて創設した。キングズ・ホールは実際には、ピーターハウスに次いで、ケンブリッジでは二番目に古い学寮だった。合併された結果、キングズ・ホールの門はトリニティの大門となった。その壮大な門（トリニティの大門にはキングズ・ホールの名称がラテン語で刻まれている）の特別な歴史だけでなく、その優雅な美しさにも、私はこの門を最初に見たときから感銘を受けていた。

私はこの大門にある二つの扉のうち小さいほうを抜けてなかへ入った。大きいほうの扉はいつもどおり閉まっていたのだ。まずは門のすぐ先にある門衛詰所《ポーターズ・ロッジ》へ行った。ポーターたちは大いに歓迎してくれ、私に会えた喜びを表わすとともに、私が中国人ではないことにいくらか驚きも見せた。ポーター長代理はこう言った。「中国からのセンは何人かいますが、彼らはみんなファーストネームで呼ばれたがっていました」。「私のこともファーストネームで結構です。ミスターなしで」と、私は言った。ポーターは首を振って、笑いながら言った。「そういうわけにはいきません。それに、あなたのファーストネームを見ましたが、ミスター・センのほうが私たちには覚えやすいでしょうから」。彼はそれからカレッジの小さな地図をくれ、何がどこにあるのかを指し示した。

そのあとチャペルへ行くと、そこではカレッジの歴史が私の目の前に三次元で繰り広げられていた。アイザック・ニュートンをかたどった彫像が、フランシスコ・ベーコンとトマス・マコーリー〔イギリスの歴史家、政治家〕の像の横に、その他大勢のトリニティの名士たちの記念碑とともに立っていたのだ。だが、おそらく何よりも重要だったのは、第一次世界大戦で命を落としたすべてのカレッジの関係者の名前が、チャペルの壁に刻まれているのを初めて見たことだ。犠牲者の途方もない数に私は衝撃を受けた。トリニティの人びとがこれほど多く戦没したことが私にはほとんど信じられず、彼らがみな「わずか四年間続いた戦争で、ただ一つのカレッジの、特定の年齢層から」きた人びとだったという事実を理解しようと努めた。一九一四年から一八年の戦没者だけでもあまりにも多くの名前があるため、第二次世界大戦で死んだ人びとのためにはこの礼拝堂の玄関ホールに場所を設けなければならなかった。おおよその戦死者数は知っていたものの、殺戮の規模を完全に把握したことはなかった。私はそれがどれほどの残虐行為であったのかを理解しようとして、チャペルの木製ベンチの一つに腰を下ろさなければならなかった。第二次世界大戦のころには、大半の参戦国の指導者たちは犠牲者の大半を民間人に移行させるすべを見いだしていた。コヴェントリーやドレスデンの空襲から、広島、長崎にいたるまで。

私はこのいささか動揺した状態で美しいグレートコートに戻り、そこで仕切り越しに初めて、サー・クリストファー・レン設計の、息を呑むように優雅なネヴィルズコート〔という別の中庭〕を見た。ネヴィルズコートの一端に位置するレン図書館は、私がそれまで見たなかでも最高の建物の一つだった。レン図書館のなかに入って、古い本の書棚を見たとき、そして高窓から差し込む陽射しを見あげたとき、これほどきわだって美しい場所を、日々の研究の場として扱うことが本当に可能なのだろうかと思った。

「新入生の方かしら?」と、明らかに図書館の職員と思われる快活そうな若い女性が尋ねた。「もう夏が終わって、新学期がじきに始まることにちゃんと気づいていなくて。ご案内しましょう」。そして、彼女は手際よく案内役を務めてくれた。このような場所で研究できること以上に魅力的なことがあるだろうかと、私は自問した。しかも、自分の好きな時間に。私は自分がそこに足繁く通うだろうと予測した。多くの手違いはあったものの、これに関しては、私はまったく正しかった。

4

翌朝、私の個人指導教員《チューター》のジョン・モリソン氏に会いに行くと、じつに陽気に温かく迎えてくれた。ケンブリッジのカレッジのチューターは学生に教えるのではなく、その大学生活を管理していて、誰に会いに行って教えを請うべきかを教えてくれる。モリソン氏は経済学者ではなかったが、著名な古典学者で、古代ギリシャ語の学者として知られていた。彼はイギリスまでの旅について聞き、ケンブリッジに落ち着いたかどうかを尋ねたほか、私の研究指導者《ダイレクター・オヴ・スタディーズ》となるスラッファ氏に会いに行くべきだとも言った。つまり、私の教育の手配を担当し、研究の指導教官のもとへ私を送る役目を果たす人だ。

　歓迎の一環として、モリソン氏はシェリー酒も勧めてくれたが、私は辞退した。すると彼は言った。「それはたいへん結構。勉学に取りかかりたまえ。でも、数日後のシェリー・パーティには参加してもらわないとね。招待状を送るよ」。私はそのパーティには顔を出し、彼が担当するかなりの人数の仲間の学生に会った。しかし、飲み物の忌避問題では、プライオリ・ロードのハンガー夫人手配の全乳は辞退できたものの、またもや別の問題に直面していた。モリソン氏が甘いシェリーの入った大きなグラスを私に手渡したのだ。シェリーは私が猛烈に嫌いな飲み物で、甘いシェリーとなると猛烈どころではなかった。しかし、私は気が弱くてモリソン氏にそう伝えられなかったので、彼の二つの研究室のあいだの通路で植木鉢を探すはめになった。私が空のグラスをもっているのを見ると、モリソン氏はすぐさまそれを再び満たした。そこで、少しばかりためらったのちに、私は再び通路を歩いた。それから、私は勇気を奮って彼に言った。「どうもありがとうございます。でも、もう結構です」。その後に彼の研究室を訪ねたとき、私は恐る恐る植木鉢の花がまだそこにあって、枯れていないかどうかを確かめた。幸い、植木は元気だった。

　ケンブリッジに着いた二日目の朝一〇時に研究指導者のピエロ・スラッファに会いに行くと、朝食は済ませていたものの、まだしっかり目を覚ますための準備中なのだと告げられた。一時間後に戻ってくるようにと言われたので、私はそのようにした。直属の指導教官はケネス・ベリルという、セントキャスリンズ・カレッジの若い特別研究員《フェロー》になると教えられた。私はのちにベリルとの研究を心から楽しみ、彼とは素晴らしい友情を結ぶことになったのだが、その時点では失望していた。トリニティまで、モーリス・ドッブとスラッファ自身の指導のもとで研究するためにやってきたからだ。私の失望は隠しようがなかった。スラッファはたいへん同情してくれたが、こう請け合った。「君はケン・ベリルが好きになるよ。非常に頭の切れる経済学者で、素晴らしい経済史学者だ。でも、モーリス・ドッブにも話をしに行くといい。それに私のところにはいつでも会いにきて構わないのだよ」

ケン・ベリルによる毎週の指導は非常に順調に進んだ（および待ち遠しかった）が、私はモーリス・ドッブに一筆書いて、彼を訪ねに行った。私がドッブの数々の著作に関する見解をもっていた事実を彼がどれだけ喜んだかは定かではないが、遠いカルカッタで私がそれらを読めたということには、驚きを見せていた。何年ものちに、トリニティ・カレッジでモーリス・ドッブと親しい間柄になると、彼はよく「君の奇妙な読書の好み」と呼ぶものに驚かされたものだと語っていた。二年生のときには、ドッブが私の主たる指導教官になったが、カレッジは私がイギリス経済に関する授業をオーブリー・シルバーストンからも受けるよう手配した（その分野に私が暗いことは、誰にも一目瞭然だったのだろう）。オーブリーも親友になり、二〇一五年に彼が亡くなるまでその友情は続いた。私はときおり、次々に良き指導者《メンター》を獲得しているスピードが信じられなかった。

5

ピエロ・スラッファがいつでも会いにくるようにと言ったとき、現実にこれほど私と頻繁に顔を合わせるようになると彼が本当に予期していたかどうかは定かではない。実際には、私は彼をもう一人の指導教官のように扱っていた。彼からは経済学に関する授業を受けたほか、いくつかの非常に好ましいことも伝授してもらった。リストレットの利点（当初の数秒間にでてくるエスプレッソの最初の抽出物で、そこで湯の注入をやめなければならない）もその一つで、私にとっては嗜好を変える機会となった。これは少なくとも一部のケンブリッジの経済学についてなぜ疑問を抱くべきであるかという彼の最初の助言に近いほど、私を開眼させるものとなった。

スラッファは私にこう言った。「君はもう、経済学者たちが年中、新しい理論を提案したがる場所にきているのだよ。それは悪いことかもしれないし、そうでないかもしれない。しかし、ケンブリッジの経済学者は誰もが、自分の理論が一行の「標語《スローガン》」に要約されてしまうまでは、仕事を成し遂げたと思っていないことを理解しなければならない。そんな事態に巻き込まれないよう君は努力をしなければならない。ケンブリッジでは難しいがね」。この言葉は、ケンブリッジの経済学者たちのスローガンの地雷を進んでいるときはとくに、非常に役に立つ助言となった。

のちに私がトリニティのプライズ・フェロー〔特別奨学金を受けた成績優秀な研究員〕になったとき、私はスラッファと話をする多くの機会を得て、ヴィトゲンシュタインの関心を『論理哲学論考』〔邦訳は岩波文庫〕における思考から、言語の規則に関する先駆的な研究へ向けるうえでスラッファが果たした役割を理解するようになった。それは、スラッファの友人であるアントニオ・グラムシもかかわった変化だった。これに関しては後述することにしよう。

私は内省と自己批判についても、スラッファから学ぶものがあった。学部生でありながら、『エコノミック・ジャーナル』という、私たちの学問分野の主要な定期刊行物で発表された著名な経済学者の論考に明らかな間違いを見つけたとき、かなり有頂天になった。それにたいする反論を書いてスラッファのところへもって行き、『エコノミック・ジャーナル』がそれを掲載してくれると思うか、彼の意見を聞いた。スラッファはこの雑誌の誤りのある論文と私の反論を見てから、こう言った。「これなら間違いなく掲載されてしまうだろうね」。それから彼はこう続けた。「そんなことをしてはいけない。君は自分の学術成果の発表をそんな些細な問題についての訂正から始めたいのかい？　たとえそれが適正なものであっても？」定評ある専門雑誌に投稿するための私の最初の試みはこうして挫折したが、自分が分別をもって発表できるものについて深刻な判断ミスを犯すのを防いでくれたことにたいし、私はスラッファに大いに感謝した。

6

トリニティで私が教わった先生たちは非常に優れた経済学者で、それぞれ違った意味で独創的で、かつひらめきを与えてくれた。しかし、彼らは互いに意見が一致していなかった。デニス・ロバートソンは保守的な考えの人だったが、リベラルの側に投票したと私に語った。スラッファとドッブはもっぱら左翼支持で、それどころかドッブはイギリス共産党の党員だった。三人はみな、こうした重大な違いがあったものの、互いに非常に良好な関係にあった。

当初、ロバートソンからトリニティで教職に就いてはどうかと提案されたとき、ドッブはすぐさま引き受けたが、翌日、ロバートソンに手紙を書かねばならない思いに駆られたのだと、私はスラッファから聞かされた。「仕事を頂戴したとき、私は自分がイギリス共産党の党員であることをお伝えし損ねており、それについてお詫びいたします。その件を考慮して、私への親切なご提案を撤回なさったとしても、逆恨みするようなことはいたしませんので、どうぞご承知おきください」。ドッブはロバートソンから一行の返答をもらった。「親愛なるドッブ、チャペルを爆破する場合、二週間前に予告してくれるのであれば、問題はないだろう」

学士号を手っ取り早く取得するために（カルカッタですでに履修したものからの継続で）私はトリニティに二年間滞在するつもりだったが、これは一九五三年から一九六三年までそこで過ごした一〇年間の最初の期間となった。初めは学部生として、その後は大学院生、さらにプライズ・フェローとして、最終的には講師およびスタッフ・フェローとしての滞在だった。一九六三年にトリニティを離れたのちも、ここはケンブリッジにくるときはいつも、私の足場でありつづけた。

ずっと後年に——最初にその門をくぐってから四五年後に——私はそのしっかりと閉じられた大門の外に正装して立つことになった。私は大門の片側にある小さな歩行者用の扉を三度ノックしなければならなかった。ポーター長が小さな扉を開けて、「どちらさまですか？」と尋ねた。それにたいして私は、自分にできる限り自信たっぷりにこう答えなければならなかった。「私が新しい学寮長《マスター・オヴ・ザ・カレッジ》である」。するとポーター長はこう尋ねた。「特許証はおもちですか？」（私をトリニティの長として任命する女王からの手紙のこと）。「はい、もっております」と私は答え、それを手渡した。ポーター長はすると、すべてのフェローがグレートコートに集合しており、その書類が本物かどうか確かめるのだと伝えて、小さな扉をバタンと閉めた。それから、私が大門の外で手持ち無沙汰で待つあいだ、特許証はフェローたちに回覧されて調べられていたのだと理解している。王室からの書状が真正なものであることが証明されると、大門の大きな扉が開き、副学寮長が前に進みでて、帽子を取って私に言った。「ようこそ、マスター」。フェローたちに紹介されたあと（もちろん、その多くはすでに知っている仲だが）、私はチャペルまでゆっくりと歩いて、なかなか魅力的な就任の儀式を経なければならなかった。

大門の外で、フェローたちが私の任命の信頼性を確かめるのを待つあいだ、私は一九五三年の一〇月に初めてトリニティの門の小さな扉を通り抜けたときのことを思いださずにはいられなかった。のちに、チャペルの儀式が続くなかで、私は再び追悼記念の壁に刻まれた名前を、私がカレッジで過ごした初日に目にした名前を見た。いまでは、私が生まれるずっと前に遠い地で、まったく無用なヨーロッパの戦争のなかで殺されたトリニティの戦没者たちと私のあいだには、一つの絆が結ばれていた。

トリニティ——およびイギリス——との結びつきが拡大するなかで、人間の複数のアイデンティティの複雑さは、私にはまだ明らかになり始めたばかりだった。それらはカルカッタのシアター・ロードにあるブリティッシュ・カウンシルで芽生え、ボンベイでストラスネイヴァー号に不安な思いで乗船したあいだも続いた。トリニティの門をくぐったとき、アイデンティティの問題が強い愛着と並外れた帰属意識とともに、さらに深まるのが私には感じられた。

第17章　友人と交友関係

1

ケンブリッジで私が最初に投資をしたのは、自転車を買うことで、長いことそれが唯一の投資だった。プライオリ・ロードからトリニティや大学の中心地まで歩くと、長い時間がかかったからだ。この街のさまざまな場所へ行くために、動き回れる必要もあった。ほかのカレッジを訪問する、講義を受けに行く、図書館に行く、友人に会う、政治・社会・文化的な集会に行く、等々である。あいにく、私の予算ではギア付きの自転車は買えなかった。そこで、ギアなしで中古のごく普通の自転車を買った。そして、この古めかしいマシンで、プライオリ・ロードの下宿に戻るためにカースルヒルの坂をのぼるときは、適度な運動になるのだと自分を慰めた。

私は自転車を手に入れる前から、パキスタン出身のマブーブ＝ウル・ハックには会っていた。マブーブはトリニティから歩いてすぐのキングズ・カレッジにいて、彼とはケンブリッジにきて初めて出席する講義に行く途中で出会った。新学期が始まったばかりで、私は有名な経済学者のジョーン・ロビンソンの話を聴くためにキングズパレード沿いを急いでいた。彼女の『不完全競争の經濟學』（一九三三年）〔邦訳は文雅堂書店〕をカルカッタで読んで大きな感銘を受けていたので、話が聴きたくてたまらなかったのだ。晴れた秋の朝のことで、マブーブは優雅な（それどころか粋な）着こなしで、やはりキングズパレードを急ぎ足で歩いてジョーン・ロビンソンの講義を聴きに行く途中だった。

私たちはどちらも遅れ気味だった（ジョーン・ロビンソンは実際にはさらに遅かったが）ので、早足で歩きながら話を始めた。一九五三年一〇月のその出会いでやや息切れしながら始まった会話が、生涯にわたって、一九九八年にマブーブが悲劇的な急死を遂げるまで続いたことは、私にとってたいへん幸運だった。教室の外で、ケム川沿いにザ・バックス〔多くのカレッジの裏を通行できる遊歩道〕を一緒に歩きながら、あるいは彼の部屋、もしくは私の部屋で雑談をしながら、私たちは主流の経済学について不満を言い合った。なぜ人間の暮らしにそれほどわずかな関心しか払われていないのか？　マブーブと私は互いに気が合っただけでなく（のちに、彼の快活な妻で東パキスタンからのベンガル人、バニ、つまりカディジャともよく知り合うようになった）、多くの知的な関心事も共有していた。一九九〇年に「人間開発報告書」を刊行し始めるうえでマブーブが果たした先駆的な研究は、経済学が網羅する範囲を広げようとする彼の情熱――完全に理にかなった情熱――を反映していた。

スリランカ出身のラール・ジャヤワルデナもやはりキングズで学んでいた。ラールも生涯にわたる友人となり、経済学的な思考のおよぶ範囲を広げようとする共通の信念と親愛の情が結びついた仲となった。後年、ラールは一九八五年にヘルシンキで設立された国連大学の研究所の初代所長として、その信念を形にした。私もしばらく彼とそこで一緒に働いたが、それ以前から彼の研究所にふさわしい名称を選んだ際に手助けをしていた。最終的に世界開発経済研究所という名称に落ち着いたのだが、この研究所はその頭字語ＷＩＤＥＲ〔より広くと読める〕でよく認識されている。フールが経済学と社会科学に求めていたことをよく表現したものだ。自分がかかわってきた世界的な取り組みのいくつかを振り返ると、やがてそれらを立ちあげて主導することになった人びと――とりわけマブーブとラール――と、学部生仲間として出会えたことがいかに幸運であったかに気づく。

最初の数週間にキングズを頻繁に訪れた理由はもう一つあり、それはイスラエルからきたマイケル・ブルーノと話をするためだった。当時、彼は数学を学んでいたが、それからまもなくして経済学に鞍替えした。ユダヤ人である彼の一家は、マイケルが一歳だった一九三三年にドイツを離れ、その後に続いた大量虐殺をかろうじて逃れていた。マイケルは優秀な経済学者となり、任ったさまざまな役割の一つはイスラエルの中央銀行の総裁として辣腕を振るったことだった。国際経済学協会（IEA）の会長として、彼は同協会の世界大会を手配しなければならず、欧米諸国から上がったいくつもの代案を退けて、その大会をアラブ国家であるチュニジアで勇気をもって開催し、成功させた。彼の政策は民主的で左翼寄りであるため、私たちは世界の多くの問題で意見が一致したが、パレスチナのアラブ系住民の身に起こりがちな事柄に関しては食い違っていた。

マイケルは平和と寛容に強い信念を抱いていたが、残念ながら、イスラエル－パレスチナの状況についてはあまりにも楽観的だった。一九四〇年代にヒンドゥー－ムスリムの恐ろしい流血沙汰を経験していた私は、人為的にアイデンティティを対立させ、分割の炎を煽ることで、敵意と暴力がいかにたやすく生みだされるかを痛感していた。一九五〇年代にマイケルとパレスチナ問題を議論したときは、彼の楽観主義が立証されることを期待した。自分の悲観主義が正しかったことを知ったところで、私には何の喜びももたらされない。

2

トリニティ以外の多くの学生と知り合いになっていたにもかかわらず、最初の年の私のおもな交友範囲はこのカレッジ内部に限られていた。カレッジの友人たちには、南アフリカからのデイヴィッド・エプスタインやアラン・ヘイズをはじめ、魅力あふれる数学者たちが何人かいた。歴史学者もいて、そのうちの一人、サイモン・ディグビーはイスラーム研究の主要な学者となり、インドとパキスタンでたいへん称賛されるようになった（彼の祖父のウィリアム・ディグビーは、イギリスの支配がインドで貧困を生みだしたと非難したことでよく知られていた）。さらにほとんど即座にイアン・ハッキングと知り合いになれたことでも非常に幸運だった。彼はのちに哲学の名だたる実力者となった。彼との生涯にわたる友情を私は当てにすることができた。

私は留学してきたばかりの外国人学生のグループと一緒にいることが多かった。グループ内では定期的に親睦会が開かれており、誰一人として物静かな人間はいなかった。ノルウェーからはサルヴェ・サルヴェスン、フィリピンからはホセ〔ジョー〕・ロメロ、日本からは岡崎久彦（チャコと呼ばれていた）など、その非常に活発なグループにはほかにも何人もの学生がいた。勉学に大いに励んでいる者は（おそらくチャコを例外とすれば）、控えめに言ってもおらず、そのことは私には都合がよかった。私たちは大勢でも小さなグループでも何時間もしゃべりつづけて過ごした。ときにはタイからのアナン・パンヤラチュンが加わることもあった。非常に才能のある思想家で、新参者の私たちがやってきたときには、すでに一年間トリニティで学んでいた。

のちの人生のなかで、トリニティの外国人ギャングの面々は出世を遂げた。アナンはタイの首相に二度就任した。チャコは一流の外交官になり、一時期日本の外務省で情報調査局長を務めた〔その後、駐タイ大使〕。退職後は東京で岡崎研究所の所長になった。ジョー・ロメロは大使に就任した。後年、学寮長宿舎に私を訪ねてきたとき、彼はカレッジ内の私の新しい役割にはなかなか馴染めないと言った（「決まりや規則にたいする君の懐疑主義はどうなったんだ？」）。ジョーは退官後も、フィリピンの多くの教育、情報、社会活動の機関で積極的に働きつづけた。

一九五三年には、第二次世界大戦はまだ誰の記憶にも鮮明に残っていた。私のアジア人の友達のあいだでは、たとえば日本人とフィリピンからきた学生では、冷静な視点からそれを振り返るのはかなり難しかった。そのことはもちろん、驚くべきことではない。チャコは私の友人たちからは「保守的」と言われていたが、アメリカに占領された戦後の日本では、それが何を意味するのか、私には確信がもてなかった。トリニティの学部生の談話室で初めて長話をしたとき、彼は私にインドの法学者ラダビノド・パル〔日本ではパール判事とよく呼ばれる〕が日本の戦犯について国際軍事裁判で述べた反対意見について知っているかと尋ねた。

その判決書については、インドで多く論じられていたので、私はよく知っていた。パル判事は――裁判官のチームのあいだで唯一（ただし、フランスとオランダの裁判官は彼の判決書の一部に若干の共感を表明していたが）――被告たちは最も重大な戦争犯罪（A級と呼ばれるもの）での有罪にはあたらないと考えた。パルは戦勝国が敗戦国の軍事指導者を、新たに規定され、「事後に」なって公表された「A級」戦争犯罪に即して裁くために設置された裁判の正当性を疑問視した。南京大虐殺を含め、日本軍の一部の行動がひどいものだったことは彼も否定しなかった――日本軍のいくつかの行為を「悪魔のような極悪非道の」ものだったとすら述べた――が、これらの卑劣な行為は大半の戦争でありがちな、より一般的な「戦争犯罪」と見なすべきだと考えた。彼はまた広島と長崎への原爆の使用も重大な戦争犯罪だと主張した。

一九四六年に東京裁判の判決にたいしてパル判事が述べた反対意見書は、もちろんイギリス領インドの末期においては即座に伏せられ、植民地支配が終わったのちにようやく全文が発表された。パルの反対意見の全文を読んだことはないが（実際の反対意見は一二三五ページにおよぶことを知ったあとで、私は要約に徹することにした）、カルカッタでの学生時代に、カレッジ・ストリートのコーヒーハウスで幾度にもわたって、報道されたなかでの主要な論点について私たちは議論した。チャコは、私がパルの主張について知っていたことに驚いた――そして嬉しかった――と言った。パルの見解には部分的にだけ、とくに広島と長崎における連合国軍側の行為の犯罪性の問題についてのみ賛成すると、彼には伝えなければならなかった。

パル判事の反論についての私の記憶が鮮明だったのは、その問題がそれほど意見の分かれるテーマだったからだ。インド人は日本というアジアの強国が台頭して、ヨーロッパの植民地主義者と対戦するのを見て喜んでいた。さらにネタジ・スバス・チャンドラ・ボースのインド国民軍は、日本軍に投降して日本側で戦っていたイギリス領インド陸軍の兵士から募ったもので、一部のインド人の政治的空想では好意的に受け止められていた。くわえて、連合国軍が日本で原爆を使用したことが大半のインド人の心に掻き立てたのは、恐怖以外の何物でもなかった。

日本人自身もまたパル判事の見解を真摯に受け止めていた。ただし、一九五三年にはそれにたいする支持はさほど明言されてはいなかった。のちに一九六六年になって、日本の天皇が彼に勲一等瑞宝章を授与したほか、いまでは日本の二カ所の神社（靖国神社と京都霊山護国神社）に彼に捧げられた記念碑がある。二〇〇七年には安倍晋三首相が、カルカッタを一日訪問した折にパル判事の息子のプロシャント（彼自身も著名な法律家）を訪ねた。

チャコと私はそのほかにも多くのことを話し合い、そこには仏教が日本に伝播するうえでたどった経路（ときおり示唆されてきたように、なぜ中国ではなく朝鮮半島経由なのか）といった真面目な話題から、私たちが出会った人びとについてどう思うかなど、さほど重要でないものまでが必然的に含まれていた。チャコは当時、外交官としての経歴を歩み始めていたので、たとえ視点がややナショナリスト的ではあっても、彼ならその鋭い知性を外交面に活用するだろうと、私は何ら疑いなく思った。

3

サルヴェ・サルヴェスンは、じつにユーモアのセンスがあるノルウェー人で、彼との会話はいつも楽しく、ときには有益なものとなった。彼は自分の時間の驚くほどわずかしか勉学には割いておらず（彼は勉強を「本好きの」愚行と考えていた）、自分で選んだ専門分野の経済学を楽しもうと苦心していた。サルヴェの母親のシルヴィアは息子に会いにきて、私たちを連れだしてお洒落なレストランでご馳走してくれ（カレッジ内の通常の食事とは何と違うことか）、元気づける会話で私たちを魅了した。サルヴェスン一家はノルウェー社会の最上層の、王室に近い一族だったが、シルヴィアの政治活動は急進的で勇気を必要とするものでもあり、第二次世界大戦中にはナチによるノルウェー占領にたいする怖いもの知らずの抵抗運動をすることになった。彼女はドイツ軍の占領と戦い、繰り返し逮捕された日々について語った。最後に逮捕されたときは、ドイツにあるラーフェンスブリュック強制収容所にハンブルク経由で送られた。幸い、彼女はそこでの過酷な体験を生き延び、戦後、戦争犯罪についてハンブルク・ラーフェンスブリュック裁判で証人に立った。

シルヴィアの著書、『赦す――しかし忘れはしまい』〔*Forgive—But Do Not Forget*、未邦訳〕はたいへん心を動かされるもので、それをめぐって私たちは詳しく論じ合った。同書には、市井の人びとの暮らしを恐怖に陥れた過去の犯罪者とどう向き合うかに関する、きわめて賢明な議論が含まれていた。直接比較することはできないが、シルヴィアの考えは、イギリス支配が終わったあとのインドの、帝国主義後の旧宗主国との関係にも当てはまるものがあった。その当時――一九五〇年代初め――私たちは印英関係を再建する真っ只中にあった。後年、私は彼女の考えが、アパルトヘイト後に南アフリカがネルソン・マンデラとデズモンド・ツツの指導のもとで取った戦略と、さらに大きな関連性があることに気づいた。

シルヴィア・サルヴェスンは反ナチだったが、社会主義者ではまったくなかったし、戦後のノルウェーにおける社会主義的な考え方の影響を大いに恐れていた。私にこう言いながら、彼女は大笑いをしていた。「私は息子を、ノルウェーの社会主義者から引き離して貴族的で安全なトリニティ・カレッジに送りだしたのに、カレッジはすぐさまイギリス共産党の関係者に息子を教育させたのよ！」私がその話をモーリス・ドッブに伝えると、彼はたいそう面白がってこう言った。「サルヴェと私が論じ合っているのは標準的な新古典派経済学だということを、シルヴィアに理解してもらうようにしなければならないね！」

4

学生時代にトリニティのなかで私が最も親しく友達付き合いをしたのは、おそらくマイケル・ニコルソンだろう。彼とは一年目に出会ったが、よく知り合うようになったのは二年目だった。マイケルの人好きのする性格や明晰な頭脳だけでなく、彼の人間性と普遍主義にも私は感銘を受けた。私たちはともに学部生だった時代に共通の関心事についてよく話し合ったし、私たちの関係は幸い、その後も何十年と続いた。彼はのちに紛争の本質と原因の分析を試みて、国や集団同士の争いと衝突を解決する方法を探ることに深くかかわるようになった。一九九八年初めに私が学寮長宿舎に移ったのちに彼が会いにきてくれたときは、じつに嬉しかった。たいへん悲しいことに、マイケルは何度目かの訪問からまもなく二〇〇一年にがんで急逝した。

マイケルは私と同様に信心深くなかったが、有名なヨーク・ミンスターの大聖堂に近い、ヨークシャーのベヴァリーの敬虔なキリスト教徒の家庭出身だった。彼の実家を訪ねて、たいそう親切な彼の両親のもとに滞在したとき、私はキリスト教の人間性がいかに洞察力に富み感動的なものとなりうるかを知った。しかし両親がそれほど敬虔であったがために、マイケルはパブで二杯ほどビールを飲むのに隣の村まで私を連れていかねばならなかった。ベヴァリーのパブにいるところを見つからないようにするためだ。あれほど素晴らしい両親をもつためには、そのくらいの犠牲は大したことではないと私は思った。彼の両親は出会ったあらゆる人びとに――それどころか世界中の人びとに――自然に優しさと深い思いやりを抱いていた。マイケルの母親がつくってくれたヨークシャー・プディングは、私がこれまで食べたなかで最高のものだった。これはもちろん、最初の一品として〔付け合わせではなく〕それ自体を味わうものだった。

トリニティでのもう一人の親友には、イタリアのマルクス主義者ピエランジェロ・ガレニャーニがいた。彼はピエロ・スラッファに学ぶために、トリニティに私とほぼ同じ時期にやってきた。しかし、彼は私のような学部生ではなく、大学院生だった。イタリアのマルクス主義の世界に大いに興味をもっていたので、彼とはよく話をした。ピエランジェロはグラムシの熱心な崇拝者で、その崇拝の念をカトリック信者にも似た形で表わしていた。弟子の研究に目を光らせてもらうかのように、グラムシの写真を机に置いていたのだ。私はスラッファを心から称賛していたが、ピエランジェロはそれ以上だった。彼はスラッファの経済学にたいする批判は、たとえそれが私のような熱心な称賛者からのものであっても、まず容赦しなかった。

私はまたルイジ・パシネッティとの友情についても、ここで触れておかねばならない。彼はオックスフォードでまず勉強したのちに、ケンブリッジに少しあとからやってきた。彼と私は生涯にわたって親しい間柄で、いまもそれは続いている。パシネッティは資本理論と経済成長理論に多大な貢献をしたほか、新ケインズ経済学の理解も大きく前進させた。この学派はケインズに始まるが、ケインズ自身の思想を超えてずっと深く追究するものだ。パシネッティはマルクスに関心があった（当時のイタリアの経済学者の大半はそうだった）が、決してマルクス主義者ではなかった。彼も明らかにスラッファに影響を受けていたし、スラッファ流の経済学的視点を理解させるために多くの貢献もした。これに関しては後述する。

5

イタリアからのもう一人の経済学者ニーノ（ベニアミーノ）・アンドレアッタは、スラッファに傾倒していたわけではなく、マルクス主義でもなければ、ケインズ主義ですらなく、ケンブリッジ大学経済学部の客員研究員として、より伝統的な主流の経済学を追究していた。彼は政治活動にもかかわっていた。のちに彼は右寄りのイタリア政府で閣僚を務めるようになり、その後イタリアの中道派の首相エンリコ・レッタに影響を与えた。彼はロマーノ・プローディとともに、一九九六年の「オリーブの木」（中道左翼）連合を結成して、ベルルスコーニの台頭を拒もうとした主たる原動力の一人だった。

かつてニーノと交わした会話を私は懐かしく思いだす。彼は左翼の大義には共感していたが、それらが独り歩きしてあまりにも厳格なものになり過ぎていると感じていた。ユーモアのセンスのある彼は、その疑念を滑稽な小話で表現してみせていた。彼はインドにたいへん関心をもっており、のちにMITを代表して、当時はジャワハルラール・ネルーが率いていた国家計画委員会に助言をするためにインドに赴任してきた。

ニーノがデリーにくると、私たちは会話を再開した。インド人の使用人は従順過ぎると彼なら思うかもしれないと伝えたところ、長年、因習を打破してきたニーノは、私の主張に相変らず疑念を挟んだ。「いつもながら、君は間違っているよ、アマルティア」と、ニーノは数日後に私に言った。「使用人部屋に呼び出しベルを取りつけた際に、そのことが裏づけられたんだ。ジャーナ［彼の妻］と外出中に工事をしてもらったんだが、帰宅して電気工事が終わったかどうか確認すると、電気屋はすべて終了し、さらにおまけもあると言うんだ」。アンドレアッタ家の使用人のプラディープの依頼で、居間にも別の呼び出しベルが設置されており、押しボタンは使用人部屋に取りつけられていた。プラディープはニーノの妻にこう説明した。「奥さま、これはたいへん便利なものです。奥さまがプラディープにご用があれば、奥さまは居間にある白いベルを押します。プラディープが奥さまに用事があるときは、自分の部屋に取りつけられた白いベルを押します」。出世を遂げたにもかかわらず、ニーノがユーモアのセンスを失っていないことに安堵を覚えたほか、私は彼の二つのベルの話は、変わりゆくインドの未来にとっていくらか励みになるとも感じた。

6

南アジア人は、私が学部生だったころのケンブリッジではかなり目立つ集団になっていた。私には留学する以前からすでにインド人の知り合いが二人いた。プロルハド・ボシュとディポク（ホポン）・モジュムダルで、彼らがカルカッタにきた折に会ったことがあった。二人とも私より一年前にケンブリッジに留学しており、私は渡英後まもなく二人を探しだして、どちらとも親しい友達となった。プロルハドはのちに行政の仕事に就いてインドの主要な国家公務員となり、ディポクのほうは私のような学者になった。実際、私たちは一九七〇年代にはロンドン・スクール・オヴ・エコノミクスでともに教えていた。ディポクと私は、彼の才気あふれる妻のポーリンも交えてよく会っていた。ポーリンは穏やかなユーモアのセンスのある医学研究者だった。

私はほかにも大勢のインド人やパキスタン人と知り合いになり、キャンパスで、たいがいは夜に集まっていた。のちにプロルハドと結婚したアパルナ・メヘタは、何かと助けてくれるごく親しい友人になり、ほとんど親戚のようだった。彼女は子供時代に一時期カルカッタに住んでいて、ベンガル語が堪能だった。私たちはよくそれぞれの問題を相談し合っていた。友人たちは私と彼女は「相互称賛二人会」を結成したのだと言っていたが、「相互助言会」のほうがより正確な描写であったかもしれない。

私が親しく知り合うようになったもう一人のインド人は、ディポンコル・ゴシュという非常に頭のいい法学部生で、彼の父親のダルカナト・ゴシュはインドの一流の経済学者の一人だった。私はこの一家を知っていたが、ケンブリッジに行くまでディポンコルには会ったことがなかった。彼はカルカッタのラ・マルティニエール・カレッジで学んでいた。このカレッジは私自身の教育環境で求められたよりも、ずっと英語に堪能な学生を集めていた。私は新学期が始まったその日にディポンコルを訪ね、私たちはトリニティの大門のおおむね向かい側にあるインド・パキスタン料理屋（「タージ・マハル」というお決まりの名の店）で会った。ディポンコルはケンブリッジの法学部生として見事なほど優秀な成績を収めていた（彼が実際いつ勉強をしていたのかは見極めるのが難しかったが）。私たちにはかなり定期的に集まる共通の友人グループがあった。

ディリープ・アーダールカルはインドの別の主要な経済学者の息子で、このグループに入っていたが、私が彼に会ったのは二年目に入ってからで、それ以来、私たちは急速に親しくなった。二年目、三年目には、ノルウェー、スウェーデン、デンマーク、ドイツ、オランダへの旅行を含め、彼とは多くのことを一緒にやった。一九六一年の夏に私が妻のノボニタとともにスタンフォード大学を訪れたのは、彼の伝《つて》を頼ってのことだった。ディリープとその妻のチトラは当時、同大の大学院を修了するところだった。

私がよく知っていたインド人の何人かも、やはりトリニティに在学していた。とくによく思いだすのは、クマール・シャンカルダースで、彼はデリーの最高裁判所の主要な弁護士になり、一九八〇年代には国際法曹学会の会長も務め、親友でありつづけた。ショミル・ムカルジもその一人だった。彼は多くの時間を街のあちこちのもぐり酒場でジャズを聴いて過ごしていた。彼と最後にカルカッタで話をしたのは、二〇年以上前のことだったに違いない。ショミルはポリオから回復したのち、おもにカルカッタの演劇界のために左翼の戯曲を書くことに専念していたようだった（彼は上流の、イギリス化された実業家の家庭出身だったので、それは衝撃的だった）。彼の兄弟のプロビルもトリニティにいて（彼もまた非常に好人物だった）、私たちが議論してきたどんな政治思想にも疑念を抱いていた。

7

当時のケンブリッジでは、インド人とパキスタン人は非常によく交流し合っており、インド協会もパキスタン協会もなかったが、すべての南アジア人を歓迎する、活発な「マジュリス」があった（この言葉はペルシャ語で集会を意味する）。そこで私が親しくしていた仲間には、東パキスタン（のちにバングラデシュ）からのレヘマン・ソブハン、西パキスタンからのマブーブ゠ウル・ハック、アリフ・イフテカール（おそらくこれまで私が出会った最高の論客）がいた。二年目には、マジュリスが生活の中心を占めるようになり、私は会計係《トレジャラー》（同会のありもしない財宝の守り役《トレジャー》）を務めていたので、レヘマン・ソブハンが会長を務めていた時期は彼のお供をしていた。レヘマンはおそらく私が生涯で得た最も親しい友人であり、マジュリスは一九五〇年代なかばに私たちをつねに一緒に行動させる役目を果たしていた。

私たちはオックスフォード・マジュリスとも合同会合を何度か開き、そうしたある機会に、レヘマンと私は向こうの学生と冷戦について議論しに出かけた。オックスフォード側を代表していたのは、法学を学んでいて、のちにバングラデシュの建国で非常に積極的な役割を果たしたカマル・ホセンだった。彼は一九七一年に、独立後のバングラデシュの初代外務大臣になった。カマルは、ケンブリッジ・マジュリスから激烈な左翼論者が二人くると警告されており、充分な備えをしたのだと私たちに語った。レヘマンと私が結局さほど痛烈ではなく、少々がっかりしたのだと彼は告白した。

8

毎年一〇月に新入生がくると、ケンブリッジ・マジュリスはかなり活発な勧誘活動を繰り広げた。レヘマンは南アジアからきた一年生を見かけたら誰にでもいつでも使える口説き文句を用意していた。一九五五年一〇月にパキスタンからニューナム・カレッジに人目を引くサルマ・イクラムッラーがやってくると、レヘマンは彼女を勧誘すべく格別な関心を示した。サルマを訪ねて、マジュリスに参加するよう口説く勇気を振り絞ると、彼は私も同行するようにと急き立てた。予行練習を重ねた口説き文句をレヘマンが始めると、彼女はにっこり笑った。なぜ南アジアからケンブリッジに到着したばかりの留学生はすぐにマジュリスに参加しなければならないのか、そうしなければ、いかに文化的にも政治的にも不毛な生活を送ることになるか、レヘマンが熱弁を振るうあいだ、サルマは面白そうに聴いていたが、彼の強引な説得工作に乗っていないのは明らかだった。その目には困惑したような疑念が浮かんでいたが、それでもとにかく彼女は私たちの仲間になることを決心した。

当時はもちろん、その出会いがレヘマン自身の人生にとっても、インド亜大陸や世界に暮らすその他大勢の人びとの人生にとっても、どれほど重大なものになるか私は気づいていなかった。サルマはのちにレヘマンと結婚し、私たちの小さなマジュリスよりもはるかに大きな、はるかに重要な事業において、彼と手を組みつづけた。彼女は諸々の社会的不平等と闘うことを、なかでもジェンダーの不平等と闘うべく情熱をもって決意を固め、人権活動家の先駆けとなってバングラデシュの急進的な理念に多大な貢献をした。ダッカ大学法学部で学生たちを奮起させ、非常に称賛された教師となったサルマには、女性の権利を含む人権の重要性に関する新しい遠大な考えがあったほか、社会の不正義と闘い、克服するための実践的な方法と手段についても多くの主張をした。彼女はまたバングラデシュでも、その他の場所でも、ジェンダーの視点と、社会の不衡平を理解するうえでのフェミニズム的な理解を大いに深めた。サルマは多くの重要な機関にかかわったが、なかでもアイン・オ・シャリシュ・ケンドロ（ASK、法と法的救済センター）を設立し、通常の方法ではほとんど法的支援が得られない人びとの権利のために尽力し、ジェンダー関連の不利益と闘った。

こうした働きの陰には、貧困の根源に関する深い知的な分析があった。認められた権利がほとんどない人びとを守るためには、法律がしばしば必要となるが、既存の法規定ですら、読み書きができない、極端な貧困状態にあるといったことが足かせになって、深刻な困窮状態にある人びとには実際には役に立たない。こうした不利な立場ゆえに虐げられた人びとは、法によって自身を守る力を行使することも活用することもできないのだ。法律に何が書かれているか読めなければ、それを利用しようにも足かせから逃れようがない。こうした理念のために献身的に尽くした――いまも尽くしている――友人たちや同僚とともに（スルタナ・カマル、ハミダ・ホセンなど）、サルマは人権侵害に抵抗し、社会のなかで最も不利益をこうむっている層の要求を守るための総合的な取り組みの基礎を築いた。サルマは二〇〇三年一二月に急逝したが、幅広い知的理解と実際的な献身に支えられたアイン・オ・シャリシュ・ケンドロは、彼女の先見の明と取り組みを後世に伝えつづける遺産となっている。

9

私は経済学部の学生であるクレア・ロイスとは二年目の初めに知り合いになった。彼女の端麗な容姿と知性は、当時はダウニング・ストリートにあったマーシャル図書館（経済学部の図書館）でよく目立っていた。私は図書館の外で彼女とコーヒーを飲みながら何度も楽しく雑談をしたし、友人のマイケル・ニコルソンが彼女のファンであることも知っていた。最初に出会ってまもなく、クレアに年末の予定を聞かれ、コヴェントリーの彼女の実家で一緒にクリスマスを過ごさないかと誘われた。私は大いに喜んで彼女の招待を受けた。クレアのボーイフレンドのベヴ・プーリーもくることになっていたし、南アフリカからのケン・ポラックと私の友達のラール・ジャヤワルデナも誘われていた。私たちはかなり国際的な集団になっていた。活発でじつに愛らしい、クレアの魅力あふれる妹ダイアナも一緒だった。

私はイギリスのクリスマスの電飾や音楽には馴染みがあったが、その浮かれ騒ぎについてはよく知らなかった。その不足分は間違いなく、コヴェントリーの祝祭行事で修正された。クレアの両親のヘンリーとエレノアは大歓迎してくれ、話し相手としても素晴らしかった。二人はインドに関心があり、故郷から遠く離れた地で、私が何を体験しているのか興味をもつとともに、気遣ってもくれた。私はロイス家でたいそうくつろぎ、休暇はとびきり楽しい日々となった。

ラール・ジャヤワルデナとはもちろんすでに知り合いだったが、ロイス家では彼の人生や懸念について、ずっと落ち着いた気分で話し合うことができた。彼は左翼でいることに関心があった。これはその心情を最もよく表わす表現だと、私は思う。彼が受け継いだ素質も、生活様式も、左翼という柄ではないからだ。彼は金融業で名を成したコロンボの裕福な一族の出身で、実家はコロンボ7地区〔シナモン・ガーデンズ〕の一等地の大邸宅だったが、彼の人間性と平等主義の思考はつねに別の方向へとラールを引き寄せていた。彼はこのときマルクスに関する興味深い論考を書いていた（タイトルは「マルクス――激しく中傷された男」だったと思う）。彼はのちに左翼として政治活動をする知識人クマリと結婚した。彼女ははっとするような美貌に政治的闘志をあわせもつ人だった。

コヴェントリーでの休暇中、ラールは私に自分が英語で夢を見ているのが不安だと語っていた。そのために彼はスリランカの人びとから遠く離れている気分になるのだった。「君は何語で夢を見るのかい？」と、彼は私に尋ねた。「たいがいはベンガル語だね」と私が言うと、彼はこう言った。「僕もまさにそうしたいんだ」。「それを真似るのは無理だよ。君はベンガル語を知らないんだから」と私が言うと、「シンハラ語でさ、もちろん」と、ラールは言った。「でも、夢では自分の思いどおりにならないから、簡単じゃない」。一九八〇年代にラールがヘルシンキで国連大学世界開発経済研究所（UNU-WIDER）の初代所長に就任したとき、〔あらゆる人にとって持続可能で衡平な〕開発研究のための世界的課題でいくつもの主要な取り組みを始め、私は彼と一緒にそうした研究ができることを誇りに思った。彼の懸念も願望もその平等主義の理念から生まれるものであり、私たちは二〇〇四年に彼が他界するまで親しい友人でありつづけた。

ダイアナ・ロイスは、コヴェントリーで休暇を一緒に過ごして以来、またその後もたびたびケンブリッジを訪ねてきたため、非常に親しい友人になった。お互い一緒に過ごすのが楽しみで、その親しい関係は私の人生をいろいろな意味で豊かにした。ダイアナ自身はのちに地元の保守党にかかわるようになったが、多くの時間をまっとうな社会的大義のために無償奉仕して過ごしていた。トリニティ時代の私の友人のジョン・ブラッドフィールドは、ケンブリッジのアデンブルックス病院を改善することに、ダイアナがいかに尽力し結果を出したかを説明してくれた。彼女が保守党の政治家になったことに私が驚いたとしても（実際そうだったが）、彼女が社会福祉全般に、とりわけ医療に貢献したことには、何ら驚きはしなかった。ダイアナはジョージ・アボットという、じつに人好きのするケンブリッジの卒業生と結婚した。彼は大学で学んだあと、街の中心部で小さいながら非常に親切な旅行会社を経営した。

　姉のクレアのほうも親しい友人でありつづけ、彼女の波乱万丈の人生のいくつかの段階でやっかいな事態に陥った際に「こんこんと諭す人物《ダッチ・アンクル》」になることを含め、私はさまざまな役を演じた。しかし、クレアの人生における私の最大の貢献は、間違いなく彼女をルイジ・スパヴェンタに紹介したことだろう。ルイジはじつに頭の切れる経済学者で、私が指導した最初の大学院生だった（このことを私はたいへん誇りに思っている）。彼はローマ・ラ・サピエンツァ大学で学んだあと、一九五七年にケンブリッジにやってきた。その年に、私はトリニティのプライズ・フェローに選ばれた。翌年、カルカッタからトリニティに戻って、研究のかたわら少しばかり教え始めたとき、ルイジが私に指導教官になってほしいと頼みにきたのだ。彼はもともとイタリアの貧しい南部（いわゆるメッゾジョルノ）の貧困の本質に関心があった。彼は私よりわずかに年下であるだけであり、彼が私から何かしら学んだとしても、私は彼との会話から——経済学や政治学のほか、イタリアのワイン、ヨーロッパの社会問題についても——少なくとも同じくらい多くを学んだ。ルイジはケンブリッジに博士論文を提出するまで在籍することはなかった。あともう少し努力すればできたはずなのだが、それは「イタリアでは自分にはあまり役に立たない」と、彼は説明した。彼はその後、イタリアのさまざまな大学で教授を務め――イタリアの制度ではこうした過程を踏まされる――最終的にローマの母校での教授職に落ち着いた。彼は政治にも積極的にかかわり、一九七六年から八三年までイタリア議会の共産党の議員となった。当時、共産党は左翼民主党として変革を遂げていた。彼は一時期、閣僚を務め、経済分野において指導的地位の公職を歴任した。そのなかには、イタリア国家証券委員会（CONSOB）という、企業の経営を監督し、イタリアの証券市場と証券取引を規制する政府委員会トップの仕事も含まれていた。

ある朝――一九六〇年のことだったと思う――クレアがトリニティのニューコートにある私の部屋を訪ねてきた。ケム川をまたぐジ・アヴェニューが見下ろせる部屋で、私はルイジを指導――少なくとも指導するふりを――していた。二人がすぐさま互いに強い印象を与えていたのは明らかだったが、当初はそれを認めようとしなかった。クレアが出ていくと、ルイジは「お堅いイギリス娘」についてあれこれ言った。クレアもさほど日をおかずに、私のあの友人は「あまりにも行儀がよくて、あまりにも情報通で、小脇に『マンチェスター・ガーディアン』紙を挟んで生まれてきたに違いない」と言っていた。一年ほどのちに二人から結婚するつもりだと言われ、実際そうなったときは、嬉しい驚きを味わった。二人はたいそう親密に相互に支え合い、相補う、素晴らしい人生をともに送った。

10

私の新しい交友関係には、医療上の必要に端を発していたものもあった。口腔がんのために高線量放射線治療を受けたわずか一年後に、ケンブリッジに留学したためだ。再発する確率が高いことは知られており、放射線によるダメージの危険もかなり大きかった。私のカルカッタの病院――チットロンジョン――はたいそう手際が悪く、ケンブリッジにもっていけるような治療歴を入手することができなかった。何年ものちにこの病院を訪ねて、自分の病気と受けた治療に関してどんな記録が残っているのか調べたところ、記録は何も見つからなかったと言われた。

幸い、私の父は几帳面な人であったため、診断や医療相談、検討された別の治療法、私が受けた放射線の正確な線量や、放射線治療後の反応がどうであったかについて、何ページ分ものメモを残しておいてくれた。私が回復したと思われると、父はその記録をきちんとファイルに入れて、赤い紐で縛り——私はそのことを鮮明に覚えている——こう言った。「このファイルは二度と開けないことを願うよ。いや、そう確信している」。実際には、私がそのファイルを再び開くことになった。チットロンジョンがん病院の記録管理が杜撰であったため、父のメモはかけがえのない情報源であることがわかったためだ。母のいとこで、最初の生検を実施してくれたオミヨおじは、放射線治療の決定が下された折にはカルカッタを離れていたが、やはり一ページ半にわたる病歴の要約を私にくれた。

これらの書類が手元にはあったのだが、ケンブリッジでは誰の診療を受ければよいのか私にはよくわからなかった。放射線を受けた口のなかには、しばらく何ら物理的な変化はなかった。私がかかった一般開業医のシンプソン医師はこれらのメモを読み、すっかり治癒した口蓋を調べたあと、何もする必要はないと判断した。しかし、ケンブリッジに着いて数カ月後には、口蓋の端が縮んできたようで、上の歯がかなりぐらついており（放射線治療でよく見られる結果）、痛みもかなりあった。そこで、私は歯医者に行ったのだが、歯科医は局部麻酔をしてすぐさま抜歯をすべきだと言った。しかし、オミヨおじから、専門家の助言なしに口のなかをいじらないよう、とにかく気をつけるようにと言われていた。とりわけ、放射線の後遺症を考えると、局部麻酔をするなとも聞いていた。歯科医はそのような警告にとくに納得はしていなかったが、私が不安そうにしているのに気づき、アデンブルックス病院で軽い手術をして抜歯ができるようにしようと言った。私が本当に未知の危険を心配しているなら、同病院の放射線治療センター（ＲＴＣ）の医師とも話ができるだろうと。
私はアデンブルックス病院に手術予定の時間より早めに行き、ＲＴＣの専門家には抜歯をする前に会わなければならないと粘った（歯科医はそれにたいし明らかにいらだっていた）。しかし、私の粘りは功を奏し、ＲＴＣの人が私のところへやってきた。今度は相手の強い反応を促すことになった。私はそこで何もせず待つように言われ、すぐにＲＴＣから上級のがん専門医が歯科の手術室へやってきた。彼はすぐさま私の担当となり、至急一緒にくるようにと求めた。彼は歯科医にたいし先にＲＴＣに連絡しなかったことを戒め、私には今後はまずＲＴＣに相談せずにどんな歯医者にもかかってはいけないと言った。「大量の放射線を浴びた口にいい加減なことをすれば、大問題をかかえることになりますよ」と、彼は言った。「それほどの放射線を浴びた口の周辺で、何が起こるかはほとんどわかっていないのだから。口内で何かする必要があるときは、まずわれわれに確認をしなければだめです」

そのとき以来、私はＲＴＣの保護下に置かれ、定期的な検診と綿密な検査を受けるようになり、若干の、ただし周到に計画された処置を施されるようになった。私が国民保健サービス（ＮＨＳ）の医療の質にも、慎重な治療にも、関係者の人間性にも、どれほど感銘を受けたかは充分に言い尽くすことはできない。

ＲＴＣとの関係は、生涯における最も重要なつながりの一つとなった。一九五三年から六三年にかけて（私がケンブリッジで過ごした年月）、ときには一カ月に数回も、疑わしい進行になりそうな症状を経過観察するために通わなければならないこともあった。最初に格別な配慮と腕前で私の面倒を見てくれたがん専門医は、レヴィソン医師という若い先生だった。彼がロンドンの病院に異動になると、医術欽定教授《レジウス・プロフェッサー・オヴ・フィジック》のＪ・Ｓ・ミッチェル教授が後任となった。彼は優れた科学者であり、非常に親切な医療従事者だった。私の口内で生じている諸々のことに対処してくれただけでなく、彼は半年ごとに私の全肉体《フィジカル・ボディ》——彼の職名にも則して（と私は思った）——の検査もしてくれた。私の身体のどんな部分にも、異常がないことを確認しておくのが最善なのだと彼は説明した。あれほど集中して検査されたことは、この時期を除いてはなかったと思う。彼は全般的な注意が必要であることを説明しただけでなく、それ以外のどんな部位にも何ら派生的な進行が見られないか確認したがった（口腔扁平上皮がんは、全身に転移することはあまりないが、局所的に増殖して最終的に患者を窒息死させる）。

ミッチェル教授は、私の通常の食生活にも断固とした見解をもっていた。揚げ物は禁物で、紅茶は薄めで牛乳をたっぷり入れて飲むべきだという。「これはがんの再発を防ぐためですか？」と、私は彼に質問した。「いや、悪い食習慣を続ければ引き起こしうる、その他の健康問題を避けるためですよ」。濃い紅茶を飲むなというのは、インド人にとっては難題であり（ミッチェルは濃いコーヒーをさらに疑問視していた）、アルコールを禁じようとする——完全な禁酒——彼の試みにも私は内心抵抗していた。

健康な生活に関するミッチェル教授の指示に疑問をもち、RTCで彼の後任として私の担当となったデイヴィッド・ブラザートン医師にそのことを聞いてみた。ブラザートン医師は欽定教授の厳しい助言に少々笑みを浮かべて、こう言った。「ミッチェル教授は絶対禁酒家《ティートトラー》だということを忘れてはなりませんよ」。「であれば、食事制限は明らかに彼の科学的助言とは何の関係もないですね？」と、私が応じると、ブラザートンはただほほ笑みつづけた。それが認識論におけるかなり深い観察であったことに、私は気づいた。

RTCのあらゆる職員から、個人的にどれだけ配慮を受けたかを言い表わすのは難しい。ブラザートン医師との付き合いは最も長いものになり、彼は私の家族の一員のようになった。彼の自宅は何度も訪ねたことがあったし、一九五七年に私がプライズ・フェローに選ばれたあと、トリニティにきてくれたときは一緒に食事をした。夕食後も彼は長い時間を過ごし、私のインドでの生活やイギリスでの経験について尋ねた。ずっと後年、彼が妻を亡くして、グランチェスター・メドウズの広い家に一人で住んでいたころ、魅力的な夕べを一緒に過ごしたこともあった。その晩、彼は私のためにピアノを美しく弾いてくれた。その音楽は素晴らしかったが、当時の彼の気分を反映して音色があまりにも哀愁を帯びており、私もまた悲しい気分になった。

一九六三年に私がケンブリッジを離れたのちも、ブラザートン医師は私の健康問題を把握しつづけてくれただけでなく、私の職業――および研究――人生についても個人的に大きな関心をもって見守ってくれた。残念なことに、私がハーヴァードからケンブリッジに戻る一年前、一九九七年にブラザートン医師は亡くなってしまったため、学寮長宿舎で彼をもてなそうという私の計画が実現することはなかった。自分があれほど面倒を見た、命の危険にさらされていた若者が、結局のところ充実した人生を送っている姿を見たら、彼は喜んでくれただろうと私は思う。

このごろグランチェスター・メドウズを散歩して、ブラザートン医師が住んでいた家を見ると、強い喪失感とともに、深い感謝の気持ちを覚える。ティルベリー・ドックスに到着したときは、どんな新しい友人ができるのか見当もつかなかった。親しい交友関係の一部は物理的に近くにいたため育まれたものだったが、出身地の近さや政治的な一体感、また個人的に好感をもったために友人になれたこともあった。そしてなかには、放射線治療センターの私の先生たちのように、私の深い弱点ゆえに親しくなった人びともいた。ケンブリッジでの新しい人生を振り返りながら、強さだけでなくその弱さが、人と人を親しい間柄にできるというのは、素晴らしいことだったと私は思った。

第18章　何の経済学か？

1

一九五四年の夏、私はトリニティの大門からトリニティ・ストリートを渡った先にあるヒューウェルズ・コートの一室を与えられた。部屋は広々としていて、居心地のいい寝室とかなり大きな居間があった。しかしもちろん、当時のトリニティの学寮はたいがいそうだったが、洗面所に行くのに中庭を横切り、トリニティ・ストリートを渡って、タオルを片手にグレート・コートまで行ってシャワーを浴びなければならなかった。私の部屋はお湯が出なかった（それどころか水道がなかった）ので、室内清掃員が毎朝、洗顔や髭剃り用に熱い湯と水の入った二つの水差しと、それを注ぎ入れる白い大きなたらいを運んでくれた。

ようやく学寮で生活できるようになって私は嬉しかったが、プライオリ・ロードのハンガー夫人の家を離れるのは寂しかった。彼女が大好きになっていたのだ。それまでもずっと親切な人だったが、私が下宿していた一年間に彼女は人種間の平等を訴える活動家へと変身を遂げていた。一九五三年一〇月に最初に会ったときは、風呂のなかで私の肌の色が落ちるのではないかと心配していたのに、私が下宿を離れたころには、彼女は近所中の人に「すべての人間は平等」であることを理解する必要について説いて回るようになっていたのだ。

一九五四年六月にお別れに行くと、彼女はお茶と手作りのケーキを出してくれて、私がいなくなると寂しくなると言った。それから人種問題に関連して非常に進歩的なことを語りつづけ、彼女が定期的に通っているダンスクラブで、パートナーを探して待っていたアフリカ人男性と踊りたがらなかったイギリス人女性を、自分がいかに叱責したかを語った（「とても頭にきていたので、その男性をつかんで一時間以上、一緒に踊ったのよ。もう家に帰りたいと彼が言うまで」）。

何十年ものちの一九九八年一月にケンブリッジに戻ったとき、私はもう一度彼女に会いたくなり、学寮長宿舎へお茶に招いたら喜んでもらえるのではないかと思ったのだが、電話帳で探しても一家の名前は見つからなかった。そこで、プライオリ・ロードまで行ってみたが、ハンガー家がどこへ越したかは誰も知らないようだった。もちろん私が最後に彼女に会ったのは四四年も前のことで、彼女がまだそこに住んでいると期待した私が愚かだった。しかし、温かく親切だった大家さんの姿を一目も見られなかったことが、私には悲しかった。

2

ヒューウェルズ・コートに入寮すると、私は別の学部生ですぐそばの部屋に入っていたサイモン・ディグビーに歓迎された。彼は私より二年前の一九五一年にトリニティに入学しており、共通の友人はいたが、近くの部屋同士になるまで実際には知らなかった。私をヒューウェルズ・コートに迎えるために、サイモンがインド料理をつくってくれたことにはたいへん感動した。あいにく、その日、私の引っ越しは遅くなり、荷物をもって到着したのは真夜中近くだった。もちろん、私はサイモンがエ

ケンブリッジのトリニティ・カレッジ内の私の自室で、1955 年（いとこのバレン・シェン撮影）

ビのカレーをつくって待っているなどと思いもしなかったのだ。私たちはご馳走を食べたが、私にはその晩、二度目の夕食だったたし、彼にとってもそうだったに違いない。

サイモンのインドの歴史にたいする、なかでもムガル帝国以前のイスラーム史への熱意と深まる一方の造詣はすでに敬服に値するものだった。彼との会話は、私にとっては事実上、無料で個人指導を受けているようなものだった。しかし、私たちは現代の政治に関しては意見が食い違った。サイモンはパキスタンがムスリム国と呼べるのと同様に、インドをヒンドゥー国家と見なしたがっていたからだ。彼がおもに嫌悪していた一人がジャワハルラール・ネルーで、とくにネルーの歴史家ぶった側面だと彼が考えるものを嫌っていた（「彼の『父が子に語る世界歴史』〔邦訳はみすず書房〕以上の駄作はなかなか書けないよ、そうだろう」）。サイモンはネルーの政治にも強い違和感をもっていた。非宗教的な民主主義であることには甚大な利点があるという私の主張は、少なくとも当時の彼には受け入れがたい意見だった。のちにパキスタンから（何らかの理由で）拒絶されたのち、インドでイスラーム研究を続ける快適な居場所を見いだしてから、彼の見解はいくらか変わったと私は思う。サイモンは残念ながら故人となったが、彼の信奉者たちはインドに拠点を置いて彼が遺した研究を続けている。

3

プレジデンシー・カレッジ時代の勉強で学んだことで、ケンブリッジで経済学を専攻した最初の年をやりくりするには充分だったようだが、例外はジョーン・ロビンソンが『資本蓄積論』〔邦訳はみすず書房〕という本で書きあげつつあった新たな展開くらいだった。ケンブリッジで私が出席した最初の講義が、彼女によるものだった。個人的には友情に満ちた、温かい関係を育むことができ、彼女の家族とも多くの時間を過ごさせてもらったものの、ジョーンとのあいだに学術面での絆は生まれなかった。彼女のことはとても好きで、彼女もつねに愛情をもち、受け入れ、援助してくれたので、このことは私には悩みの種だった。

ジョーンは若いころにインドを訪れていて、インドとは強い結びつきがあった。彼女の夫であるオースティン・ロビンソンは、一九二〇年代末にグワーリヤル藩王の息子であるインドの王子の家庭教師を務めていた。これはオースティンがケンブリッジにきて、そこで誰からも好かれる著名な教授となるずっと以前のことだった。ジョーンはインドで多くの史跡を訪ね（オースティンに同行することも、しないこともあった）、大勢の友人を得た日々を大いに懐かしんでいた。ジョーンがインドに関するほぼすべてのことを好んでいた――インドの服をよく着ていた――ことは、彼女の人柄のきわだった特徴だったが、経済理論にたいする彼女の考え方ははるかに差別的だった。経済学では彼女は何が正しく、何が間違っているかについて断固とした信念をもっていて、正しい側が勝つように助力することが自分の務めだと決意を固めていた。標準的な経済学――「主流派経済学」または「新古典派経済学」と通常は呼ばれるもの――にたいする彼女の否定は揺るぎなく、徹底的なものだったが、その一方で彼女はマルクス主義経済学の考えは有望ではあるが、救いようがないほど間違っていると考えていた。彼女はとりわけケンブリッジの同僚であるモーリス・ドッブを批判する――それどころかあざ笑う――ことに熱心だった。前述したように、ドッブは当時、イギリスきってのマルクス主義経済学者だった。

ジョーンのマルクスに関する理解にも、成長の経済学に関する新しい研究にも、私が入学したころ彼女がかかわっていた資本理論にも、私はさほど納得していなかったことを白状しなければならない。しかし、彼女の考え方、および彼女自身にも、充分に興味をもっていたので、学部に在籍していた期間、ドッブとともに、彼女にも指導教官をお願いしたいと考えた。これは一九五四年から五五年にかけて、ケンブリッジの二年制の学部の二年目のことだった。

ジョーンは当時、『資本蓄積論』を書きあげていたところで、これは一九五六年に刊行された。彼女はこの著作を、主流派の資本理論と「彼らの」経済成長理論を決定的に葬るものだと考えており、資本と成長を考える新たな見方になると彼女が期待したものが、それに取って代わることを望んでいた。私は好奇心をそそられ、彼女の一風変わった提案を受け入れることにした。ケンブリッジの個人指導制度では毎週、小論文を書いて提出するのが慣習になっていたが、その代わりに彼女が執筆中の原稿を一週間に一章ずつ読み、それにたいする批評を提出する、というものだった。原稿を読んでその後に話し合いをすることを、私は大いに楽しんだ。彼女の考え方は確かに独創的で興味深いものだったが、私には説得力があるとは思われなかった。

ロビンソンの新しい本にこのような形でかかわった一つの結果は、彼女を称賛はするものの、自分が彼女の「信奉者」になるつもりはないという確信を深めたことだった。彼女はどちらかと言えば、私がそうなることを期待していたのだろうと思う。私を信頼してくれたことは光栄であったし、彼女のことは大いに尊敬していたが、彼女が正しい路線を進んでいると自分を納得させることはできなかった。私は何度か彼女と議論したが、実際にはどうにもならなかった。彼女は人の意見を聴くよりも、話すことにずっと長《た》けていたからだ。実際、ジョーンは自説を絶対的なものとして譲らないばかりではなかった。反論など検討するまいという決意すら感じられたのだ。まるでそのように拒絶すれば、どうにかして反論は退けられるかのようだった。議論を戦わせるというインドの哲学討論において絶えず擁護されてきた伝統は、主張に説得力をもたせるうえでジョーンが確信していることに、何らかの貢献ができるだろうにと、私は思わずにはいられなかった。そこには、相手の意見を傾聴することも含まれていた。主流派の理論を無視する彼女の姿勢には、ドッブやスラッファ、ホブズボームなどによって入念に展開されたマルクス主義の視点を彼女が無下に一蹴したのと同様に、道理にもとづいた抗弁ではないように私には思われた。

4

つねに関連が明確であったわけではないが、ジョーンの著作には、市場経済の適切さを拒絶するジョン・メイナード・ケインズ（とくに不況や恐慌に関する彼の研究）の影響がいちじるしく見られた。ケンブリッジでは政治経済に関する主要な議論の多くは、ケインズ経済の賛否と、ケインズの手法から生まれた開発／発展に焦点が絞られていた。ケインズの信奉者（そのなかにはジョーンのほか、リチャード・カーン、ニコラス・カルドアなどが含まれていた）と、その反対のいわゆる「新古典派」

経済学者（それぞれ違いはあったが、デニス・ロバートソン、ハリー・ジョンソン、ピーター・バウアー、マイケル・ファレルなどがいた）のあいだには、声高に宣言された明確な違いがあった。

リチャード・カーンが、これらの新ケインズ派のなかで総じて最も好戦的だったとすれば、ジョーン・ロビンソンは最も雄弁で声高だった。三人のなかでは最も独創的で創造性に富んでいた。彼はそれぞれの学派間の論争をあけすけの皮肉とユーモアで見ており、いずれも私たちの経済学の理解にそれとわかる痕跡を残さない小競り合いに過ぎないと考えていた。私自身のカレッジであるトリニティは、このひっきりなしの諍《いさか》いから逃れたオアシスだった。まるで異なる政治見解をもった三人の卓越した経済学者たちは、互いに喜んで共存しているようであり、よく交流もしていた。マルクス主義者のモーリス・ドッブと保守的な新古典派のデニス・ロバートソンは、共同でゼミを行なっていたし、しばしばピエロ・スラッファとも手を組んでいた。スラッファの懐疑主義は経済思想のあらゆる学派に向けられているようだった。

当時のケンブリッジの経済学における主要な論争は経済の総額――資本の総額を含め――をかなり重視していた。「新ケインズ派」と呼ばれる人びと（ときには「新リカード派」とも呼ばれて混乱させるが）は、経済のモデル化で「総資本」を使うことに断固反対していた。総生産という形での資本の概念の有益さは象徴的な手段としてであり、それが成功するかどうかはその状況における価値によるとするものだ。もちろん、生産の要素としての総資本という考えには難点が――内部矛盾すら――あり、スラッファはそれを非常に明快に示して見せた。そうした難題を回避しようとしても、無意味な試みであることはすでに証明されていた。私の学生仲間や親友たちがこれらの問題に取り組んでおり、なかでも二人が――ルイジ・パシネッティとピエランジェロ・ガレニャーニ――が決定的な分析をしてみせていた。

しかし、ケンブリッジの経済学はこのようなテーマでは非常に活発であったものの、不平等、貧困、搾取など、その他のきわめて重要な問題にはさほど関心を払っていなかった。ケンブリッジの経済学は政治的には左翼的であるはずで、ある意味ではその大義に専念するものだった。しかし、資本主義の崩壊が起こるとすれば、それが資本主義の非道な人間の扱い方ゆえではなく、資本理論における何らかの複雑な間違いによって引き起こされるのだとは、私には信じがたかった。「経済科学の始まりは、驚異ではなく社会的な熱意であり、貧困地帯の見苦しさや活気のない生活の味気なさを嫌悪するものなのだ[1]」と述べた際に、A・C・ピグーは本当の問題についてはるかに深い理解を表わしていた。彼は当時まだ存命でケンブリッジに住んでいたが、ケインズのマクロ経済学における多くの主張に反論したため、新ケインズ派には時代遅れの新古典派経済学者として顧みられないことが多かった。

これらの問題について、ジョーン・ロビンソンはある立場——いまのインドで実際かなり人気を博しているもの——を取っていた。すなわち、優先順位からすれば、まず専念すべきことは、ひたすら経済成長を最大限にすることだというものだ。経済を成長させ、豊かになれば、医療や教育など、その他諸々のことに目を向けられるというのだ。この取り組み方は、開発／発展の考え方におけるより深刻な間違いの一つだと私は考える。健康であり、よい教育が受けられることが何よりも必要なのは、国が貧しいときだからだ。

さらに、経済成長は重要であっても、教育や医療、栄養状態などを無視してそれだけをひたすら追求することは、人びとの生活の質にとってとんでもないだけでなく、自滅的な戦略でもある。というのも、人間がまっとうに暮らすうえで不可欠なこれらの要素は、アダム・スミスがはるか昔に指摘したように、人間の生産性を上げるうえでも重要な要因だからだ。ジョーンはどういうわけか、スミスによる経済発展の総合的な理解には、ほとんど共感を示さなかった。たとえば、スリランカ政府が栄養学的な見地から、および健康のために食料全般に補助金を出していることを、それが経済の拡大にも同時に寄与しているにもかかわらず、彼女は強く批判した。彼女はそのような混合戦略を、ひどく誤解を生むたとえを用いて却下した。「スリランカは木を育てることなく、その果実を味わおうとしている」

経済思想の学派間の相違は、ケンブリッジの学内の言葉遣いに催眠効果をかける役割を果たしていたようだ。とりわけ経済学者を二つの明確なカテゴリー、すなわち敵か味方かに分類する際には、それが顕著だった。新古典派と新ケインズ派の経済学者の対比は、しばしばこうした論争のなかで目に付いた。経済学における「新古典派」など、ケンブリッジに留学するまで私は知らなかったが、この用語は流行しており、これらの論争で広く使われた造語の一例だった。経済学で「新古典派」が実際に何を意味するのか、美術、彫刻、建築などの分野におけるこの用語のもっと一般的な使用例から類推しようにも、そのような私の望みはすべて完全に潰えることになった。私が見てきた、ジャック＝ルイ・ダヴィッドの《ホラティウス兄弟の誓い》や、アントニオ・カノーヴァの彫刻《エロスの接吻で目覚めるプシュケ》などの新古典派の芸術作品の事例を思い浮かべても、何の手がかりも得られなかった。

少しばかり調べてみると、経済学で「新古典派」という用語を最初に用いたのは、一九〇〇年のソースティン・ヴェブレンであったと思われ、その言葉で表わされた批判の前置きとして意図されたものだった。この用語は、いまだに当初の軽蔑的な用法から切り離すのが難しい。新古典派は単に主流派経済学だと考えるほうが、はるかに容易だと私は判断した。最大化の担い手――資本家、労働者、消費者など――の一団を、つまり限界費用だの限界生産力だのを等式に当てはめて、最大化の機械的な法則に従う人びとを前提とする経済学である。

ヴェブレンは多作の思想家であり、新古典派経済学の概要説明ではやや雑然としていたが、それ以外の問題では、はるかに明快な分析を行なっていた(2)。「誇示的消費」や「有閑階級」といった重要な概念は、彼によるものである。ヴェブレンの「有閑階級」にたいする考え方と、マルク・ブロックの「ほかの人びとの労働を糧に暮らしていた」人びとの特性評価（第13章で、労働価値論の重要な解釈に関連して論じたもの）との類似性に衝撃を受けたことを私は覚えている。実際、通俗的な批判を乱用（たとえば新古典派の概念で暗示されるもの）するのではなく、標準的経済学の評論のなかにもっと明確な特性評価を見いだすことが重要だった。

5

ケンブリッジには、異なる学派間のこうした激しい争いにあまり首を突っ込まない優れた教師もそれなりにいたが（たとえばリチャード・ストーン、ブライアン・レダウェイ、ロビン・マシューズ、ケニス・ベリル、ハリー・ジョンソン、オーブリー・シルバーストン、ロビン・マリス、リチャード・グッドウィンなど）、政治的な境界線は一般にはかなりはっきりと——やや奇妙に——引かれていた。ケインズ派は新古典派経済学の信奉者のうちの左派と見なされていたが、それは「ここまではいいが、その先はならぬ」という精神に満ちたものだった。新ケインズ派はマルクス主義やその他の明らかに左翼の学派には断固として反対だったからだ。

まもなく、さまざまな経済学者をただ一次元に左から右へ整然と並べる方法はないことが、私には明らかになった。ドッブは明敏なマルクス経済学者であり、ケインズ派や新ケインズ派からは新古典派経済学の「かなり軟派」であるとよく考えられていた。軟派かどうかは別にして、私の見たところでは、マルクス主義者と新古典派経済学者のあいだには、新ケインズ派と新古典派経済学者のあいだよりも友好的な関係が築かれる余地が多いことが示されていた。たとえば、マルクス主義のドッブは当時のケンブリッジでは厚生経済学に関心のあった少数の経済学者の一人で、保守的な新古典派経済学者のピーター・バウアーの親友だった。バウアーはのちに貴族院の保守党議員に任命され、マーガレット・サッチャーの経済顧問になった。

私自身は左翼寄りの立場だったが、右翼のバウアーが開発経済学の最高の教師であるだけでなく、このテーマでは大学内で圧倒的に最も秀でた思想家でもあることにまもなく気づいた。それどころか、彼は世界で最も独創的な開発経済学者の一人であり、「発展はいかに生じるか」について私が理解するようになったことの多くは、彼と交わした定期的な会話の結果だった。若い学生だったころから、ピーターが親しく接してくれたことを、私はたいへん光栄に思った。ほぼ毎週——彼がかつて言ったように「会って議論するために」——一緒にコーヒーに付き合ってくれたことは、私にとって大きな収穫源となった。バウアーとの交友は彼の生涯を通じて続いた。新ケインズ派が彼の研究をほとんど顧みなかったことは、この学派の名誉にはならないと私は思う。

6

経済学の多様な学派の研究に感銘は覚えたものの、厚生経済学への私の関心は——社会がどれだけ機能しているかの評価とともに——強いものでありつづけた。経済学のこの分野は、社会のそれぞれの構成員がどれだけ健全な暮らし《ウェルビーイング》を送れているかを直接評価し、社会全体の厚生《ウェルフェア》〔福祉と同義〕の総合的な評価を下す。これこそ自分がとくに関心をもつテーマであることが、私には明らかになりつつあった。

社会がどれだけうまく機能しているかは、どうすれば判断できるだろうか？　もしくは、厚生の用語を用いれば、社会厚生はどうすれば評価できるのか？　社会の厚生を促進することについて、どうすれば実際的に話ができるのか？　社会には大勢の人びとがいて、社会全体の厚生は何らかの形で社会を構成する個々の人びとの厚生と関連していなければならない。そのため、社会厚生に関して相対的な判断を下そうと思えば、多くの個人をひとまとめに集団化することになり、それには何らかの形の社会的選択理論がかかわらなければならない。

社会を構成する個々の人びとの集団的厚生を評価することは、一種の社会的選択問題なのだ。ジェレミー・ベンサムが提唱した功利主義的な社会集団化は、分配について案ずることなく効用の総計を優先する。一方、有名な哲学者のジョン・ロールズが唱えた正義論は、不平等により多くの関心を払い、それと同時に効用だけに専念することに終止符を打った（自由であることなど、それ以外の懸念事項も考慮に入れた）。社会厚生を特徴付けする方法はいくつも考えられ、集団化を試み、それらを相対的に判断する方法も多様だ。

もう一つの手法は、投票方式だ。さまざまな人が私たちの支持を得ようとするだろうし、社会の諸々の指導者の選択を含め、競合する社会的選択肢から選ぶための何かしらの決まりがあるかもしれない。多数決投票は社会的選択ルールのよく知られた事例だが、社会的選択の問題には、ほかにも数多くの事例がある。

社会的選択を実践するうえでは、特定の種類の問題がそのたびに絡んでくるだろう。たとえば、高く評価されている多数決投票ですら一貫性のない事態に結びついて（「投票の逆理」とよく呼ばれるもの）、過半数を占める勝者がいない結果となるかもしれない。第12章で簡単に触れたことに従って、多数決原理を使って一貫性のなさがどんなものか理解してみよう。たとえば、1、2、3という三人の投票者がそれぞれ三人の候補を好ましい順に［x、y、z］、［y、z、x］、［z、x、y］とランク付けするとすれば、多数決投票ではxはyに勝ち、yはzに勝ち、zはxに勝つので、過半数を占める勝者は誰もいないことになる。そのため、多数決原理では問題に説得力のある解決策を見いだすことはできないだろう。この問題は一八世紀にコンドルセ侯爵によって特定され、一九五〇年にケネス・アローが社会的選択の実践において広く一般に見られることを示したものだった。それによって一貫性の厳格な規定にこだわった場合、一見すると民主的な選択が不可能になった。社会的選択の理論家はそのため、一貫性のなさ――および関連した不可能性の問題――がおよぼす全般的な難題に取り組む良識的な方法を探さなければならなかった。これは投票の意思決定と同じくらい、社会厚生の判断にも当てはまる。

7

インドから渡英したのち、私はカルカッタ時代に抱いていたおもな経済学の関心事と、ケンブリッジで学んでいるうちに専念したいことのあいだに、知的関連を生みだせるかどうか試みた。だが、これは難しいことが判明した。カルカッタでアローの『社会的選択と個人的評価』〔邦訳は勁草書房〕を読み、それに関連して新たに発表された文献を調べたのちに（また自分でも社会的選択理論という新しいテーマについてかなり考えたのちに）、この分野にたいする自分の関心が非常に強いことがわかった。しかし、ケンブリッジの教職員に社会的選択に関心をもってもらえるよう説得することができず、関連分野を研究することも誰からも推奨してもらえなかった。

厚生経済学を使って社会的選択理論や、ケンブリッジで認められているより一般的な経済学のテーマと結びつける方法はあったはずだが、厚生経済学はケンブリッジでは学問分野とは見なされていなかった。私が留学する少し前に、南アフリカの優れた経済学者、ヨハネス・デ・ヴィリアーズ・グラーフ（ジャンと呼ばれていた）が興味深い主張のなかで、社会厚生に関する価値判断を評価しなければ、厚生経済学では言うべきことはあまりないことを示していた[3]。そのことはもちろん、社会的判断が個々の厚生評価（もしくは個々の価値判断）にどう結びつくかを厳しく見直す手始めとなりえたものだった。アローが社会的選択理論で実際的な公理を用いて成し遂げようとしたようなものだ。だが、そうなる代わりに、グラーフの分析でこの問題はおしまいと見なされていた。アローの不可能性定理の本質がケンブリッジの大半の経済学者には充分に理解されていなかったため、なおさらだった。それどころか、アローの結論は、提案された公理とその組み合わせを精査するよう誘いかけるものではなく、ただ手の施しようのない破壊の爪痕と見なされてしまったのだ。そのため、グラーフ以降は、厚生経済学は総じて、耕せば実りのある土地などではなく、どうしようもない溝と考えられるようになった。

厚生経済学を研究したいのだと告げると、ジョーン・ロビンソンは私にこう言った。「それが破綻した分野だということを知らないの？」彼女は私に、頭のいい経済学者はみな厚生経済学をやろうとしたけれど、「なかでも最も頭のいいジャン・グラーフが、それがすべてナンセンスであることを示した」という話を語って聞かせた。グラーフの研究に関する彼女の解釈は間違っているのではないかと、私はジョーンに言った。そもそも、グラーフは厚生経済学がナンセンスだと示したわけではないし、彼自身がそれを示したと主張したこともなかったのだ。ジョーンは納得しないばかりか、このテーマに関する私の考えを聴くことにも興味がなかった。彼女は私に、何か有益な研究をすべきだと言った。

ほかにも一人か二人、ケンブリッジの先生に社会的選択理論に一緒に関心をもってもらえないか働きかけてみたが、徒労に終わった。私を励ます理由を思いつく人は誰もいなかった。リチャード・カーンは、ジョーンと同じく、この分野に敵意を見せた。ニコラス・カルドアは彼がいつもやるとおりの反応を示した。すなわち、人生においては若干のばかげた行為が人格を形成するうえで必要だという根拠から、励ましを与えるものだ。ケンブリッジの経済学の教職員で厚生経済学の講義をしていたのは、モーリス・ドッブだけだった。彼の左翼の同僚たちの何人かは、これはモーリスの大きな間違いだと考えていた（「右派に寝返る裏切り行為」というのが、ドッブの講義を勘違いした彼らがよく吐きだした一言だった）。ドッブは、当時の経済学の教職員の大多数と同様、数学的推論にややアレルギーがあったが、彼は私にアローの定理の本質と、なぜそれが興味深いのかを説明するように求めた。彼は私の説明にかなり注意深く耳を傾けたが、このテーマは私たちが一緒に研究するには数学的過ぎると言った。しかし、自分が理解していた社会的選択理論の部分に関しては、私と話をしようと彼は言い、それどころか熱意も示した。

私が社会的選択理論に取り組むことにいくらか興味を示したもう一人の先生は、やはりマルクス主義者だったが、やや毛色の違う人だった。すなわちピエロ・スラッファだ。スラッファは（前述したように）、イタリア共産党を結成した偉大な左翼の知識人アントニオ・グラムシと非常に親しかった。社会的選択理論から生みだされるに違いない社会的コミュニケーションの本質について私と議論したいとスラッファは言い、アローからはあまり重視されていなかったが、これは非常に興味深い課題となった。

8

学部生のころ私が耐えなければならなかった金詰まりの状況は、卒業後に大学院生になるとおおむね解消された。この時分には生活費は二つの奨学金で完全に賄われていたからだ。そのうちの一つはレンベリー奨学金と呼ばれたもので、学部の卒業試験の成績をもとに与えられたものだったが、そこにはやや奇妙な手続きが付随していた。学期ごとに、私の学業に関して一言書く義務を負っているのは、ケンブリッジの政治経済学教授であるデニス・ロバートソンなのだと私は教えられた。「自分自身の研究について第三者的に何か書いてもらえないかね？　それを私が転送できるように。ただし、ユーモアは不要だ。学生課では好まれないからね！」

いずれにせよユーモアを取り入れるのは簡単ではなかっただろう。私は自分の研究をどこから始めればよいのか、博士論文のテーマに何を選べばよいのか決めるのに苦労していたからだ。ジョーン・ロビンソンは私に資本理論を一緒に研究してもらいたがっており、「これこそ本当に独創的な研究ができる分野よ」と言い、こう付け足した。「新古典派経済学の棺に最後の釘を一緒に打ちつけてやりましょう」。ジョーンの助言についてモーリス・ドッブに伝えると、彼はこう応じた。「釘打ち作業は彼女に任せて、君が最も興味のあることを何であれやればいい」

私はドッブに、社会的選択理論のいくつかの問題に本当に専念して、ケネス・アローが『社会的選択と個人的評価』で手がけたことをさらに追究して展開したいのだと伝えた。彼はこう答えた。「その研究はそのテーマにやはり関心のある人がほかにいるときにするんだ。社会的選択理論についての君の考えは、いつでも好きなときに私のところへきて話すといい。でも、博論のテーマとしては別のものを選ぶんだ。ほかにも同じ問題に関心をもっている人がいて、何らかの知識や見解をもっているものをね」

そこで私はそのようにした。「技法《テクニック》の選択」について研究することにしたのだ。具体的には、多くの失業者がいて低賃金の経済では、社会的な見地から判断して、どのようにふさわしい生産技法を選ぶべきかである。私の論文の指導教官になったジョーンをなだめるためもあって、私は論文タイトルに「資本」という言葉を入れておいた。私は資本中心の生産技法が、安い労働力の経済でどうすれば理想的になりうるかという問題には大いに関心があったので、これは難なく対応できるものだった。ただし、明白な答えがあるかのような問題において、いくつかやっかいな点が――消費と貯蓄におけ る技法選択の影響に関連して――あった。私はこの論文を「発展計画における資本集約度の選択」とした。この題名を伝えると、ピエロ・スラッファは笑って言った。「君の論文が何についてのものか誰にも見当が付かないだろう」。論文を公表する前にタイトルを変えるよう、彼は強く勧めた。しかし、博士論文そのものについてはこう言った。「このタイトルはいい具合に謎めいている。博士論文にはぴったりだ」

第19章　ヨーロッパはどこか？

1

ケンブリッジで過ごした最初の秋に、私が打ちのめされたものがあるとすれば、それは太陽があまりにも早く沈み始めてしまう事実だった。昼食後には昼間の明るい光はほとんどない。周囲の人びとと一緒に過ごすのがますます楽しくなるにつれて、自分が住んでいる街をまともに見る機会はどんどん少なくなっていった。午後三時半に日没というのは誰にとっても不快な体験だが、ヒンドゥスターン平野の出身者にはとりわけ堪《こた》えた。イギリス人が決して日の沈まない帝国領土をもつことに、あれほどこだわったのも無理はない。

イタリアを訪ねるという考えは、インドを発つずっと前から私の頭のなかにあった。私の当地への憧れはシャンティニケトンとカルカッタの双方の学校時代に、ルネサンス絵画に魅了されたときから始まっていた。長年のあいだに、私はイタリアのルネサンス期絵画の手頃な値段の画集を買い、ジオット、フラ・アンジェリコ、ボッティチェッリなど初期の時代からレオナルド・ダ・ヴィンチ、ミケランジェロ、ティツィアーノの後期の傑作まで集め、いつかは本物を見に行こうと自分に言い聞かせていた。一九五三年九月にストラスネイヴァー号に乗ってイギリスへ行く途中、イタリアの海岸を見て、その願望を思いだしていた。船上から見た夜間に火を噴くストロンボリ火山ですら、イタリアに行きたいという私の強い願いをいや増しにした。

イタリアに行くというこの決意は、プレジデンシー・カレッジ時代にイタリアのネオレアリズモ映画を観たことで強く後押しされた。これらの作品は、映画がいかに優れた伝達手段となるかについての私の理解を様変わりさせた。コーヒーハウスでヨーロッパの政治について議論したことも私の関心を高め、イタリアのレジスタンス運動がどうファシスト政権と戦い、最終的に勝利したかについて、多くの書物を読むことになった。イタリアのレジスタンスにかかわった多数の人びとと、まもなく知り合いになるなど、当時の私は知ることもなかった。

しかし、イギリスのように近いところからでも、イタリアまで旅をするにはいちじるしい障害があった。私の父はケンブリッジの初年度分に六〇〇ポンドの予算を与えてくれていた。これは学費を含めて、一年間の通常の費用としては充分だったが、それ以上のものではなかった。何か贅沢をするなら、日常の支出を削減しなければダメだと私は自分に言い聞かせた。海外旅行は教育目的だとして正当化することもできたが、私はおもに自分のお気に入りの絵画や彫刻、映画、それに美しい建物を見たいという、単純で強い快楽主義的な衝動に駆られていた。世界の上位に挙げられている建物の半数ほどはイタリアにあるのだ。三月になって冬の寒さもやわらぎ始めると、何とか費用を捻出できるのではないかと計算を始めた。そのころ、「近代文学」専攻のため、あまりよくは知らないが、大いに親近感を抱いていたロバートという学生から、英国学生連盟が手配するイタリア「芸術ツアー」に参加する安いチケットを買うつもりだと教えられた。これにはイタリアまでの往復の団体航空券と、イタリア国内の移動と六都市（ミラノ、ヴェネチア、ヴェローナ、フィレンツェ、ペルージャ、ローマ）での宿泊費と食事代が含まれていた。私は決定的な質問を口にした。「それでいくらかかるんだい？」「五〇ポンドさ、すべて込みで」と、彼は答えた。

私は寮に戻って、もう一度お金の算段を立て、それから学生連盟の事務所へ行ってツアーのチケットを買った。ほかのところでは財布の紐を引き締めなければと、自分に言い聞かせた。幸いにも、出発する少し前になって、トリニティから私を上級研究員《シニアスカラー》に選んだと伝えられた。報酬は多くないが（学寮研究員《カレッジスカラー》に選ばれた人の学費を援助することに熱心な郡出身のイギリス国民は別として）、奨学金の基本額ですら、学生連盟の旅行事務所で私が支払った費用をかなり上回っていた。それに上級研究員になると、さらなる恩恵もあった。学費が免除され、年間を通じて――休暇中も――学寮の部屋に家賃を払わずに滞在する資格が与えられるなどである。昔のロンドンの空港からミラノに向かう飛行機に搭乗したときには、ほとんど金持ちになったような気がした。

2

イタリア旅行は大当たりとなった。私の旅仲間たちは非常に好感のもてる人たちだった。一行が一八人の若い女性と三人の男性（ロバートと私、それに四十代後半の感じのよい学校の先生）からなっていたことは、何ら問題ではなかった。私たちが滞在した格安ホテルはかなり居心地がよく、食事が素晴らしかった。うまい具合にアルデンテに茹でられたパスタは、茹で過ぎて色も味もないトリニティのキャベツや芽キャベツとは何と違うことか。美術館は居心地がよく、非の打ち所がなかった。私はさまざまな美術館（ウフィツィ、ピッティ宮殿、ヴァティカンなど）で一日中を過ごし、その周りの美しい街を何度も行き来した。

イタリアでの暮らしの騒音と陽気さは大いに活気があるとも感じ、その真っ只中で非常に幸せな気分になった。それに比べて、ケンブリッジの生活はじつに抑制され控えめだ。ある晩――ペルージャだったと思う――部屋の窓の下の通りから聞こえてくる大声の会話に目が覚めた。私はいくらか睡眠不足になったが、人が暮らしている証拠に接することができたのを楽しんだ。翌朝、朝食時にイタリア人の騒々しさについてこぼしていなかったのは、私一人だった。イタリア人の抑圧されていないところが、私には好ましかった。

私はシェイクスピア全集を持参しており（カルカッタでの学生時代に、私がイタリアに憧れるようになったのはシェイクスピアによるところが大きかった）、自分が目にしていることと読んできたことを関連づけようと試みていた。オセロが勝利したのち〔艦隊を率いて〕上陸したのはヴェネチアのどこだったのか？　プロテウスがヴェローナのもう一人の紳士と「四月の日の移ろいやすい輝かしさ」について語ったのはどこなのか〔『ヴェローナの二紳士』〕？　もしシェイクスピアが日記を付けていて、イタリアを訪ねたときの印象を書き留めていたら、それをぜひ読んでみたいと思った。そして後年、彼がおそらくイタリアには一度も行かなかったであろうことを知ったときには、ひどく失望した。

3

魔法のようなツアーも、やがては終わりに近づいた。そのころには、私はほかの人たちと一緒にまっすぐロンドンに飛んで帰るのはやめようと考えていた。ケンブリッジの夏休みは始まったばかりだったからだ。ロバートも同じ決心をしており、ローマに到着する前に一行を離れてスイスに向かっていた。私は非常に楽しい旅仲間たちが予定した帰国便で出発するのをローマで見送り、互いに手紙を書こうと約束し合った――ただし、誰も実行しなかった。

私はローマからゆっくりと自分で北へ移動し、ドロミーティ山脈へ向かった。ユースホステルに泊まり、その間の移動は大半がヒッチハイクで、ときおり行く手立てが見つからない場合は、学生料金で短い区間だけ列車で旅をした。ポケットには二〇ポンドあったので、ローマからケンブッジまでの旅費と宿泊費、食事代を賄うには充分過ぎるように思われた。

ドロミーティ山脈の麓のトレントでは、ユースホステルの場所を通りすがりの人に尋ねると（ユースホステルのガイドブックをもっていたので、一軒あることは知っていた）、その人は山のてっぺんを指さして、急ぎ足で登れば、二時間ほどでたどり着くだろうと教えてくれた。そこで、私は背中にリュックを背負って、体力増強のためのこの登りに出発し、ユースホステルにたどり着いたのだが、そこはまだ建設途中だった。浴室とトイレがあるにはあったのだが、やや都合の悪いことに、まだドアがなかった。

私はイタリアを離れるのが嫌で、このホステルに滞在していたイギリスの学生グループと一緒に数日間ハイキングをしながら、どうすべきか思案した。彼らは山道を歩いて、とりわけ美しい景観を見せてくれた。しかし、最終的に私はアルプスを越えて、〔オーストリアの〕インスブルックにたどり着いた。オーストリアのあと、私は二日ほどスイスでロバートと一緒に行動し、それから自分一人でパリ、カレーへと向かい、そこからイギリスへ戻った。まだ少しばかり小銭も残っており、パンとチーズとコーヒー、それにヒッチハイクとユースホステルだけで生き延びる決断をしたことに、かなり満足感を覚えた。イギリス海峡をわたるフェリーでは、大陸ヨーロッパの旅が終わってしまったことを悲しく思ったが、自分の大学の見慣れた環境と、すでに私の故郷の町となっていた場所に戻ることが——意外なことに——非常に嬉しくもあった。

4

イタリアで各地をヒッチハイクとユースホステルに泊まることで簡単に見られた経験は私の心を捉え、同じことを何度でもヨーロッパのその他の国々――フランス、ベルギー、オランダ、ドイツなど――で試してみたくなった。こうした旅行は次々に実現した。ときには友人と一緒に出かけたし、そうでないこともあった。イタリア旅行の翌年の一九五五年の夏には、私はケンブリッジにいたインドとパキスタン双方出身の数人の南アジアの学生と一緒に、ノルウェーとスウェーデンを回る旅行に出かけた。私たちはハリッジからフェリーでノルウェーのベルゲンに上陸し、この国の多くをヒッチハイクで見て回り、その道中で山間部を楽しんだ。しかし、オスロのあと、ストックホルムへ向かう予定でスウェーデンに入ると、ヒッチハイクは急速に快適でないものになった。雨大続きとなり、夏が終わりかけており（これは九月初めのことだった）、通り過ぎる車はなかなか止まってくれないようだった。私は東パキスタン出身のレヘマン・ソブハンと一緒にヒッチハイクをしていた。レヘマンの長いあごひげが車の運転者に私たちを拾って乗せようという気持ちを失わせているのだと彼に言い、カミソリを使ってはどうかと強く勧めてみたが、レヘマンは譲らなかった。一台の車が通り過ぎたあとに戻ってきて、運転者が私たちに、後部座席にいる子供がレヘマンのあごひげをよく見たいのだと声をかけてくると、彼は完全に無実を証明した気分になっていた。

車の持ち主は私たちを長距離にわたって乗せてくれただけでなく、自宅でおいしい夕食までご馳走してくれた。私たちは、インド亜大陸の食べ物に関する多様な決まりや禁忌事項を含め、南アジアに関連する多くの話題で、和気あいあいとした会話を交わした。彼は私たちのどちらかは牛肉を食べず、もう一方は豚肉を避けるというのは本当か知りたがった。レヘマンは、私が決まりには無頓着で、どんな食事制限にも従わないが、一般的にはこの家の主人の言ったことはまったく正しいと説明した。ヒンドゥーは通常、牛肉を食べないし、ムスリムは豚肉を避ける。しかし、レヘマンは行動人類学に関連してさらによく知ってもらおうとして、こう続けた。「ただし、双方の制限はまったく比較の対象になりません。ヒンドゥーが牛肉を避けるのは牛を神聖だと考えるからですが、ムスリムが豚肉を拒むのは豚が汚いと考えるためなので」

私たちはその複雑な差異についてしばらく時間を割き、レヘマンは大先生並みのやる気を見せて教育者としての腕前を発揮した。帰り際に親切にしてもらったお礼を述べると、ご主人は見聞を広めれてありがたかったと言ってから、いつかこの話の続きをしたいものだと付け足した。ムスリムがなぜ豚を神聖だと考えるのか、ぜひとも知りたいからだと。レヘマンは、自分の人類学の授業がお粗末な結果に終わったことにがっかりしたようだった。そこで私は、レヘマンも経済学をよくよく学べば、それを教える仕事に就けるだろうから、そうしたら人類学の教師としての仕事は探さずに済むだろうと指摘して慰めなければならなかった。

レヘマンと私は最終的に、ヒッチハイクの旅ではあまりにも行程がはかどらないという結論に達し、バスに乗って鉄道の駅まで行き、そこから列車でコペンハーゲンに出た。コペンハーゲンではもう雨は降っておらず、昼の時間も長かった。私たちのヒッチハイクはまた順調に進むようになり、デンマークからドイツへ（私たちはハンブルクに長居して、古くからの場所と、連合国軍の重爆撃を受けてから一〇年も経ていない新しい傷跡を見て回った）、さらにオランダに入ってアムステルダムの魅力と優雅さを楽しみ、最後はフク・ファン・ホラントに行き、そこからハリッジまでフェリーに乗った。

5

ヨーロッパ旅行ではほかにも、考えさせられた経験があった。一九五八年にワルシャワ大学に招待されて、二週間、経済学の講義をしたときのことだった。私はまるで資格不足だった（まだケンブリッジで博士論文も提出していなかった）にもかかわらず、かなり有頂天になっていた。ポーランドを見て、その興味深い国民に出会う機会には抗いがたいものがあった。ワルシャワの主催者は、私に〔事前に〕外貨で支払うことはできないが、ポーランドまできてもらえれば、ポーランドの通貨で充分に払えるのだと説明した。私にはワルシャワの高級ホテルが用意され、きちんと面倒も見てもらえるのだという。

その提案は、懐がほとんど空のまま旅をする危険を冒すのに見合うくらいに魅力的に思われた。しばらくためらったのち、私はロンドンからワルシャワまで、途中ベルリンで乗り換える長距離列車のチケットを購入した。旅の前半は問題なく終わったが、私の列車はベルリンへの到着が遅れてしまった。ワルシャワ行きの列車に乗り継げないほどの遅れで、西ヨーロッパから東ヨーロッパへの列車は一日一本しかなかった。そのため、私は広い東ベルリン駅で立ち往生し、二四時間をそこで過ごす見通しとなった。所持金は部屋やベッドを確保するどころか、かろうじてコーヒー一杯分ほどしかなかった。

私がプラットフォームをうろついて、このちょっとした危機にどう対処すべきか考えようとしていたとき、どこからともなく一人のインド人が現われた。彼は近づいてきて、シャム・シュンドル・デと名乗った。彼はカルカッタの出身で、ベルリンで電気工学を学んでいるのだと説明した。駅にきたのは、ただガールフレンドが駅の洗面所を使いたがったためなのだった。それからなぜベルリンにきたのかと尋ねるので、私は他人にはやや信じがたい自分の事情を彼に話した。私はかなり絶望的に見えたに違いない。

するとと奇妙なことが起こり始めた。シャムは私が東ドイツ内を歩き回れるパスを手配してくれ、さらにもう一つ、西ベルリンを自由に移動できるパスも入手してくれた。彼らは私に工科大学の学生食堂で夕食を食べさせてくれ（シャムのドイツ人ガールフレンドもやはりとても愛想がよく、その晩の「珍味」が何かを説明してくれた）、最終的に私はシャムが学んでいる工科大学の立派なゲストルームに宿泊させてもらったのだ。翌日、シャムとガールフレンドが授業に出ているあいだ、私は東ベルリンの一画と西ベルリンの大半をあちこち見て回った。

夕方には、二人は私がワルシャワ行きの列車に乗れるように駅まで見送りにきてくれた。私がベルリンからワルシャワに着くまでにまた困難な目に遭うかもしれないと考えたシャムは、私のシャツの胸ポケットにいくらかのお金を強引に押し込んだ。「でも、どうやってこれを君に返せばいいんだ？」と、私は聞いた。シャムはそれを受けて、二週間後に私がベルリンで乗り継ぎをする列車の時刻を手帳に書き込んだ。「ここで待っているよ」と、彼は言った。

ワルシャワ旅行は順調にいった。何よりも、学生たちに会えたことと、大学の近くにあるショパンの美しい家〔一〇年ほど住んだ大学構内の家〕を訪ねたのがよかった。一度など、私と話をしたい左翼の同志にトイレに連れていかれたこともあった。彼はそこで水道栓をすべて開けて、政権にたいする批判が盗み聞きされないようにしていた。帰路、ベルリンの駅では、シャムがプラットフォームのベンチに座って私を待っていた。最初に気づいたのは、英語で話しかける彼の大声の挨拶だった。「ハウ・ディジュー・ライク・ウォルソー〔ワルシャワはどうだった〕？」私がどれほど感謝したかは充分に言い表わせない。

自分がいかに幸運であったかはもちろんわかっているが、この出来事を振り返ることで、人間の親切心や人助けの本質がいかに広範なものになりうるかにも気づいた。困っている人を助けようとするシャムの性向が彼の価値観の一面だったとすれば、まるで知らない相手でも信用し、お金すら託そうとする（彼は奨学生だったので裕福ではありえなかった）意欲は、別の側面だったに違いない。イマヌエル・カント――および彼のあとに続くアイザイア・バーリン――が、「人類という曲がった木材からは、まっすぐなものは何一つつくられたことがない」と警告したのは正しかったのかもしれない。しかし、人類には「まっすぐな木材」もあって、その称賛に値する善良さで私たちを驚かしうるのだ。裏切りや暴力、虐殺や飢饉はあるが、寛大で親切な驚くべき行為もやはり存在するのだ。

6

私が訪れた場所のうち、何度でも戻りたくなったのはパリだった。文化面でこの都市が与えるものの豊富さ（ルーヴル美術館はその筆頭に挙げられる）も、シャルトルの見事なゴシック大聖堂をはじめとする、その近郊の観光地も私を魅了した。私は総じてゴシック建築には惹かれないのだが、シャルトルは大好きになったことに自分でも驚いた。パリへはまもなく年中、足を運ぶようになった。しかしイギリスからヒッチハイクでは容易に行けないので、私はすぐに格安のルートがいくつも存在することを発見した。ロンドン－ドーヴァー－カレー－パリという定番ルートで旅をしたくなる衝動を抑えれば、庶民向けの選択肢はいくらでもあった。そのうちの一つは、イギリス海峡の端までバスで行き、そこからおんぼろの飛行機に乗って離陸し、ごく短距離を飛んですぐに海峡の向こう側に着陸して、そこからはパリまでバスで行くというものだった。これは立ちはだかるイギリス海峡に逆らうために計算された旅のように思われた。何年ものちに英仏海峡トンネルが開通したころには、私はパリまで格安に旅をするさまざまな手段に関してかなりの専門知識をもつようになった。

私が考慮しなかった一つの手段は、海峡を泳いで渡ることを互いに競い合う、怖いもの知らずのイギリス人とフランス人を真似ようと試みることだった。実際には、この偉業を試みたインド人も数名いる。それを成し遂げようと決意し、準備をしているカルカッタ出身のベンガル人についての報道を見たときは、感銘を受けた。新聞には彼の発言が定期的に掲載されていたので、私は多大な関心をもって準備段階からその進捗状況を追った。そしてついに彼が海峡横断遊泳に乗りだす日がきた。翌朝、私は新聞をつかみ、どんな結果だったのかを確認した。ところが、彼は途中棄権していた。救助された際に、くたびれ過ぎたのか、あるいは具合が悪いのかと質問されると、挑戦を諦めた理由はその「どちらでもない」と彼は答えた。代わりに彼は次のように説明した。泳ぎながら、自分がなぜこんなことをしているのかと考えつづけ、しまいに「これをやる意味はいったい何なんだ？」と自問したのだ、と。イギリス海峡のなかばで、われらがベンガルの英雄が知恵を失わずにいたことを、私はたいへん心強く思った。

パリでは、サンミシェル大通りからソルボンヌ大学キャンパスの鍵のかかった鉄門までの、わずか三〇メートルほどの距離しかないプラス・ド・ラ・ソルボンヌ通りの一等地に、オテル・セレクトという宿を見つけた。オテル・セレクトで提供されたサービスは最小限だった（朝食は付いていなかった）が、部屋代もまた然りで、私はそこの常連になった。老朽化したこのホテルで私がいつも泊まる部屋は、往来の激しいサンミシェル大通りに始まり、ソルボンヌの閉鎖された鉄門でひっそりと終わるそのとても短い道路を見下ろす位置にあった。何年ものちに、ソルボンヌが寛大にもたいそう華やかな儀式で私に名誉博士号を授与してくれたとき、私は長年にわたるプラス・ド・ラ・ソルボンヌとのかかわりに触れずにはいられなかった。あの閉鎖された門がほんの数分間でも開くところを見てみたいものだと何気なく口にしたところ、気恥ずかしいことに、まさしくそのような事態になった。おかげで懐かしい光景を別の角度から見ることになったのだが、かつての定宿がたいへん垢抜けた現代的なホテルに立派に改装されていたことにも私は気づいた。

当時、オテル・セレクトに滞在する利点の一つは、すぐ階下にカフェがあって、信じられないほど美味しいクロワッサンとともに、大きなカップでカフェオレを飲めたことだった。ときにはケンブリッジの友人と一緒にパリに行くこともあり、そうなると私はこの魅力あふれる都市の地理に明るい、物知りの男として扱われることになった。私は友人たち――大半はほかの学生――をオテル・セレクトの手頃な値段の部屋に案内し、それからシャルトルの息を吞む美しさを見せて戻ってくるのだった。経済学で成功しなくても、旅行会社を経営できるかもしれないと私は思った。

7

ヨーロッパで訪ねた大半の場所では、短い期間だけ滞在し、町を少しばかり見てから博物館や美術館を見学したら、先へと進んだ。しかし一九六二年には、オーストリアのアルプバッハという魅力的な山間の町に三週間滞在することになった。その地で汎ヨーロッパ・サマースクールが開かれたときのことで、私はそこで教えることになっていた。これはだいぶのちのことで、そのころには私は結婚しており、妻のノボニタも私もアルプバッハの飾らない美しさに惚れ込んだ。エリック・ホブズボームもやはりサマースクールで教えることになっていたので、私たちはケンブリッジから彼を乗せて一緒に車で現地に行った。アルプバッハで滞在したあと、私たちは［フランスの］エックス・アン・プロヴァンスまで行った。エリックと私はどちらも第二回国際経済史学会に論文を提出していたためだ。ただし、彼には申し分のない学術面の資格があったが、私はおそらく学会主催者が新しい試みへの意欲を示すために招待されたのだろう。

一緒の旅はじつに素晴らしいものとなった。エリックは道中のあらゆる場所を知っていて、ベルギー、ドイツ、オーストリア、イタリア、それにフランスのどこへ立ち寄ってもその歴史を教えてくれた。エリックは私自身の考え方に多大な影響を与えたが、私たちの時代で最も頭脳明晰なマルクス主義のこの歴史学者が、キリスト教の教会史についても見事な知識をもっていたことには驚かされた。彼の解説を頼りに、私たちは美しい教会を次々に訪ねて回った。

エリックはこのヨーロッパ旅行後にガールフレンドのマリーン・シュウォーツと結婚する予定になっていた。道中、エリックはマリーンに手渡されたリストから、あちこちに止まってはさまざまな家庭用品を購入していた。後年、彼女とも非常に親しい友人になった。私たちが話をしたテーマの一つは、当時、着手されていた統合に向けての試みがヨーロッパをどう変えるかであった。当時はこのことがヨーロッパの政治の発展において、どれほど重要になっていくか私にはわからなかった。

8

シャンティニケトンとカルカッタ時代の級友のうち何人かがドイツのケルン、デュースブルク、アーヘンなどに留学していた。私は全員を訪ねてみようと試みた。シャンティニケトン時代からの友人のシブ・クリシュノ・コルは、懇意にしていた自動車修理工場のオーナーから車を借りて、私といこのバッチュ＝ダを案内してくれた。ところが、私たちは事故に巻き込まれるはめになり、誰も怪我こそしなかったものの、車にはかなり大きな凹みができてしまった。シブはうろたえたが、親切なオーナーが自分は修理工場を経営しているのだから、簡単に直せる――「エンジンを落としてしまったのであれば、もっと問題になっただろうが」――と言ってくれたときには、全員で大いに安堵した。

ドイツへの旅行は実際にはずっと早く、一九五五年から始まっていた。一九五〇年代には先の大戦の記憶は人びとの記憶にまだ生々しく残っていた。ドイツ人は、誰もがじつに愉快で親切に見えたが、ナチの支配下で、なかでも強制収容所で行なわれた蛮行について彼らはどう思っているのかと私は疑問に思った。また、別の観点からすれば、連合国軍による残虐な焼夷弾による空襲を、ドイツ人はどう判断しているのかと。バッチュ＝ダとシブはどちらも私が公共の場で政治の話をするのではないかと警戒した。「いいか、お願いだから政治の話はご法度にしてくれ」と、バッチュ＝ダはきっぱりと言い、こう付け加えた。「実際、ヒトラーの崇拝者はまだ周囲にいるんだ。公共の乗り物ではナチという言葉は避けるようにしている。耳慣れない言葉でも、その単語は容易に聞き取れるかもしれないからね」。「ベンガル語の会話のなかでヒトラーの話になったらどうするの？　ヒトラーは、どの言語でも間違いなくヒトラーだよね？」と、私は尋ねた。「彼のことはヒトゥさん《バブ》と呼んでいる」と、バッチュ＝ダは言った〔バブは父を意味する男性への敬称〕。ベンガル語のその巧みな言い換えが私は気に入ったが、ヒトラーのような人物を表わすにはやや親しみを込めすぎなのではないかと思った。

その晩、ヒトゥ・バブはそれについてどう考えるだろうかと思いながら私は眠りについた。しかし同時に、二〇世紀前半を通じて国家威信と国民としての自己認識《ナショナル・アイデンティティ》をそのように恐ろしい形で利用したことから生じた政治的分断を、ヨーロッパはどのように克服するのかという疑問も浮かんだ。二度の世界大戦で戦死したトリニティの関係者があれほど大勢、カレッジのチャペルに刻まれているのを見たことは、ヨーロッパを旅するあいだも私の脳裡から消えることのない衝撃を与えていた。それぞれの国民は、つい先ごろまで不倶戴天の敵同士だったのだ。

二度の世界大戦のあいだにヨーロッパで繰り広げられた大虐殺は、じつに驚愕するようなものだった。文化、芸術、科学、文学の各方面で長い交流の歴史をもち、隣接し合う国同士が、これほど無慈悲に互いを殺し合うことに夢中になれたというのは、理解に苦しむことだった。本書を執筆している二〇二一年には、アイデンティティをめぐる紛争はおもに宗教的な分断を中心としている。たとえばアル＝カーイダ、ボコ・ハラム、イスラーム国（IS）、根強い反ユダヤ主義、組織的なイスラーム嫌悪などであり、そこには中東やアフリカからの難民にたいする醸成された敵意も含まれる。かつてヨーロッパが、それも一世紀も経たない時代に、宗教的な違いではなく、ナショナル・アイデンティティによって分断された線に沿って互いに戦うことに没頭していたという事実を評価するのは難しい。国籍の違い――イギリス人、ドイツ人、フランス人――が、キリスト教という宗教上の共通性を容易に凌駕していたのだ。

このことは、アイデンティティがおよぼす破壊的な役割を理解しようとする私の試みにおける次の段階――ヒンドゥー＝ムスリム間の暴動が突如として勃発した子供時代の経験に続くもの――となった。ドイツ人とイギリス人はいったいどのようにして、格別に凄惨な戦争で互いを殺し合い、そのわずか数年後にはごく親しい友人になりえたのか？　一九三〇年代には互いに平和に暮らしていたインド人が、どのようにして突然、好戦的なヒンドゥーとムスリムに様変わりして、一九四〇年代に宗教集団《コミュナル》間の大暴動を引き起こしえたのか？　そして、それはどうやって始まったときと同じくらい急速に、突如として収束したのか？　冷静な頭で考えることは、このような暴力事件の多発を克服するうえで一助となりうるのか？

9

ケルン、デュースブルク、アーヘンの友人を訪ねるのと並行して、私はドイツのそれ以外の場所ももっと見てみたいと思った。ライン川下りの船に乗るというアイデアが私には魅力的に思われ、しかも友人たちに会いに行ったケルンから出発できることを知った。初めてそこから船に乗り、途中でリンツ、コブレンツなどいくつもの魅力的な河港に立ち寄りながら、マインツまで下ったとき、私は周囲の自然の美しさに惚れ込んだ。クルーズの規則は非常に利用しやすく、値段も手頃だった。途中どこでも下船して休憩を取ることができ、そこからマインツまでの同じ通し切符を使って別の船でまた旅が始められるのだ。私はこの経験が大いに気に入り、同じ船旅をさらに二度楽しんだ。こうしてライン地方一帯にはすっかり愛着を覚えるようになった。

あるとき、船で隣に座っていた何人かのイギリス人学生が、始まったばかりのリューデスハイムのワイン祭りがどんな様子か見たいと思っているのだと言い、ぜひ一緒に行こうと説得してきた。その会場で、ややインテリらしいドイツ人学生グループがやってきて、私がどこからきたのか知りたがった。私がインドでベンガルだと答えたため、グループ内でとくに好奇心の強い一人がベンガルの古名は何かを知りたがった。「つまり歴史的には、何と呼ばれていたの？」ベンガルが統一されたのはわずか数世紀前のことなので、私は「ボンゴ」と答えてみた。ベンガル統一以前に存在した重要な地域だが、ベンガルの大きな部分を占める場所に言及したのだ。

新たに友達になったドイツ人の一人が、ボンゴはコンゴの隣にあると考えて差し支えないかどうか知りたがった。私は彼を失望させなければならなかったが、紙ナプキンに世界地図を描き、アフリカ（コンゴを含む）とインド（ボンゴを含む）の場所を示し、その間にある国をできる限りたくさん描き込んだ。両国間の距離に衝撃を受けて、ドイツ人女子学生の一人がかなり興奮して、こう言いだした。「両国を一緒にしなければ――そうしないと！」「そう簡単にはいかない」と、私は言った。「地理はすぐさま変わらないですから。国はいまある場所から動かせないですよ」。「私の言わんとしているのはそのことじゃないの」と、彼女はきっぱりと言った。「私たちは全世界をまとめなければならないの」。彼女はこう繰り返した。「すべての国を一緒にしたいのよ。わかった？」彼女が言わんとしていることを推測していると、おそらく私の手助けをしようとして、彼女はさらに大それた発言をした。「私たちはみんな隣人なの」

この単純な見解は、ルカによる福音書の善いサマリア人の話で、イエスが論争好きの律法専門家に語ったこととどこか類似していると私は思い当たった。そこで、私は彼女に質問した。「誰もが誰しもの隣人にもなりうると？　あなたが言っているのはそういうこと？」「そうよ」と、彼女は同意した。「でも、そのためには私たちが努力しなければ」。彼女はじつに力を込めてそう言ったので、すぐにもバーから駆けだして、地球規模の取り組みに乗りださんばかりに見えた。

私はその予想外の会話について考えながら、リューデスハイムのB&Bの狭い寝室で眠りにつくなかで、おそらくこの一件は、戦後ドイツの若者の心が、数十年来この国を大きく支配していたナショナリズムの考え方から、熟慮を通じて移行しつつあることを私に気づかせる出来事だったのかもしれないと考えた。一九五〇年代のあのドイツの女子学生の言葉が、近年、シリア危機への対応で、アンゲラ・メルケルがドイツは「私たちの地球の隣人」にたいする理にかなった責務の一環として、大勢の難民を受け入れなければならないと主張するのを聞いたとき、私の脳裡に甦った。

あの若いドイツ人学生が伝えようとしたことを、私は正しく解釈していたのだろうか？　私には定かではないが、そうだったかもしれないと思った。ドイツが原動力となった恐ろしい戦争からわずか一〇年後には、確かに多くの変化のきざしがあった。狭い寝室で眠ろうとしながら、地球規模の親睦――それが彼女の言わんとしたことだとすれば――を貫こうとするそれほどの信念に、ライン川沿いの地方のワイン祭りで遭遇したことに私は驚嘆していた。

充分な睡眠をとるには夜が更けすぎていた。リューデスハイムでは空が白み始めていた。私はくたびれはてており、好奇心をそそられてもいたが、奇妙に幸せでもあった。

11月の重版

ポリティカル・サイエンス・クラシックス2
民主主義対民主主義［原著第2版］
多数決型とコンセンサス型の36カ国比較研究
アレンド・レイプハルト 著
粕谷祐子・菊池啓一 訳

ベストな民主主義を探る政治学の名著、待望の第2版をついに完訳！イギリス型デモクラシーを理想視する印象論にデータで異議を唱える。

A5判上製 336頁　定価 4180円
ISBN978-4-326-30233-8　2版2刷

正しい核戦略とは何か
冷戦後アメリカの模索
ブラッド・ロバーツ 著
村野 将 監訳

ウクライナ戦争で明らかになった核兵器のリアル。冷戦後アメリカの核戦略はどのように進化してきたのか？　第一人者が徹底検証！

A5判上製 388頁　定価 4950円
ISBN978-4-326-30314-4　1版2刷

スタートアップの知財戦略
事業成長のための知財の活用と戦略法務
山本飛翔

新たなビジネス領域をスピーディーに駆け抜けるスタートアップ。経営に知財を活かすための戦略とその法的アプローチをEXITから逆算して解説。

A5判並製 304頁　定価 3960円
ISBN978-4-326-40375-2　1版4刷

孤立不安社会
つながりの格差、承認の追求、ぼっちの恐怖
石田光規

人とつながっていても不安がなくならない。つながる機会の多さと裏腹に増してゆく不安。現代社会の孤立問題を多角的に読み解く。

四六判上製 288頁　定価 3080円
ISBN978-4-326-65418-5　1版3刷

疫学
新型コロナ論文で学ぶ基礎と応用
坪野吉孝

世界的な業績のある疫学者が、新型

A5 判並製 240 頁　定価 2970 円
ISBN978-4-326-70121-6　1 版 2 刷

B5 判並製 176 頁　定価 1980 円
ISBN978-4-326-25164-3

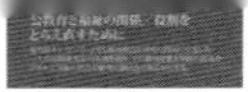

A5 判上製 272 頁　定価 6050 円
ISBN978-4-326-25166-7

民法 2　債権法［第 4 版］

我妻 榮・有泉 亨・川井 健・
野村豊弘・沖野眞已

小型でパワフル、名著ダットサン民法。債権法等の改正や最新判例等を盛り込み13年ぶりの改訂し、さらにパワーアップ。全三巻完結。

四六判並製 704 頁　定価 2750 円
ISBN978-4-326-45119-7

デジタル変革時代の放送メディア

民放連研究所客員研究員会 編

激動する社会状況下、放送とネットの融合は新しい局面を迎えた。信頼される情報を提供する役割を担う放送メディアの課題を議論する。

A5 判上製 336 頁　定価 3850 円
ISBN978-4-326-60356-5

11月の重版

構造と力
記号論を超えて
浅田 彰

構造主義およびそれ以降の思想を一貫したパースペクティブのもとに再構成、今日の知的フロンティアの位置を確定する。

四六判上製 256 頁　定価 2420 円
ISBN978-4-326-15128-8　1 版 59 刷

けいそうブックス
実践・倫理学
現代の問題を考えるために
児玉 聡

判断の難しい現代社会の倫理的な問題を、どう考え、どう判断し、どう行動すればよいのか。倫理学的な考え方を学びたい人に向けた道案内。

四六判半上製 308 頁　定価 2750 円
ISBN978-4-326-15463-0　1 版 5 刷

アカデミックナビ
心理学
子安増生 編著

心理学検定に対応した全10章を、第一人者が丁寧に執筆。はじめて心理学を学ぶ人から、大学院入試の対策まで使える、充実のテキスト。

A5 判並製 424 頁　定価 2970 円
ISBN978-4-326-25115-5　1 版 2 刷

計算論的精神医学
情報処理過程から読み解く
精神障害
国里愛彦・片平健太郎・
沖村 宰・山下祐一 著

精神医学が抱える諸問題を整理し、脳の計算原理を数理的に表したモデルを用いる新たなアプローチの可能性と基礎的な知識を提供する。

A5 判並製 328 頁　定価 3850 円
ISBN978-4-326-25131-5　1 版 4 刷

第20章　語り合いと政治

1

カルカッタの左寄りの知識人たちがもつ国際的なつながりを考えれば、ケンブリッジに初めて到着した際に私が受けた歓迎は驚くべきことではなかった。じつは、門衛詰所にはケンブリッジ大学社会主義クラブのオルドリッジ（リッキー）・ブラウン――優秀な数学者――からの温かい手紙が私を待ち受けていた。手紙には、彼がカルカッタから私がもうじき到着するという「警告」を受けたのだと書かれており、ケンブリッジで新入生のために同クラブが開くパーティに招待するとあった。私はそのパーティへ行き、クラブに加盟することにした。クラブの活動家たちのあいだには自称マルクス主義者が何人もいたが、カレッジ・ストリートで鍛えた自意識過剰な衒学者《げんがくしゃ》だった私は、彼らがマルクス主義の古典を、マルクス自身の著作を含め、あまり読んでいないことに軽い衝撃を受けた。

私はまた、クラブの指導者たちがソ連や、ソ連支配下にある東欧諸国で無情な権威主義が横行していることに無頓着であるのを見て驚きもした。確かに、これはまだ一九五三年のことで、一九五六年二月にソ連共産党第二〇回大会でフルシチョフがスターリン体制の崩壊につながる暴露をする以前のことだった。同年に起こったハンガリー動乱よりも前のことで、この動乱が多くの人の考えを改めるきっかけとなった。しかし、ソ連で圧政が横行している証拠はそれよりずっと前から積み重なっていたので、自由を尊重する人であれば、当時すでに正しく「見せしめ裁判」と呼ばれていた出来事や粛清を、誰であれ深刻に捉えないことはありえないと私は考えた。パルト・グプトと私は、お互いがイギリスへ留学する直前にダージリンで休暇を楽しんだ際に、まさしくこの問題について長い時間をかけて話し合っていた。

戦時中、イギリスの兵士たちは戦車に、「やつらを食い止めるんだ、ジョー、そう長くはかからない」と書いた。一九五三年には、その連帯感は忘れ去られて久しく、一九四五年一月に〔ソ連〕赤軍によってアウシュビッツが解放された衝撃的な瞬間もまた然りだった。ソ連の権威主義にまつわる話がそのころには巷にあふれていた。間違いなくアメリカのプロパガンダに助けられたものだったが、ただそれだけではない。それでも、イギリス共産党の内部だけでなく、ケンブリッジ大学社会主義クラブをはじめとする、より一般的な左翼の協会内でも、圧政が行なわれていることは強く否定されていた。

とはいえ、同クラブはイギリス国内だけでなく世界全般においても、平等主義の懸案事項に人びとの関心を向けさせるうえで建設的な役割を果たしたし、核軍縮を迫るとともに冷戦の好戦的な態度に疑問を投げかけてもいた。こうした関心は、政治の実践と密接に関連していたが、マルクス主義の分析を活用するうえでクラブが果たした役割はあまり効果的ではなかった。

ケンブリッジ大学社会主義クラブの中枢メンバーは、やや労働党の極左党員のような活動家たちだったが、理論家もいた。そのなかにはピエランジェロ（ピエロと呼ばれることが多かった）・ガレニャーニもいたが、彼はこのクラブが悲惨なほど俗悪だと打ち明けていた。グラムシ派の学者ならば、そう感じただろうと私は思う。南アフリカの共産主義者に囲まれて育ち、ケンブリッジに歴史を勉強しにきていたチャールズ・ファインスタインは、そのような見解にいらだっていた。おおむね左翼の知的活動家でありつづけたチャールズから、あるとき私はスターリンの著作を顧みていないとして叱責されたのを覚えている（スターリンの本が私の書棚で上下逆さになっていたことも批判された）。しかし、のちにチャールズは自分の見解をがらりと変え、イギリスの一流歴史学者の一人となって左翼寄りではなくなり、政治にあまり関心を示さなくなった。オックスフォードで経済史のチチェリー教授職に就いた彼は、一九五三年当時も顕著であった人間的な同情心とともに鋭い知性をもちつづけたが、政治には明らかにどんどん無関心になっていった。ヨハネスブルクのウィットウォーターズランド大学からやってきたばかりで急進的だった学生時代とは、見違えるほどの変わりようだった。

ピエロからは厳しく批判されたが、社会主義クラブでも知的資質が欠けることはなかった。エリック・ホブズボームはよくそこに顔を出していたし、スティーヴン・セドリー（傑出した法学者で、のちにイギリスの一流裁判官になった）も、一九六三年に私がデリーに発つころにそこに参加した。後年、世界で屈指の国際法学者となったイアン・ブラウンリーはオックスフォードの学生だったが、同大の姉妹版の社会主義クラブに所属していた（彼は共産党員にもなっていて、一九六八年にソ連によるチェコスロヴァキア侵攻後にようやく離党した）。学生時代にイアンがよくケンブリッジにきていたころも、一九八〇年代にオックスフォードのオール・ソウルズ・カレッジで同僚となったときも――そのころ彼は国際公法のチチェリー教授職に就いていた――彼とは定期的に顔を合わせることになった。

2

政治的な交友関係を通じて私が出会ったなかでも傑出した人物の一人はドロシー・コールで、彼女はのちにドロシー・ウェダーバーンとなった。ケンブリッジ大学社会主義クラブの最初の会合で、私はリッキー・ブラウンを介して、家で一緒に飲まないかというドロシーからの招待を受けた。彼女は旧姓をドロシー・バーナードといい、急進的な考えをもつ腕のいい大工および建具師を父親にもち、歴史学者の夫マックス（・W・A）・コールとパーカーズ・ピースにある家に住んでいた。ドロシーの優雅で優しい顔から見てとれる冴えた頭脳の輝きに、私はすっかり魅了され、感銘を受けた。彼女は話し相手としても素晴らしく愉快な人だった。これは生涯にわたる友情の始まりであり、その友情は二〇一二年に彼女が八二歳で永眠するまで続いた。

輝かしい業績にもかかわらず、ドロシーは驚くほど謙虚な人だった。エリック・ホブズボームが『ガーディアン』紙に寄せた追悼記事に、彼女は「あらゆる自己宣伝の敵」だったと書いて示したのは、一九五三年にケンブリッジで初めて出会ったときですら、私の心を打った彼女の資質だった。彼女が書く批評はいずれも自己主張をしないもので、ときには自己不信もいくらかそこに含まれていた。このことは、自分は「愚かにも信奉していた」と述べていた主流派の経済学にたいする彼女の懐疑心にも当てはまるものだったが、それでいて主流派の大半がどこで失敗したのかについて、目から鱗が落ちるような批判を提示してのけるのだった。

私たちが出会ってから数年後に、ドロシーとマックス・コールの結婚生活が破綻したとき、彼女はビル・ウェダーバーン（のちに卿《ロード》〔一代貴族〕となった）と結婚した。著名な法学者で法思想研究者であった彼も、やはりイギリス政治の左翼にいた人だった。数年間、幸せに暮らしたあと、この結婚もまた離婚に終わった。その後、彼女は数十年間ほぼ一人で暮らしていた。いつも陽気で、いつもほかの人を思いやっていたが、間違いなく孤独だった。ドロシーの人生は、喜びと痛みが交互に訪れたような人生だと私には思われた。しかし、彼女には親しい友人たちがいて、晩年にはその仲間をよく頼っていた。そのなかにはホブズボーム夫妻もいたし、マリオン・ミリバンドも含まれていた。マリオンは素晴らしく頭脳明晰な思想家であり、私の友人で偉大なマルクス主義社会学者のラルフ・ミリバンドの寡婦（およびデイヴィッドとエドの母）でもあった。

　私がドロシーに初めて会ったころ、ケンブリッジでは社会学はまだ正式な学問分野としては受け入れられていなかったので、通常、彼女は応用経済学者と呼ばれており、もちろん彼女にはそうした側面もあった。社会学が学問として公式に名乗りあげると、ドロシーはイギリスの主要な社会学者の一人として頭角を現わした。彼女の研究のなかには、イギリスの高齢者の暮らしに関する啓発的な――かつ憂慮すべき――分析や、看護や救急医療の仕事に関する調査があった。彼女はロンドンのベッドフォード・カレッジの学長になり、ベッドフォードがロイヤル・ホロウェイ・カレッジと合併したあとは、この合同教育機関の学長になった。彼女はまた女性受刑者の待遇についての大々的な調査も主導し、『女性に正義を――改革の必要性』〔*Justice for Women: The Need for Reform*、未邦訳〕という説得力のある本を書いた。これはフェミニズムの幅広い洞察力を示す書となった。私はドロシーの研究から、なかでも経済関係が社会におよぼす側面について多くを学び、社会から顧みられない《ネグレクト》ことがおよぼす重要な側面に彼女が果たした貢献に大いに敬服した。

　女性がこうむる機会喪失の一つの特徴が――私の見るところ――ドロシー自身の人生にもはっきりと反映されていたのは悲しいことだ。社会的慣習に従って、彼女は結婚するたびに苗字を変えたため、彼女の有名な出版物の多くは二度目の結婚時の姓（ウェダーバーン）で発表され、ビル・ウェダーバーンとの結婚生活が終わったあともそれは続いた。そのため、急進的な傾向の強いドロシー・バーナードも、すべての本を結婚によって得た姓で刊行することになった。じつに妙なことだが、私たちはこの問題について、パーカーズ・ピースのお宅で最初に話をした際に話したことがあった。当時、私はすでに結婚時に女性が姓を変えるのは大きな社会的間違いだという考えをまとめつつあった。ドロシーは、留学してきたばかりのインド人学部生の言葉に辛抱強く耳を傾けてほほ笑んだが、とくに感銘を受けたようには見えず、こう言った。「あなたの言うことはわかるけど、まず取り組むべきより深刻な問題が間違いなくあるでしょう」

3

社会主義クラブは重要ではあったものの、私の政治への関心は、クラブへのかかわりをはるかに超えるものだった。私は政治討論や議論を聞きに行くのが好きで、そのための最も手頃な方法は、会合を開くクラブの会員になって、無料で出席することだった。こうして私は〔ケンブリッジ大学の〕リベラル・クラブと保守クラブ双方の会員になり、ときには異邦人の会合にも思えた場所で繰り広げられる議論を楽しんだ。私にとってはケンブリッジ労働クラブへの加盟も自然なことだったが、当時はケンブリッジ大学社会主義クラブの会員はそこに参加できないという、奇妙な決まりがあった。これは共産主義者や社会主義クラブの同調者が労働クラブを弱体化させるのではないかという不安を反映したものだった。この規則の狭量さには愚かさが輪をかけていた。私が「労働クラブ」以外のケンブリッジの主要な政治クラブすべてに所属しているというのを聞いた人は、私の政治見解が本当はかなり違うのだと思い込むことが多かった。実際には、私は前途有望な労働クラブの会合にも、六ペンスの入場料を払ってよく参加していた。

保守クラブに所属していたことの奇妙な結果は、当時その会長を務めていたタム・ダリエルと知り合いになったことだった。スコットランドの上流階級出身のタムは（彼はイートンで教育を受け、のちに准男爵位を相続した）、保守党の政治に疑念をもち始めていた。ケンブリッジ・ユニオン・ソサエティ――大学の主要な討論の場――の会長に立候補したとき、彼が支持を求めてきた（私が実際に彼の指名の賛成者だったかもしれない）ので、私は左翼から彼への票を集める手伝いをした。これは功を奏したが、当時、ケンブリッジの学生の大半を占めていた保守派がタムを見捨てたため、彼は選挙で負けてしまった。

タムはどんどん保守派とは距離を置くようになり、のちによく知られた労働党下院議員（スコットランドのウェスト・ロージアン選挙区選出）になり、しばしば同党の左派に身を置いた。彼は議会で激しい議論の応酬をし、マーガレット・サッチャーの保守党政権には頭痛の種となった。なかでも有名なのは、フォークランド戦争中にアルゼンチンの巡洋艦へネラル・ベルグラーノを撃沈させたことにたいするイギリス政府の腹黒さ（宣戦布告を偽ることで）〔宣戦布告せずに攻撃に踏み切った〕と彼が見なしたものだった。タムはトニー・ブレアの労働党政権が、わずかな情報と、さらにわずかな推論を頼りにアメリカのイラク攻撃に加わったことも激しく非難した。彼はスコットランドの分権改革後に、スコットランドの議員がウェストミンスターの議会に議席をもち、イングランドの地方問題について発言権をもちつづけるのにたいし、イングランド人はスコットランドの問題について同様の発言権がない非対称性を問いただしたことでも有名になった（この問題は「ウェスト・ロージアン質問」と呼ばれるようになった）。タムは議員を退職するころには、「下院の父」、すなわち最古参の議員になっていた。

タムの資質――彼の温かさ、勇気、あるいは別の立場から考えようとする意欲や難しい質問を問うことを含めた政治的な知恵――は、私たちの学生時代からすでに顕著に見られた。彼はたいへん読みやすい自伝『気まずいことの大切さ』〔未邦訳〕のなかで、彼の優先事項について見事に論じている。(1)

彼の先祖代々の家である、エディンバラからほど近いザ・ビンズで数日間、素晴らしい日々を過ごしたとき、私は彼の母親とも知り合い、じつに和やかで学ぶことの多い話をさせてもらった。彼女は、スコットランドの伝統や歴史に関して詳しい知識と豊富な記憶をもった素敵な人だった。そこにはもちろん、有名な「血まみれ《ブラディ》のタム・ダリエル」――私たちのタムの祖先で、一七世紀にロイヤル・スコッツ・グレイズ騎兵連隊を発足させた人物としていまも崇敬されている――に始まる、一族の歴史的な逸話も含まれていた。タムの親切心はおおむね生まれながらの素質によるものだが、彼の母親のキリスト教的および人道的な信念によっても明らかに鍛えられたものだった。

〔親友の〕マイケル・ニコルソンの家に泊まりに行った際に、飲むときは家族のいる村から離れた場所に行くべきだと彼が主張したように、タムは自分の母親と話をするときは無神論者であることは口にするなと私に注意していた。これは造作ないことだったが、タムは私のことを敬虔なヒンドゥー教徒だとも母親に説明していた。ザ・ビンズに滞在した二日目に、私はタムの母親から、エディンバラ主教を招待したところ、主教が私とヒンドゥー教の複雑な問題について大いに議論をしたがっていると告げられた。幸い、主教の質問はヒンドゥーの信仰や実践に関連することではなく、その哲学の基礎に関するものが多かったので、私はどうにか彼の質問に答えることができた。

4

クラス内の経済学者のうちでは、前述したように、私はパキスタンからのマブーブ＝ウル・ハックとたいへん懇意になった。ジーザス・カレッジで学んでいたサミュエル〔サム〕・ブリテンとも親しくなった。ケンブリッジを出たあと、サムはジャーナリストを本職とするようになり、最初は『オブザーバー』紙（同紙の経済部門編集者になった）に勤め、その後は何十年間も『フィナンシャル・タイムズ』の主要な解説者となり、社説も執筆していた。私たちが卒業した直後から、サムのコラムが『オブザーバー』に登場するようになり、彼の写真も一緒に掲載されていた。写真のなかの彼はとびきり賢く、真面目に見えた（彼はもちろん、そのどちらでもあった）が、実際の本人よりもずっと年上にも見えた。サムの学生時代を知っていたデニス・ロバートソンがある日、この写真はもっと大人っぽく見せたいというサムの試みを（「五〇歳くらいに」とデニスは言った）反映したものだという彼の意見に賛成かどうか聞いてきた。私たちはその仮説を論じ合ったが、私はサムがただ博識で健全に見えるようにしていただけで、年齢はただ多くの要素のうちの一つに過ぎないという持論にこだわった。その議論で私が勝ったかどうかは定かではない。

サム・ブリテンはつねに、ただのジャーナリスト以上の存在だった。後年、彼は社会、経済、政治をテーマに、非常に道理にもとづいた本を何冊も出版した。論文集である『エッセイ――道徳、政治、経済』〔*Essays: Moral, Political and Eonomic*、未邦訳〕（一九九八年）のなかで、彼はひときわ独創的な論考をいくつもまとめていて、そこでは特定の主張が、完全に逸脱することなく、理路整然と称賛されている。経済学と政治にたいする彼の一般的な取り組み方は、『経済的リベラリズムの再声明』〔*A Restatement of Economic Liberalism*〕（一九八八年）と、『人間の顔をもった資本主義』〔*Capitalism with a Human Face*〕（一九九五年）という彼の著作〔いずれも未邦訳〕において、たいへん明確に述べられている。後者の題名は、サムの基本的な動機をよく捉えてもいる。

学部生だった一九五四年の秋にサムに初めて会ったとき、彼はロシア旅行から戻ってきたばかりだった。その旅行は、ソビエト連邦について彼が抱いていた最悪の疑念をすべて裏づけるものとなった。

旅行に行く前、彼は労働クラブの会員だったが、旅行後は退会してリベラル・クラブに加盟することにしたのだと私に説明した。私はサムとの会話を楽しみ、彼の経済学的な考え方全般から何かしらを学んだ。よく考え抜かれた市場支持の立場だが、人びとにそれぞれの生活を送らせるうえで、保守的な情熱よりはリベラルな考え方を優先していた。私は市場経済を利用する必要性について、あるいはそれが私たちの経済・政治面の考え方で占めるべき位置について、彼に強く反対すべき分野はとくに見つからなかったし、制度について彼が保守的な手法よりもリベラルな手法を取ることにも異論はなかった。

しかし、市場の欠陥やそれがなしうることについては、私はサムよりも憂慮していた。とくに市場の外からもたらされ、個人や社会におよぶ影響に市場が対処できないこと——経済学者が「外部性」と呼ぶもの（公害、犯罪、都市部の貧困、感染症の蔓延などがその好例である）——を危惧していた。A・C・ピグーはすでに一九二〇年代に傑出した著書『ピグウ厚生経済学』〔邦訳は東洋経済新報社〕でさまざまな種類の外部性について非常に明快に書いていた[2]。

一九五四年に、私がサムやマブーブなどとともに学部生として経済学を学んでいた時代にも、偉大な経済学者のポール・サミュエルソンが「公共支出の純粋理論」と題した影響力のある論文を発表していた。そこでは治安、防衛、医療のための一般的な措置など共有する「公共財《パブリック・グッズ》」を生みだし配備するうえでは、市場がいかにとんでもなく間違った方向に向かいがちかが論じられていた。歯ブラシは典型的な私的な財であり（それが私のものであれば、ほかの人が使うことはない）、市場は私的な財に関してはかなりうまく対応することが多い。ところが、路上で犯罪に遭わないことは、一人の人が通りを利用すること（その人の暮らしにおよぶ好ましい影響を通じて犯罪率の低さを享受すること）が、別の人にとって同じ「財《グッド》」（犯罪率の低さ〔という無形の財〕）の有効性を奪うことにはならないという意味で、公共財なのだ。サミュエルソンの考え方は、公共サービスの資源を配分するうえで――ただ市場を通してのみ行なえば――非常に深刻な制約が生じることを示したもので、私の根本的な関心事に多大な影響を与えていた。そこで私はその確信を共有してもらおうとサムの説得を試みた。サミュエルソンがそのように区別したことのまっとうさについては私たちは合意したが、経済学的な意思決定において公共財にどれだけの重要性を置くかについては、意見を異にしたままであったように思う。それが一つの違いであったとすれば、もう一つは深刻な経済的不平等が生じないようにすることの重要性についてで、私はこの点に多くの関心を抱いていた。私たちの強く一致する部分も、残りの相違点も、サムとの関係をつねに知的な意味で刺激的かつ生産的なものにしていた。

　私のクラスにはほかにも親友となった学生たちがいた。ウォルター・エルティスのことはよく知っていた。彼はのちにオックスフォードで（エクセター・カレッジの特別研究員《フェロー》として）教えるようになり、代々のイギリスの政権で上級経済顧問を務めた。ほかにも何人か知り合った人たちがいる。その一人はスリランカ出身のランジ・サルガドで、非常に有能な経済学者だったが、信じられないほど寡黙で自己主張をしない人だった。のちに彼は国際通貨基金で働くようになり、そこで大いに活躍した。学生時代の彼は瞑想など仏教の修行に熱心であり、後年、ワシントン仏教僧房《ヴィハーラ》協会の会長になった。彼は非常に中道の、思いやりのある政治思想家で、議論を吹きかけるのが難しい人だった（私は試してみたが）。ランジと私は二度目のイースターの休暇に一緒に旅にでて、ウェリン・ガーデン・シティで一週間を過ごした。その名称が伝える意味を誤解して、そこに素晴らしい庭園があるのだと思い込んでのことだった。本当はただケンブリッジからほとんど人けがなくなる時期に、お金をかけずに短い休暇を過ごそうとしていただけなのだった。ウェリンで電車から降りて、庭園はどこにも見当たらないまま人工的に設計された街を見回していると、ランジが言った。「本当にここかい？」

5

ケンブリッジで最もよく知られた討論グループは、公式には公共の場での議論とは考えられていなかったが、使徒会《アポスルズ》、つまりいわゆるケンブリッジ懇談会《コンヴァサーツィオーニ》ソサエティだった。このソサエティ（社交クラブ）の起源はかなり古く、一八二〇年にジョージ・トムリンソンによって創設されていた。当時、ケンブリッジの学生だったトムリンソンは、のちに（このソサエティが異端視されていたことを考えれば）どこか信じがたいことだが、ジブラルタル主教になった。トムリンソンは、ほかに一一人のケンブリッジの――いずれもセントジョンズ・カレッジからの――学生と一緒になって、コンヴァサーツィオーニ・ソサエティを始めた（ただ「ザ・ソサエティ」と呼ばれることが多い）。そのメンバーはその後も圧倒的にセントジョンズ、トリニティ、キングズからやってきた。その名に忠実に（イエスの十二使徒にちなんで）、使徒《アポスル》となるメンバーはどんなときでも一二人以上になることはなかったが、引退するとアポスルは天使《エンジェル》になり（「翼が生えて」と、その変貌は説明される）、永久にソサエティのメンバーとして残る。ソサエティの会長――エンジェルから選ばれる――によって年に一度夕食会が開かれることになっているが、いまではこの慣習はやや不定期になっているかもしれない。

ソサエティのメンバーには多くの偉大な科学者、哲学者、数学者、文学者、作家、歴史学者など、知的および創造的分野で並外れた功績を収めた人びとが含まれてきた。たとえば、哲学ではヘンリー・シジウィック、バートランド・ラッセル、G・E・ムーア、ルートヴィヒ・ヴィトゲンシュタイン、フランク・ラムジー、リチャード・ブレイスウェイトなどが名前を連ねていた。いろいろな意味で、アポスルズは「ケンブリッジの知的貴族小集団」だというウィリアム・コーリーの説明を裏切らないものだった。

ソサエティへの選考過程――有力候補との雑談が一晩か二晩あり、その後に投票が行なわれた――は、候補者に有力な支持者がいると同時に中傷者もいた場合、ときおり論争を巻き起こした。選ばれることは通常は快挙と見なされた。多くの業績を残したリットン・ストレイチー〔伝記作家でブルームズベリー・グループの創始者の一人〕ですら、一九〇二年二月二日に母親に宛てて興奮してこう書いた。「私はいまやアポスルズのソサエティの仲間《ブラザー》なのです」。さらに「昨日、選出されたようです」とも付け加えた。

ソサエティに馴染まない人も何人かはいて、ときには参加せずに、退会する道を選ぶ人もいた。脱退者のうち、アルフレッド・テニスンの退会がおそらく最もよく記憶されていただろう。一八三〇年に彼が辞めたとき、ソサエティはまだ発足一〇年目だった。ほかのメンバーは総じて、辞任したのではなく追いだされたと見なしていた。ジェームズ・フィッツジェイムズ・スティーヴンはやや侮蔑を込めて、テニスンは「どうしようもないほど怠け者で、自分の番がきてもエッセイを書くことができなかったため、お払い箱となった」と書いた。何年ものちに、アポスルズはこの詩人を「名誉会員」に選出することでよりを戻そうとしたが、テニスンは口説きにのらなかった。彼はソサエティの会長のウィリアム・フレデリック・ポロックからの毎年恒例の夕食会への招待にこう応じた。「親愛なるP、行けない。A・T」。後年の不適応者はルートヴィヒ・ヴィトゲンシュタインだった。彼の選出を後押しした人のなかにはバートランド・ラッセルやジョン・メイナード・ケインズもいた。ヴィトゲンシュタインは、ソサエティの会合を時間の無駄と考え、一度も熱心に参加することはなかったが、退会する旨を告げると、G・E・ムーアとリットン・ストレイチーが懇願して阻止した。

6

ソサエティの活動は内密とされており、その秘密主義は学術界では広く認められていた。実際には、ソサエティのあまり芳しくない特徴が、好ましい側面よりもよく知られていた。ケンブリッジのスパイ事件が表沙汰になり、なかでもガイ・バージェスとアンソニー・ブラントという二人のアポスルが絡んでいたときは、ソサエティは悪評を立てられ、かなり注目を浴びた。しかし、ソサエティがソ連のためのスパイ活動に広く関与していたという、しばしば繰り返された噂は決して真実ではなかった。メンバーの政治的傾向は、少なくとも前世紀にはおおむね左翼だったと言って差し支えないが、政治的に左翼であることは、ソ連のスパイになりたいこととはまず関係がない。

ソサエティの長い歴史の大半では、その秘密主義の伝統がこの会に関する詳細を世間に知られるのを防いでいた。しかし、近年はソサエティの本質と諸々の出来事が公表され、あれこれ推測もされているため、流布しやすい誤った見解を修正する誘惑に抗うのは難しい。ソサエティとは何か――何をするのか――に関して正した有名な見解は、のちにケンブリッジの歴史学の欽定講座担任教授となったクウェンティン・スキナーがソサエティの会長を務めた時期に発したものだった（私たちはほぼ同時期にともにアポスルになっていた）。ソサエティの毎年の夕食会を前にして、クウェンティンは『ガーディアン』紙から電話をもらい、「秘密結社」に関するすべてを話してほしいと頼まれた。スパイを何人も輩出している、口先のうまい狡猾なソサエティという大衆のイメージが、同紙の新聞記者の好奇心をくすぐったのは明らかだった。年次夕食会の席でクウェンティンは、『ガーディアン』の記者との会話を思いだしながら、こんな話をした。ソサエティはスパイ不足であるだけではなく、かりに不足していなかったとしても、おかげでソサエティがずっと賢くなったということはないだろうと、記者に言わなければならなかった、と。なにしろ、「一部のメンバーは内輪の夕食会について、黙っておくことすらできないらしい」からだった。

私の時代に、数年にわたり活動的だったメンバーには（これは女性がアポスルに選出されるようになる以前の時代だった）、ジョナサン・ミラー、ノエル・アナン、マイルズ・バーニェト、ジョン・ダン、クウェンティン・スキナー、フランシス・ハスケル、マイケル・ジャフィ、ジェフリー・ロイド、フランク・ハン、ギャリー・ランシマン、ジェームズ・マーリーズ、ラール・ジャヤワルデナなど、ほかにも多くの人がいて、いずれも学術その他の分野の功績でよく知られるようになった。毎週の議論が私には確かに楽しみだったと言わざるをえない。典型的な討論の夕べは、アポスルの一人が非常に興味深い論文を読み、その後に議論をして、通常はそこで読まれた内容と関連したいくつかのテーマについて投票が行なわれる、というものだった。投票の結果については、誰もさして気にはしなかったが、議論の質は大きな関心の的となった。

7

通常は、それぞれの専門の研究とソサエティへの参加にはほとんど関係がなかった。ソサエティで議論するために用意した論文の一部は、より広い学術界でも議論され、ときにはかなりの衝撃を与えることもあった。フランク・ラムジーが一九二五年のある晩に発表した「何か議論すべきことがあるのか?」という論考は、そのような重要性を（たとえば、議論の余地のない違いに関して）主張したため、哲学の文献のなかで重要な位置を占めるようになった。

ときにはメンバー間の議論で、広い学術界とのつながりが生まれ、一般向けの雑誌がそれに関心をもつこともあった。個人的にもそのような部分的一致を見いだした事例を覚えている。ルソーの「一般意志」の考えと、ゲーム理論から得られる洞察に関する論文を――おそらく一九五九年ごろに――私が発表したあとに、興味深い出来事が続いたことがあったのだ。ゲーム理論は当時、ジョン・フォン・ノイマンとジョン・ナッシュによって展開されつつあったので、なおさらだった。

当時、私はゲーム理論に関心をもち始めたばかりで（のちにデリー経済学院でそれを教えることになった）、ルソーの「一般意志」（全員が総体として好むもの）と各人が別々に選ぶもの（場合によっては「一般意志」との対比で「全体意志」とも呼ばれる）のあいだの対比を説明するうえで、ゲーム理論のごく一部を利用するのは容易であるように思われた。ギャリー・ランシマンは社会学者に変貌を遂げつつあった非常に有能な古典学者で、ソサエティの会合でも活発であり、私が提示した推論が、新進の哲学者ジョン・ロールズによって展開されつつあった正義論にも光明を投じるのではないかと指摘したのだ。

私たちは討論会で論じた考えを探究し敷衍《ふえん》する共同論文を書くことにして、それを主要な哲学雑誌である『マインド』の編集者、ギルバート・ライルに送った。論文の一部は当時ロールズが展開中の正義論を支持したもので、ロールズはその後まもなくして私たちの時代の道徳哲学と政治哲学の旗手と見なされるようになった。しかし、私たちはその一方で、公平に選択される状況であれば、すべての人が好むものとして特定の一つの選択だけがなされるようになるというロールズの仮定には反論した。公平な解決策が複数存在する状況もあるはずだと私たちは主張し、そうだとすれば、ロールズの枠組みは深刻な問題に直面することになる。

ソサエティの隔離された環境での討論でこのように広まったこの論文は、嬉しいことに、ライルによってすぐさま受理された。ところが、それから数年間、私たちには何の音沙汰もなかった。しまいに私たちはライルに再び手紙を書くことに決め、同じ論文の別の写しを彼に送り、その後どうなったのかを問い合わせた。ライルが手書きで手紙を書いており、その写しを保存していないかもしれないことはもちろんわかっていたが、もう一度彼からの手紙を受け取ったときには、私たちの懸念はさらに複雑なものになった。二度目の手紙のなかで、彼は論文を新しく投稿されたものとして間違って扱っており、再びそれを掲載論文として受理していたのだ。ギャリーと私はライルの一貫性に感銘を受けたが、その論文は三年前にすでに受理されたもので、そろそろ掲載されることを私たちが願っているのだと彼に思いださせなければならなかった。この話はハッピー・エンドとなり、論文は一九六五年に『マインド』誌に「ゲーム、正義、および一般意志」という題名で掲載され、それなりの関心を集めた(3)。

数年後〔一九六八―六九年に〕、私が客員教授として一年間ハーヴァード大学にいたとき、ジョン・ロールズ、ケネス・アローとともに政治哲学のコースを共同で教え、ロールズはギャリーと私が示した主張について論じ、それにたいする示唆に富む意見を述べた。私はもちろん、ロールズの大ファンであり、彼とはそのテーマで何十年にもわたって議論をした（またこの問題については二〇〇九年に上梓した『正義のアイデア』〔邦訳は明石書店〕でさらに取り組んだ(4)）。それがソサエティでの議論からの珍しい展開だったとしても、これは議論し反論することを奨励したソサエティの伝統に間違いなく従うものだった。

私たちの合同セミナーが開かれていた〔ハーヴァード大の〕エマソン・ホールでロールズの話に耳を傾け、その優雅な顔を彼の推論の勢いで輝かせるのを眺めながら、ロールズならどれほど素晴らしいアポスルになっただろうかと私は考えた。トムリンソンの幽霊がどうにかして、このハーヴァードの偉大な哲学者を学生としてケンブリッジに連れ去り、コンヴァサーツィオーニ・ソサエティに参加するよう彼を説得できればのことだが。しかし、テニスンがソサエティのために書くのを拒んだ（その代わりに退会した）エッセイは幽霊に関するものだったので、トムリンソンも私の夢を認めなかったかもしれないと私は考えた。

8

ソサエティの討論会は学期中、毎週一回、同じ曜日の同じ場所で開かれていた。当初はどうやら土曜日に開かれていたようだが、私の時代にはキングズ・カレッジのE・M・フォースターの部屋に集まっていた。フォースターの作品を大いに称賛する私としては、彼自身がエンジェルとしてよく同席し、議論に加わってくれたことだけでも充分なご褒美となった。もっとも、ときにはたいがいは音楽を聴くために（と、彼は説明した）キングズ・チャペルに行くことを優先してしまう夕べもあった。

モーガン・フォースターとはそれ以前から——アポスルに選出されるずっと前に——出会っており、ほかの会合でもかなり定期的に会っていた。彼のインドとのつながりはまだ強く、一九六〇年のある晩、ケンブリッジのアーツ・シアターでサンタ・ラマ・ラウによって戯曲化された〔フォースターの〕『インドへの道』〔邦訳はちくま文庫〕の初演を一緒に観ようと招待してくれたときは興奮した。ジョーン・ロビンソンとリチャード・カーンも一緒で、カーンは劇の前に全員に夕食をご馳走してくれた。フォースターはこの劇がたいそう気に入ったと語っていたし、催し自体としては確かに充分に引き込まれるものがあった。しかし、原作の小説に馴染んできた者にとっては、劇の弱点を大目に見るのは難しかった。おそらくこれは手厳しい評価だったかもしれない。有名な小説を満足のいく劇に仕立てるのは非常に難しいからだ。それでも、ほとんど無名の翻訳家・脚本家には優しくしようとフォースターが心に決めていたのが感じられた。のちにラマ・ラウに会ったとき、彼女はフォースターに認められてどれほど有頂天になったかを私に語っていた。

私はフォースターがインドに深い関心をもっていたことに、つねに感銘を受けていた。一九五三年にキングズ・カレッジのプルラッド・ボシュの部屋でお茶に招かれて、彼に初めて会ったとき、彼は私の生い立ちについて、じつに感じよく質問した。私がシャンティニケトンの出身であることを知ると、彼はラビンドラナート・タゴールの世界観――および彼が選んだテーマ――はたいそう好ましいと思うが、彼の書き方はさほど魅力的でないと思うと言った。タゴールは英語の散文でつねに実験をしていたが、実験の多くは成功していないともフォースターは言った。それでも決して諦めなかったタゴールを彼は称賛していた。

私はソサエティを通じてフォースターをもっと懇意になってからようやく、彼が一四世紀のサンスクリットの古典戯曲家、カーリダーサの大ファンであることに気づいた。「それに関して何か書いていらっしゃるんですか?」と、私は無知をさらして質問をした。「まとまった著作はないんだが、インドでカーリダーサの作品に一般的な関心がないことについては、多少の不満を述べはしたよ。私たちがシェイクスピアについてとやかく言うのとは大違いでね」。この話を聞いて、私は彼のエッセイと書評をまとめた『アビンジャー・ハーヴェスト』（一九三六年）〔邦訳はみすず書房〕を読んでみた。そこには文学鑑賞に関する見事な作品とともに、「インドを漂って――ウッジェインの九つの宝石」というエッセイでカーリダーサへの世間の関心のなさへの優雅なぼやきが綴られていた。

フォースターはここで、カーリダーサの故郷の町（およびアヴァンティ国の都）だった歴史上のウッジェインの魅力を、誘惑するように描く。「人びとが通りで陽気な歌を歌い」、夕べには「女たちが『針しか突き通せないような暗闇を抜けて』恋人のもとへこっそりと通う」。カーリダーサのお気に入りの川――シプラ川――に到達して興奮したフォースターは、靴と靴下を脱ぐために立ち止まりもせずに、すぐさまくるぶしまでの深さの流れにそのまま入り込んだ。カーリダーサがシプラ川について書いたことを思いだしながら、彼はこのことを素晴らしいひととき——いつか自分にも訪れてくれればと願っていたひととき——だと思った。夢見心地から覚めると、フォースターは列車に乗る時間までに靴と靴下が乾くだろうかと悩んだ。そして、それ以上に重要なこととして、現代のウッジェインの人びとが、周囲を歴史的な建物に囲まれながらも、カーリダーサにほとんど関心を示さないことについて考え込んだ。彼はいくぶん悲しみながら、こう締めくくった。「古い建物はただの建物だし、廃墟は廃墟だ」。それは興奮に満ちた旅の歯がゆい終わりだったが、フォースターは私に、「インドを漂って」彼がこれほど愛した国において何を期待し、何を期待すべきでないかについて、多くを学んだと語った。

9

私の学部生としての日々は、一九五五年六月に、ドンドンという音とともに終わった。これはトリニティの親切なポーターの一人が、卒業試験をやり終えたと私が判断した翌朝、私を起こそうと試みたためだった。その当時は、学士号を取得するために経済学部のすべての学生が受ければならない筆記試験のほかに、関連するテーマからさらに二つを選んで試験を受けなければならなかった。しかし、私たちはこれらの三つの試験のうち、最も点数のよい二つの試験だけが最終結果で考慮されることを理解したうえで臨むことができた。私は統計学、政治哲学、イギリス経済史を試験テーマに選んでいた。これらの三つの試験がどの順番で行なわれたのかいまとなっては思いだせないが、いずれにせよ、最初の二つの試験を受けたあと、私としては充分な出来だったので、三つ目の試験は考慮されなくても構わないだろうと判断した。そこで、私は試験の終わりを祝う全体の祝賀パーティに参加して、朝の四時ごろに就寝したのだった。

ところが、翌朝、私の名前は三つ目の任意の筆記試験（それがどれであれ）を受ける学生のリストに残っていたため、午前九時を回るとすぐに、試験会場からトリニティの門衛詰所に電話が入り、私が会場にいないので、すぐに出向くようにと伝えてきたのだ。九時二〇分にはマイケルというじつに親切なポーターが私を起こす難題に取りかかった。彼は私を起こすことには成功したが、ほとんど反応がないのに気づくと、こう言った。「美味しいお茶をいれて、甘いビスケットをもってきますから、どうかベッドから起きてください」。彼が紅茶とビスケットをもって戻ってきたときには、私はどうにか居間のソファに移動しており、そこで彼に言った。「僕の試験は終わっています」。「いや、まだです」とマイケルは答えた。「ダウニング・ストリートの試験会場から電話が入っているんです。お願いですから、このお茶を飲んで、ズボンとシャツに着替えて、会場まで走ってください」

残りの試験は本当に受けなくてもよいのだと、私は彼に説明を試みた。すでに終わっている二つの試験で充分であり、三つ目は不要だからだ。「僕の試験は本当に終わっているんです」と、私は言い張った。「ミスター・セン」と、親切なマイケルは言った。「試験期間中は誰もがそんな風に感じて、ありえない話を信じ込むものです。でも、辛抱して終わらせなければなりません」。私は試験会場まで走る気など本当にないことを、彼に納得させるのにかなりの時間を要した。その後、マイケルに学寮内で会うと、彼は満面の笑みを浮かべてこう言うのだった。「もちろん、ご存じですよね。彼らはまだダウニング・ストリートであなたを待っていますよ」

10

私の両親は、妹のモンジュとともにセネトホールで私が学位を授与されるのを見にやってきた。卒業式では私はとくに何もする必要がなかったので、これは楽しい出来事となった。後年、トリニティの学寮長として、カレッジから卒業する学生一人ひとりの手を取ってラテン語で暗唱をし、どの学位を授けるのかを（ラテン語で）伝えながら、学寮長たちは式のあいだ卒業する学生よりもずっとたいへんな思いをしていたのだと考えた。私が学寮長を務めた時分には、学生たちの流儀も移り変わっていた。学寮長になった最初の年には、卒業予定者の一人が面白い反応を見せてくれた。彼は満面の笑みを浮かべてからこう言ったのだ。「サンクス・ソー・マッチ、メイト〔どうもありがとう、相棒〕」。これはラテン語の会話にふさわしい終わり方のように思われた。

私が卒業するころ、父はロンドンで講演をするために招待を受けており、その謝礼金が家族旅行を手配するのに父にとって役に立った。私たちはノッティンガムヒルで狭いアパートを借りて、そこに一カ月近く家族全員で楽しく滞在した。ロンドンの博物館と美術館を見たがっていたモンジュにとってはとくに楽しい日々となり、私も何度も一緒に出かけた。私の友人たちも何人かノッティンガムヒルのアパートに会いにやってきた。なかでもディリープ・アーダールカルが訪ねてきたときのことはよく覚えている。彼には両親も妹もいたく感心し、おかげで私がよい仲間と付き合っていることを家族に納得してもらえるようになった。

新入生が入ってきていたが、ケンブリッジの古い友人たちの多くが去っていくのは寂しかった。もっとも、古い友人も何人かは残っていた。レヘマン・ソブハンとディリープは三年制で学位を取るコースにいたので、居残り組となった。博士過程の途中にいたラール・ジャヤワルデナも残っていたが、マブーブはイェール大学の博士課程に進んだ。一九五五年に入学してきた学生のなかには、数学者のラメシュ・ガンゴッリがいて、やはり生涯の友人になった。彼が並外れた知性の持ち主であることはすぐさま明らかになった。関心事が非常に幅広い（数学のリー群に関する精力的な研究から、インドの古典音楽理論と実践まで）ラメシュは、私たちの会話をさまざまな意味で盛り立ててくれた。彼はケンブリッジを卒業後、MITの博士課程に進んだので、私は一九六〇年秋に客員助教として自分自身がMITに赴任した際に、彼と――素晴らしい妻のシャンタとも――旧交を温めることができた。

のちにインドの首相になったマンモハン・シンは、一九五五年にセントジョンズに学部生として留学してきて、私はその直後に彼を訪ねた。マンモハンはいまでも温かく、気さくで、近づきやすい人でありつづけるが、知り合ってすぐさま私は彼のそうした資質に気づいた。インドの首相として二〇〇四年から一四年まで国を指導していた時期も、何ら変わりはなかった。デリーを訪れるたびに、官邸で夕食にあずかることが何度かあったのだが、首相になっても、ほかの人が意見を言い終えるのを待ってから彼が口を開くことに気づいて面白いと思った。

マンモハンの謙虚さは実際には、首相時代には彼にとって問題にもなっただろう。社会的には重要な美徳であるものの、謙虚さは活発な政治においては不利にもなりうる。とりわけ、インドの現在の政治的指導者の多くのように、火種を撒いてばかりの人物が権勢を振るう世界ではなおさらだ。これはマンモハンが自分の主張を国民に聞かせる意欲をなくすことにつながり、彼はときにひどく口数が減っていた。しかし、この寡黙さにもかかわらず、彼が（声高に拒絶することもできただろうに）黙って向き合うことの多かった一部世論からの批判とも裏腹に、彼は実際には優れた政治指導者だった。インドがそれ以前も以後も経験したことのないほどの速いペースで経済成長を遂げたことへの貢献を含め、彼は数多くのことを成し遂げた。二期目の政権時（二〇〇九―一四年）は、世界的な経済不況と重なり、成長率がやや鈍化したが、それでもインドは世界で最も急成長を遂げた国の一つでありつづけた。それ以外にも、情報公開法の制定や農村雇用保障計画の創設など、主要な功績を残した。

11

一九五五年に新しい学生がやってくるとともに、インドの農業史を研究していた主要な経済史学者、ダルマ・クマールが戻ってきた。彼女は数年前から博士課程に在籍していたのだが、インド準備銀行で仕事をするためにインドに帰国しており、そこでかなりの名を揚げていた。彼女は人目を引く美しさと魅力を備えた女性で、私はその鋭い知性と機転にすっかり敬服していた。私たちはすぐに親しい友人になり、ほぼ毎日会って雑談を交わしていた。近隣の村――コトン、グランチェスターやその先まで――を一緒に散歩したこともたびたびあり、ロンドンへは数々の劇を観に行った。

ダルマの決断力の速さは、忍耐力のなさとよく結びついており、これは私自身のためらいがちな性向とは好対照をなしていた。劇が始まってから二〇分経っても面白くなく、その先も期待できないと判断すると、席を立ってしまう彼女の傾向に、私は初めのうち驚かされていた（私は拍手やおじぎを含め、最後の瞬間まで成り行きを見守り、余すところなく価値を吸い尽くそうとするタイプなので）。ダルマとは〔ロンドンの〕ウェストエンドで一九五五年から五六年の大当たりのシーズンにたくさんの劇を一緒に観た。彼女は私が大半の劇を一緒に観た相手ではないかもしれないが、間違いなくほかの誰にもまして劇の最初の二〇分間を一緒に観た人である。

インドの農業史における彼女の草分け的な研究は、イギリスに支配される以前の時代までさかのぼり、植民地時代に何が起きたかを理解させてくれるものだ。やはり主要な歴史学者であるサンジャイ・スブラフマニヤムが述べるように、定評のある通説で落ち着いていた意見の一致をなし崩しにすることにかけて、彼女に勝る人はまずいない。彼女の先駆的な著書『南インドの土地とカースト』〔*Land and Caste in South India*、未邦訳〕は、入念かつ独創的な経済史の古典でありつづけ、イギリスの支配が農業にもたらした結果にたいする洞察だけでなく、インド南部のイギリス支配以前の土地利用の本質にたいする私たちの理解を塗り替えるものとなった。それは私たちがかつて想像したよりも、はるかに公平ではなかったのである。

私が最後にダルマに会ったのは二〇〇一年のことで、当時、彼女は脳腫瘍に見舞われ、話をすることができなくなっていた。おそらくその意欲もなかったのだろう。私は彼女の娘ラーダ・クマールとともに、亡くなる少し前に彼女を見舞った。ラーダは母親に、旧友に何か話しかけてくれと懇願したが、何の反応も見られなかった。ダルマの目は見開かれていて、私のことを温かく親しみを込めて見ているようだったが、一言も発することはなかった。彼女が機知とユーモアの権化のようだった時代からすれば、何という変わりようか。

第21章　ケンブリッジとカルカッタのあいだで

1

大学院一年目が終わった一九五六年六月には、学位論文になりそうな一連の章ができあがっていた。当時、各地の大学でかなりの数の経済学者が、生産技法を選ぶためのさまざまな方法を研究していた。総産出額を最大化することを主眼に置く人もいたし、生みだされる剰余を最大化させたい人もいれば、利潤の最大化を目指す人もいた。これら諸々の手法を分析し、かつ剰余が多ければ、それが再投資された場合により高い成長率につながり、そこから将来的には高い生産高が生みだされる事実に留意すれば、代替時系列で生産と消費を評価することで異なる基準同士を比較することができた。

こうした諸々のことに関する雑然とした文献は整理して、代替時系列の比較評価でうまくまとめられると確信していたし、その作業は楽しいものにもなった。私はこれを「時系列アプローチ」と名づけた。これまで示されてきたさまざまな代案にたいし、容易に論じることのできる一般的な方法論を概説することができて、私は喜んでいた。『クオータリー・ジャーナル・オヴ・エコノミクス』（当時もいまも主要な経済学術誌）に投稿した論文のなかで、その概要を示したところ、同誌が親切にもその論文をすぐに掲載してくれた。それからまもなくして、二本目の論文も採択してくれた。

若干の関連する問題を扱った別の論文も、掲載されることになった。大学院で研究を始めた一年目の終わりには――それら個々の論文を一緒にまとめれば――博士論文と呼べるものができるのではないかと私は考えた。しかし、これは誇大妄想ではないかと心配にもなった。そこで、私は自分の先生であるモーリス・ドッブにざっと見てもらい、彼ならどう評価するかを教えていただけないかとお願いした。ドッブにとって、ざっと見る、などという選択肢はないことを、私は忘れていた。二週間後、私は彼から自分の論文発表をどうすれば改善できるかに関する大量の有益なコメントを受け取った。しかし、そこには私がこれまでに書いた文章が、間違いなく博士論文に必要とされる以上のものだという、彼の心強い総合的な結論も含まれていた。

しかし、ケンブリッジ大学の規則では、大学院一年目の終わりに博士論文を提出することはできないだろうとドッブは忠告した。大学の規則では確かに、学生は三年間の研究を終えるまでは、博士論文は提出できないと定められていた。そこで私は、自問した。自分がどういうわけか選ぶことになったテーマより、もっと面白いことをするために、逃げだすべきなのだろうか、と。しかも、すでにそれぞれの章は書きあげてあるのだから、カルカッタに戻って二年間、博士課程の研究のことは忘れられるのではないか？　私は休みが欲しかったし、それ以上にインドが恋しかった。

そこで、私はピエロ・スラッファのところへ相談に行った。彼はトリニティでの役職のほかに、経済学部の研究責任者でもあり、博士課程の学生に助言を与えていた。スラッファに私の論文となるはずの原稿の写しを送ると、彼はそれに目を通して、認めてくれたようだった。そこで私は、カルカッタに帰って、二年後に戻ってくることは可能だろうかと聞いてみた。「君の言うとおりだ」と、スラッファは言った。「大学は、あと二年は博論を提出させてくれない。ただし、その間に君がどこかへ行くことも許可しないだろう。君はケンブリッジにいなければならないし、三年間の研究義務のあいだ、ここで少なくとも論文に取り組んでいるふりをしなければならない」

これは私にとってひどく失望させられる事態だったが、その窮地はスラッファ自身によってうまいこと解決され、喜ばしい結果となった。彼のアドバイスで私は学部事務室に研究期間の残りの二年間は、カルカッタに滞在して、自分の理論にインドからの実証データを応用できるようにするための許可をもらいに行った。この計画のために、インドで別の指導教官を探さなければならなかった。指導教官なしでは、私のカルカッタ行きは許可されなかったからだが、これはいちばん造作ない部分だった。インドにはいつでも手を貸してくれるオミヨ・ダシュグプト〔ダッカ大学時代の父親の元同僚〕という素晴らしい経済学者がいたからだ。そのうえ、オミヨおじ《カカ》ならどんなテーマでどんな話をしても面白く、かつ為になるのを、私は知っていた。そこで、彼に手紙を書くと、喜んで引き受けようという返事がきた。

スラッファの手を借りて、規則上の問題を片づけたのち、私はインドへ帰省する準備を始めた。ケンブリッジとのかかわりの少なくとも一つの段階が終わるのだと私は感じた。博士論文を提出するために一度戻ってはくるものの、その後は再びここを離れることになるからだ。私はまたケンブリッジが恋しくなるのではないかと、早々に一種の郷愁を覚えてもいた。長い長い歴史のある大学で学ぶ経験を、それほど短期に終わらせてしまう計画を自分が立てていたわけだからだ。

2

今回、私はカルカッタまで飛行機で行くことができた。一九五三年にストラスネイヴァー号に乗ってイギリスへ海路で渡ったときから一九五六年までに、航空券代が大幅に値下がりしており、かたや人件費が上がったため、船賃はそれ以上に急速に値上がりしていたためだった。インドへ発つ直前に、私は突然、カルカッタの新しい総合大学（ジャドブプル大学）の副総長から手紙を受け取った。この総合大学は当時、創立されたばかりで、手紙には私がそこで経済学科の創設を主導し、学科長を務めてくれればありがたいと書かれていた。私はその仕事には不釣り合いなほど若く――まだ二三歳にもなっていなかった――自分が急に制約を課す管理者の立場に立たされることには、あまり魅力を感じなかった。しかし、不安ながらも、そのありえないような提案を受けて、私は自分の思いどおりに経済学を教える学部のカリキュラムを組んで、腕試しをしてみたくなった。

これは簡単な決断ではなかったが、しばらく躊躇したのち、私はその挑戦を引き受けることに同意した。というわけで、気づくと私はカルカッタで雨の多い八月に開講されるコースの講義摘要《シラバス》を作成するために懸命に作業をしながら、ジャドブプルで一緒に教えてくれる教員を勧誘しようと努めていた。当初は教員数が足りなかったため、経済学のさまざまな分野で毎週、非常に多くの講義をしなければならなかったのを覚えている。ある週など、一時間の講義を二八コマ受けもっていた。これは本当に疲労困憊させられるものだったが、経済学のじつに多岐にわたる分野に自分で対応せざるをえなかったがために、新たに多くのことも学んだ。そのことが、学生たちにも何かしら役立つのではないかと私は願った。実際、私は教えることから非常に多くを学んでいたので、ほかの人に教えようと試みて初めて、一つの研究テーマを確かに知っていると本当に思えるようになるのだと確信していた。経済学ではこのことはとくに経済学的認識論に使われる分類手段に当てはまる。そのように考えると、紀元前四世紀の文法学者で音声学者でもあり、その考えに非常に多くの影響を受けた、私の古くからの友であるパーニニのことが思いだされた。

私がまだ若造であり、ジャドブプル大学の職を自分の功績ではなく、縁故で得たという噂が広まっていたので、私の任命には予想どおり、しごく当然ながら、抗議の嵐が巻き起こっていた。しかも、私は左翼支持だったので、政治的にも疑われていた。プレジデンシー・カレッジで積極的に学生運動に関与していたのは、そのわずか三年前のことなのだ。最も急先鋒の攻撃は、右翼の『ジュゴバニ』誌に連続で掲載された非難記事によるものだった。なかでもとりわけ、私が任命されたせいで世界の終わりがいっそう近づいたということを、同誌から知った。攻撃記事の一つには――正直に言えば楽しませてもらったのだが――上手に描けた戯画もあって、私がゆりかごから連れ去られて、すぐさま教授に仕立てあげられ、手に白墨をもって黒板の前に立つ様子が描かれていた。

私は学生たちの熱意によってその職を維持できたのであり、そのことを大いに感謝していた。一部の学生は誠に優秀で、ショウリン・ボッタチャルジョなどは、のちに著名な学者および著述家になった。それどころか、このまったく新設の大学にあえて入学して経済学を学ぼうとした学生の大半は、きわめて才能豊かだった。ショウリンのほかにもレバ（のちにショウリンと結婚した）、ディレンドロ・チョクロボルティ、P・K・シェンなど、学生たちは優秀な一団をなしていた。ジャドブプル大学を離れたのちも、私は長年にわたってこの教え子たちと連絡を取りつづけた。

ジャドブプルは知的に興味の尽きない場所であり、私はこの大学で得た機会も難題も楽しんだ。ここは実際には、何十年も前から著名な工科大学だったのだが、その後、学科を増やして（文学、史学、社会科学など「文系」の学科全般）、それ以前にあった工学と自然科学の母体に加わり、総合大学となった。学部内の同僚たち――ポロメシュ・ラエ、リシケシュ・バナルジ、オニタ・バナルジ、オジット・ダシュグプタ、それにムリナル・ドット・チョウドゥリなど――はどんなときも精力的だった。ジャドブプルでほかに学科長として任命された人びとは、私を除いて、全員が定評ある学者で、私よりもずっと年上だった。史学科長は、私がプレジデンシー・カレッジで経済学を学んでいたころ、同大で史学教授を務めていたシュショボン・ショルカル教授だった。傑出した教師で研究者のショルカル教授から、私はプレジデンシーに在学中、自分の考え方に大きな影響を受けた。シュショボン＝バブの同僚になるということは、私にとって素晴らしい特権であり、彼が目をかけてくれたおかげで、許しがたいほど若い新任の教授として自分が何をすべきかについて（それ以上に重要なことに、何をすべきでないかも）、定期的に助言を受けることもできた。

比較文学科長はブッドデブ・ボシュだった。彼はベンガルの一流作家の一人で、詩でもベンガル語の革新的な散文でも大評判を博していた。私は彼の作品の大ファンだったが、彼は大学時代の友人のミナッキの父親でもあったので、個人的にも知っていた。彼女とボーイフレンド（およびのちに夫となった）ジョティルモエについては、第12章で前述した。ベンガル語学科長は、定評のある学者のシュシル・デだった。シュシル・デとブッドデブ・ボシュはどちらもかつてダッカ大学で教えていたので、じつは私の父の同僚だった。より警戒すべきことに、シュシル・デは、シャロダ・プロシャド・シェン、つまり私の父方の祖父のことまでよく知っていた。彼は私たちの意見が一致しないときはとくに、そのことを思いださせた。デは大学のさまざまな問題に関してかなり保守的だったのだ。家族関係に言及しながら私の提案に筋道を立てて反論してくるので、こちらはお手上げ状態になった。「君のおじいさんは非常に賢明な方で、私とは昵懇《じっこん》の仲だったんだが、彼なら君が苦慮している点を、何ら問題なく理解していただろう」

3

教員陣にはたいへん斬新なものの見方をする歴史学者のロノジット・グホもいた。私よりは数歳年上なので、ロノジット＝ダと呼んでいたが、彼もまだかなり若かった。彼の名前だけでなく、その思考の鋭い独創性についても知っていたので、学期が始まってまもなくキャンパスで初めて出会ったときは嬉しかった。

「君は非常に有名だよ」と、最初の出会いでロノジット＝ダは私に言った。「君のひどい欠点やら、君を任命することで大学が犯した間違いについてずっと耳にしつづけてきた。じゃあ、早速仲良くやろう。いや、今晩、食事を一緒にしよう」。私はその晩、ポンディティヤ・ロードの彼のアパートへ行き、そこはすぐに私が年中出入りする場所の一つになった。ロノジット＝ダは、以前は活動的な共産主義者だったが、私が知り合ったころにはそれが間違いだったと思い直していた。彼はまだ――非暴力的な静かな意味で――革命家でありつづけ、社会のなかの忘れられた弱者のために働きかけていたが、共産主義組織にたいする信念は、なかでもスターリン主義への信条は、カルカッタではそのころまだかなり流行していたが、完全に失っていた。ロノジット＝ダは当時、ユダヤ系ポーランド人のマルタと結婚しており、夫婦で友人たちの定期的な集まりの世話をしていた。

そのころ、ロノジット＝ダは彼の最初の著作である『ベンガルにおける土地所有の規則』を執筆していた。彼が稀有な想像力と視野をもつ歴史学者としての地位を確立することになった本である。同書は一七九三年にコーンウォリス卿がベンガルに制定し、（第8章で論じたように）経済に途方もない打撃を与えた致命的な地代の「永代定額」の背後で、知識人がどう動いていたかを調査したものだ[1]。これはじつに独創性に富んだ研究で、（当時の批判的歴史学の頼みの綱となっていた）欲や利己心ではなく、思想が果たした役割に焦点を絞ることによって、インドにおけるイギリスの植民地政策に関する標準的な研究とは一線を画していた。ベンガルの土地規則の選択に発言権をもっていたイギリスの役人たちは、ベンガルの農業を改善すべく入念に検討した見解にもとづいて動いていた。永代定額の論拠の背後にあった倫理や、そこにいたった道理にもとづく人道的な考えの倫理は、実際にはよい統治の解釈の仕方の違いだったのだ。衝撃的であるのは、よかれと思った誠実な試みであったにもかかわらず、「永代定額」の合意がかなり悲惨な結果を生みだしたことだ。植民地史では珍しいことに、グホの焦点は帝国による搾取や、イギリスの利益が植民地の臣民の関心事よりも優先されたことではなく、むしろさまざまな善意の考えに向けられていた。ベンガルの土地整理のために提案された寄せ集めの措置となった考え、および失敗に終わったその適用にである。

だが、『ベンガルにおける土地所有の規則』はロノジット・グホがいま最も名を知られている著作というわけではない。その名誉は、「サバルタン研究」という総合的な名称のもとで発表された一連の著作物に与えられている〔サバルタンは非エリートの下層民を指す〕。彼が創始して主導した、植民地史と独立後の歴史の非常に影響力のある学派の研究である（第4章で触れたように、この研究には私の祖父のキティモホンが貧しい信者たちの好んだカビールの詩を優先したことと多少の関連があった）。サバルタン研究の学派は、歴史のエリート主義の解釈に包括的な反論をした。一九八二年に刊行された第一巻の序文で、グホはインドのナショナリズムの歴史学が長年、植民地主義的なエリート主義と、「ブルジョワ＝ナショナリズム」的なエリート主義によって支配されてきた事実を強く批判した。それを打破するために、ロノジット＝ダは大いに尽力した。これはインドの歴史を――言外には世界のどの歴史でも――書く作業を、エリート主義の視点に集中するあまり衰退していた状態から解放した大きな方向転換だった。私がロノジット＝ダと初めて知り合ったときには、サバルタン研究はまだ誕生していなかったが、私たちの日々の会話から、彼がすでに歴史を反エリート主義的に再評価する観点から考えていたのは明らかだった。

ロノジット＝ダや彼の周囲の人びとは、私にとって知的に重要であるだけではなかった。彼らはカルカッタにおける私の社会生活にも大いに貢献してくれた。トポン・ラエチョウドゥリ、ジャック・

サッスーン、ムリナル・ドット・チョウドゥリ、ポロメシュとチャヤ・ラエ、ラニ・ラエチョウドゥリほか多数を含む、このグループとの定期的な語り合いは、カルカッタで若い教師となった私の生活を大いに潤してくれた。ダルマ・クマールがカルカッタを訪れた折に、私と一緒にロノジット＝ダのアッダに参加したとき、彼女は私たちが夕べの集まりで議論している問題の幅広さに仰天していた。いま振り返っても、学術的な議論として、一九五〇年代なかばのポンディティヤ・ロードの質素な狭いアパートで行なわれていた集まりに匹敵するものはまずないだろうと思う。

4

いったん新しい仕事に慣れ、新しい学生たちのこともわかってくると、私はもちろん、昔馴染みの場所を再訪してみた。プレジデンシー・カレッジの向かい側の、カルカッタ大学の本拠地からもそう遠く離れていないコーヒーハウスである。ちょうど一九五六年の夏のことであり、そこで活発に討論されていた話題には、ソ連共産党第二〇回大会でニキータ・フルシチョフがスターリン主義の慣行について暴露したことへの直接の反応も見られた。党大会は私がカルカッタに戻る数カ月前の一九五六年二月に開かれており、そこから浮かんできた意味合いが、店に集まる左翼政治の関係者にもゆっくりと浸透しつつあった。昔からよく知る忠実なソ連信奉者の一人に、どう思うか尋ねてみると、彼は即座に、「どんな不快極まりない小さい虫よりもフルシチョフは嫌いだね」と答え、それ以降はどんな議論も拒んだ。フルシチョフが報告したことは衝撃的だったが、何ら驚くべきことではないと思い切って言ってみると、私はいっせいに政治的な非難の言葉を浴びた。

私自身がソ連体制の圧政に気づいたのは（第12章で述べたように）その一〇年前のことで、ブハーリンの処遇を含め、「見せしめ裁判」やスターリン派の粛清について読んだためだった。ブハーリンはその時代の主要なレーニン主義哲学者で、私は彼の著作をよく知っていた。そのため、私は当時起きていたことが唐突な急変だとは見ておらず、ただ公式に認められていたことに変化が起きただけだと考えた。私に腹を立てた忠実な信奉者の一人が、アメリカの作家のジョン・ガンサーの見解に言及し、ガンサーはブハーリンらの裁判を傍聴していて、全員が非常に健康的で虐待された様子はないように見えた――したがって、彼らが本当に拷問されたり拘束されたりしていたはずはない――と言ったときには、政治的な愚直さを見せられて心底驚愕した。

その数年後にフルシチョフ自身が語った学校訪問の逸話は、私のお気に入りだった。その訪問で彼は生徒たちに親しみを込めて質問した。「教えてもらえるかな。『戦争と平和』は誰が書いたかね？」まずは沈黙が訪れ、その後、一人の子がおびえた表情で答えた。「信じてください、同志フルシチョフ、僕はそんなことは何もしていません」。フルシチョフは秘密情報機関のトップに、これは公衆に恐怖が広まっている受け入れがたい状況であり、いじめは即座に終わらせねばならないと不満を述べた。この逸話は、数日後に秘密情報機関の指揮官がフルシチョフにこう告げることで終わる。「もうご心配にはおよびません、同志フルシチョフ、あの少年は『戦争と平和』〔という落書き〕は確かに自分が書いたと自白しました」

一九五六年一〇月から一一月にかけて、第二〇回大会の衝撃が左翼の人びとのあいだで吸収されつつある時期に、ソ連の支配にたいするハンガリー人の蜂起が起こり、その後ソ連軍によって容赦なく鎮圧された。インド共産党は、ほかの国々の共産党（とくにイタリア共産党）が声を上げたように、ソ連の権威主義を糾弾することはなかった。そして、世界各地のレーニン主義の統一共産主義運動は終わりを迎えつつあることがますます明らかになっていた。この運動は、フルシチョフが第二〇回大会で糾弾した衝撃的な暴露だけでなく、ハンガリー動乱の残虐な鎮圧行為によっても乱されていた。

そこで突きつけられている疑問は、私にはずっと以前から対処すべき問題であったように思われた。私は共産党に所属したことはない（入党を考えたこともない）が、インドは長年にわたって不平等と不衡平に苛まれてきたため、階級にもとづく好戦性がこの国では非常に積極的な役割を担っていることについては確かに考えていた。そうした状況において、共産党がその能力をもっと建設的に発揮するためには、一九五〇年代になってようやく公表されだしたような民主化に向けた問題に真剣に取り組めば、はるかに強化されるだろうという主張を私は試みた。

インドにおける共産主義運動は最終的に、インドの政治的民主主義との融和の問題に着手した。その対応の過程は遅々として進まなかったものの、一九五六年以降の衝撃が国内の政治討論に残りつづけたことはよかった。しかし、中国やベトナム、キューバの共産党とは異なり、インドでは共産党が決定的な政治勢力といえるほど強大になったことはなく、一九六四年以来、何度か分裂を繰り返した。

5

カルカッタのジャドブプル大学で熱心な教師として授業を楽しみつつ、ケンブリッジで博士論文を提出できるようになるまでの二年間を待つあいだに、トリニティ・カレッジでは私をいささか混乱させる事態が展開していた。トリニティには若干数のプライズ・フェローシップ〔成績優秀者に与えられるフェローとしての地位〕――私の時代には四名分――があり、これは大学院生の研究を競争評価して与えられるものだった（一定期間内に一度以上、応募することができた）。プライズ・フェローは、実際にはこのカレッジのフル・フェロー〔カレッジの運営にかかわり、あらゆる権利と責任をもつ研究員〕であり、とくにあらかじめ特定された研究もなく、四年間、報酬を受けることができる。要するに、自分が選んだテーマを自由に研究できるのだ。

一九五六年の夏に私がトリニティを離れてインドに帰国したとき、ピエロ・スラッファがこう言った。「君の卒論をプライズ・フェローシップのコンペに提出してはどうかね？　いますぐはもらえないだろうが、何かしら論評してもらえれば、論文を改善できるし、翌年には本格的なチャンスもあるかもしれない」。そこで、あまり考えもせずに、私はカルカッタから自分の提出待ち論文の写しを送り、そのことをすっかり忘れていたのだ。

フェローシップ選出の結果は一〇月の最初の週に発表されたが、私は選ばれるとは思っていなかったので、発表の時期に何ら注意も払っていなかった。それどころか、折しもカルカッタではプジャと呼ばれる休暇でジャドブプル大学の授業が休みになっていたため、私は行き先を大学に伝えずにデリーへ出かけていた。私はデリーで大いに楽しみ、著名な経済学者たちにも初めて会っていた。のちにデリー経済学院で私と同僚になったK・N・ラージや、I・G・パーテル（彼はオミョおじの娘で、私にとっては姉のようなオルカノンダ――ビビ――と結婚していた）に、傑出した実証経済学者のダルム・ナラインなどである。私はナラインだけでなく、彼の妻のショクントラ・メヘラもよく知るようになった。非常に快活な若い女性のデーヴァキ・スリーニヴァーサンもマドラス（チェンナイ）からデリーを訪れていた。彼女はのちに、国民会議派の古い伝統の熱心な支持者であるラクシュミー・ジェンと結婚して、デーヴァキ・ジェンになった。私がデーヴァキに初めて会ったのは友人の家だった。出会った日に私が着ていたベンガルの伝統衣装を、彼女はそれまで一度も見たことがなかったらしく、やたら面白がったが、長年のあいだに親しい友人になった。そんなわけで、私はジャドブプル大学から遠く離れたデリーで、毎晩のように楽しくおしゃべりに明け暮れていた。その間に大学にはトリニティからの電報が何通も届き、予期せずして私がプライズ・フェローシップを受ける一人として選ばれたことを知らせていた。

ジャドププル大学には私の連絡先がわからなかったため、トリニティは大学の事務（および私の先生であるスラッファ、ドッブ、ロバートソン）が私に送った電報にたいする返事――もしくは受領した旨――を何一つ受け取っていなかった。それでも、承知した旨の署名を待たずに、トリニティはともかく私を正式にフェローに選ぶことに決めた。カルカッタで山積みになっていた通信文を見たころには、自分がカレッジのフェローになったことも知らないうちに、すでに数週間が過ぎていた。だがそこで、私は予定していなかったことをやらねばならなくなった。二つのフルタイムの仕事に、意図せずして同時に就いてしまったからだ。私はカルカッタでの仕事を続けるか、ケンブリッジに戻るかを選ばざるをえなくなった。トリニティとジャドププルの双方と話をしたのち、私は時間をやりくりして、予定より早めに、一九五八年春にケンブリッジに戻ることにした。

6

プライズ・フェローであった四年間を、私はたいそう楽しんだ。博士課程のテーマ――技法の選択――はそれ以上研究しないことにしていたので、この機会を使って、哲学を本格的に学ぶべきだと考えた。ケンブリッジ大学の開架式図書館では、一冊の本を探すことが、どんなテーマであれ次の本にもつながり、そのことが何よりも実りあるものとなった。しかし、私は数学の分野として数理論理学と帰納的関数論の講義にも出席し、哲学のゼミナールや討論にも顔を出していた。

私はトリニティの優れた哲学者C・D・ブロードの著書『精神と自然のなかのその居場所』〔*The Mind and Its Place in Nature*、未邦訳〕に強く惹かれていたので、彼に会いに行った。何を読むべきか助言をもらえないか、また私が書こうとしている論考の計画を見ていただくことはできないかと、彼に尋ねてみた。ブロードはすぐさま同意し、逆に暗唱してみせたい詩があるので聴いてみないかと提案された（彼は相当な記憶力の持ち主だった）。実際には哲学も詩も、どちらも非常に楽しめるものとなった。

自分が書いたいくつかの論考が標準的な哲学雑誌に掲載されるようになると、私は自信をつけ、徐々に哲学の討論にもかかわるようになった。アポスルズの会合で、ジョン・ロールズが提示した哲学的な問題を論評した際に、ゲーム理論の利用を試みたことは前章で述べた。私が受けた初期の哲学教育のうち、もう一つ非常に貴重であったのは、偉大な社会哲学者であり思想史家のアイザイア・バーリンからのものだった。私はバーリンの著作から（ロールズの著作と同様に）多くを学び、議論の価値は勝った側が示す勝者の視点だけにあるわけではなく、負けた側の主張からもたらされつづける妥当性や、それに付随する啓発にもありうるという彼の考えに、強く影響されていた。

若い見習い哲学者として、私はバーリンの著書『歴史の必然性』〔*Historical Inevitability*、未邦訳〕のなかで敷衍《ふえん》された見解に異論を唱えることにした。決定論が物事を予測可能にする（自分が何を選ぶことになるのか予期できる）ことで人は選択の自由を失っており、さらに――より重要なことに――世界に価値ある変化を引き起こす自由を失っているのだとバーリンは論じた。この運命論がマルクス主義の問題点の一つなのだとバーリンは主張し、人間の自由を回復するためには、マルクス主義者は決定論的な手法を放棄すべきだとした。この推論の筋道に反論するなかで、私は自分が選ぶことになるものを予測できるからといって、自分の選択がなくなるわけではないという主張を示した。X、Y、Zを選択できた場合、私はつねにXをいちばんに位置づけ、次にY、最後がZとする。私の順序付けがわかっていることは、どんな形であれ、私の選択の自由を減らすとは限らない。そのため、私は自由にXを選ぶかもしれないし（選ぶ理由が最もある選択肢）、そのことを予測できるかもしれない。その予測可能性は、私に選択肢がないために生じるのではなく、むしろ私が何を選ぶかを推測した結果なのだ。したがって「歴史の必然性」が人びとを運命論的な世界に封じ込めることはないのである。

私の批判——「決定論と歴史的予測」と題した小論——はデリーで創刊されたばかりの『エンクワイリー』という雑誌で一九五九年に発表された。当時、私はアイザイア・バーリンを知っていたが、生意気な若造だった私は彼の主張にたいする自分の批評をおこがましくも彼に送りつけた。驚いたことに、私は非常に理にかなった、親切な返事をもらったのだ。さらに驚くべきことに、バーリンの次の著書『自由論』〔邦訳はみすず書房〕の序論のなかで、私の主張が四度も言及されていたのだ。これは若かった私の自尊心をくすぐる、きわめて満足感のある体験となった。とりわけ、バーリンが主張の一環として、自分は「スピノザとセン」に反論しなければならないと述べたことが、私には嬉しかった（アイザイア・バーリンの言葉を拡大して、研究室の壁に貼ろうかと思ったほどだった！）より真面目な話としては、どこから寄せられた主張でも、真摯に関心を向けるバーリンの姿勢——実際それこそ彼の偉大さの一部だった——に、私はたいそう感服した。しかもこの場合には、デリーで何人かの若いインド人学者によって創刊されたばかりのまったく無名の雑誌に論文が掲載されただけの、彼のまるで知らない若い著者からの反論だったのだ。それが、アイザイアとの長い友情の始まりとなり、私は彼からじつに多くを学ぶことになった。

7

私がますます哲学にかかわるようになる一方で、ピエロ・スラッファは博士論文を提出しなければならないことを思いださせていた。そのころには三年以上が経過していたのだ。博士論文は基本的には、私がトリニティのフェローシップに提出した論文と同じだった（ただし、インドの事例を含んでいた）。当時、トリニティの学寮長だったエイドリアン卿は、私がプライズ・フェローシップに選出された会議の議長を務めた人で、博士論文を提出する私の計画を聞いたあとでやや驚いてこう聞いた。「すでにプライズ・フェローシップがあるのに、本当に提出する必要があるのかね？　それともアメリカ行きを考えているのかね？」どこかの段階でアメリカの大学に行くことには関心はあるけれども、当面はその計画はないと私は彼に伝えた。私がアメリカ行きを検討していると、エイドリアンがなぜ思ったのかはわからない。彼は総じて私にはたいへん親切で、私の選出を強く後押ししてくれたのだと、プライズ・フェローシップ委員会のメンバーから教えられていた。

私のフェローシップの論文を審査した際に、カレッジが意見を求めた二人の審査員、デイヴィッド・シャンパーノウンとニコラス・カルドアが、私の博士論文の審査員にもなると聞いて、私は喜んだ。それなら楽勝だろうと予想し、事実そうなった。しかし、私が予期しなかったことは、博士論文のなかで私が述べたことの一部始終に、シャンパーノウンとカルドアの見解が互いに食い違っていたことだった。二人のうちどちらが勝ったのか私にはわからなかったが、自分の口頭試問でこれが彼らの論争の焦点であったことを喜ばしく思った。

私の博士論文が合格した翌週に、オックスフォードにある出版社、ブラックウェル・パブリッシングの役員の一人であるヘンリー・ショーリックが突然訪ねてきて、完全に書き上げられ、あとは署名するばかりとなった契約書を差しだしたのだ。私の論文を一冊の本として出版するための契約書である。彼はまだその論文を読んでいなかった――見たことすらなかった――ので、信頼してくれたことに私は感銘を受けた。もちろん、私は承諾したが、なすべき作業があった。ピエロ・スラッファはブラックウェル社の申し出を喜んでくれたが、私にこう言った。「今度こそタイトルを変えなければダメだ」。スラッファは「発展計画における資本集約度の選択」という題名を博士論文として（「大学の官吏社会向けに」）登録することは認めていたものの、「今度は君の論文は世界と向き合うことになるんだ」と言った。本当に書名を変える必要があるのか尋ねると、彼はこう答えた。

君の本のテーマを、この題名「Choice of Capital Intensity in Development Planning」から一般の人びとがどう理解するかを考えてみよう。キャピタルというのは、ロンドンのような一国の政府の所在地のことで、ディベロップメントは新しい建物や町区を設立することと理解される。となると、そうだな、この論文はイギリスの新しい建物の何割をロンドンに建設すべきかに関するものとなる。それで合っているかね？

私はすぐさま自分の書斎に戻り、ショーリック氏に手紙を書き、本の題名は「技法の選択」に変えなければならないと書いた（スラッファはもともとそう提案していた）。この本は幸いにも世間の関心を掻き立てることになった。大半はそのテーマゆえだろうと思う。ごく限られたテーマに関するほどほどによい程度の論文に過ぎないのはわかっているので、ブラックウェル社に、これ以上の重版はしないようにお願いしたとき（そのころには第三版が三刷になっていた）、当初の書名であったら、果たしてこれほど売れただろうかと思った。ピエロ・スラッファはほかにも数多くの資質を備えているが、私にとっては、自分を愚かな振る舞いから救いだしてくれると当てにできる友人なのだった。

8

プライズ・フェローシップのおかげで、私はトリニティで昼食も夕食もハイ・テーブル（教員やその他のフェロー専用で、通常は一段高くなっている」で楽しむ機会が与えられた。そこでの会話の多くはごく一般的な内容だったが、ケンブリッジにいてこそ得られるめったにない機会を強調する出来事が何度かあった。好例の一つは、流体力学における推論の基本的な方法を理解しようと試みたことで、しかもこの分野の揺籃期の貢献者――その創始者と言えるほどの――ジェフリー・テイラーとの会話から始まったことだ。彼は自分の舟遊びの体験の興味をそそる話で、私を楽しませてもくれた。もう一つは、核分裂の歴史に関する知恵をもっと付けようとして、やはりその分野の先駆者であるオットー・フリッシュと雑談を交わしたことだった。彼はまた「前の晩の睡眠不足」を補うために翌日の晩はどれだけ余分な睡眠が必要かについて、独自の説も私に伝授してくれた。「たとえば、夜通しダンス・パーティに行ったりしたために」である。

フェローシップが与えてくれた自由を活用して、私はロンドンの友人たち、とくにロンドン・スクール・オヴ・エコノミクスに在学中の仲間や、デーヴァキ・スリーニヴァーサンなどの旧来の友人を含む、オックスフォードの友人たちも訪ねた。オックスフォードには英文学を勉強していたジャショドラ・（ロトナ・）シェングプトもいた。彼女の父親が私の母のいとこであり、親戚だった。彼女は、経済学専攻のトリニティの優秀な学生で、やはりプレジデンシー・カレッジからの留学生だったオミヨ・バクチと仲良くなっていて、のちに彼と結婚した。私たちはよくオックスフォードかケンブリッジで一緒に会っていた。

ジャショドラを通じて、私はプリヤ・アーダールカルと知り合うようになった。彼女は私のケンブリッジの友人ディリープ・アーダールカルの姉妹だった。プリヤは驚くほど知的で創造力もある魅力的な若い女性で、人間関係をめぐる勘が鋭かった。私はそうした方面が欠如していたので、彼女と一緒に過ごしたことはさまざまな面で私を豊かにした。『ニューヨーカー』紙のコラムニストとして初めに名を成したヴェッド・メヘタは、自伝のなかでオックスフォード時代にプリヤに惚れていたのに、私が障害になっていたと書いていた（プリヤ自身のその趣旨の発言すら引用されていた）。私たちの関係は曖昧なものだったため、互いに距離を置いたほうがよいことが明らかになったが、たとえそれが正しい判断だったとしても、私にとっては大きな痛手となった。後年、プリヤは優れた戯曲家のヴィジャエ・テンドゥルカルと、彼の劇を翻訳することを含め、一緒に仕事をするようになった。彼女の多才さは、出版、翻訳、芝居の創作など多方面で花開いた。

9

ここで私の最初の、またいまのところケンブリッジの規則に触れた唯一の出来事を書きとめておくべきだろう。叱責の仕方について何かしら教えてくれた一件で、かなり教育的な出来事だったと私が思ったものだ。カルカッタからトリニティに戻ってから、さほど日が経たない時期に、私は社会的な責任とカレッジの規則のあいだで葛藤する難しい選択に直面した。ある晩遅くに、友人のマイケル・ニコルソンの恋人のクリスティーンが彼に会うために不意にケンブリッジに現われたのだ。二人は結婚式の詳細を詰めていたのだと私は思う。あれこれ手を尽くしたにもかかわらず、マイケルはケンブリッジ市内にはクリスティーンが泊まれるホテルの部屋を見つけられなかった。だが、カレッジの規則には、当時まだ男子校であった学寮内の自室に、女性を宿泊させることは誰も（学寮長を除いて）許されないことが厳密に明記されていた。

マイケルはそのころ大学院生だった。フェローであっても、関連の規則に何ら違いはなかったが、万一見つかった場合に、私のほうが彼よりも処罰が軽いだろうということになった。トリニティのニューコートで私が住んでいた宿舎の階下の空き部屋にクリスティーンが泊まれば、たとえ発見されても、彼女がマイケルの部屋で見つかった場合に彼が巻き込まれるよりは少ないトラブルで済むだろうと、私たちは考えた。そこで、クリスティーンは私の宿舎のビリヤード室（そこには偉大な数学者のG・H・ハーディのビリヤード台があったのでそう呼ばれていた）に予定どおりやってきた。計画では、夜明けにトリニティの裏門が開いたらすぐに、クリスティーンはこっそりとジ・アヴェニューを通って川を渡り、裏門へ向かうことになっていた。二階に寝に行ったとき、マイケルとクリスティーンが盛んにおしゃべりをしているのが聞こえ、クリスティーンは面倒を引き起こす前に起床できるか、私はどんどん悲観的になっていた。

あいにく、室内清掃員が彼女を見つけてしまった。マイケルがまだ彼女と一緒にいたとは思わないが。その数時間後に私が目を覚ますと、清掃員は厳しい口調で私に、トリニティの規則のこの重大な違反はすでに大学当局に報告済みだと告げた。そのため、私は友人であり助言者でもある歴史家で、非常に経験豊かなフェローのジャック・ギャラガーに相談し、次にどういう事態になると思うか聞いてみた。副学寮長のサー・ジェームズ・バトラーが私をきつく叱ると思うと彼は言った。そのため、私は最悪の事態に備えた。

何週間も、そのまた何週間も、まったく何事も起こらなかった。ある日、この一件についてほとんど忘れかけていたころに、バトラーからトリニティでの昼食後に一緒にフェローズ・ガーデンに散歩に行かないかと誘われた。普段であれば、ぜひとも行きたいところだが、その午後は図書館に行く予定があると私は彼に伝え、別の日に散歩をご一緒できないだろうかと聞いてみた。サー・ジェームズは私をたいそうじっと見つめて、こう言った。「セン、君がいまフェローズ・ガーデンを一緒に散歩してくれれば、個人的に無理にお願いを聞いてもらったと私は考えるだろう」。そこで私は言った。「そうであれば、もちろんお伴します」。ジ・アヴェニュー沿いに川を渡りながら、バトラーは周囲にある背の高い木立の樹齢を知っているかと私に質問した。私が知らないと答えると、彼は教えてくれた。フェローズ・ガーデンではあれこれの植物について彼は質問し、それらが何か知っているか私に尋ねた。私が知らないと言うと、彼は教えてくれた。

帰り道に、カレッジの近くまでくると、バトラーはカレッジで暮らしていたあるフェローについて話をした。彼の妻は近くのポーチュガル・プレイスのアパートに住んでいた。この老齢のフェローの死期は近づき、あとせいぜい二日の命であることが明らかになると、最後の一日か二日を妻とともにカレッジで過ごせないだろうかと彼は許可を求めた。サー・ジェームズはそこで私に聞いた。「彼の依頼について、カレッジはどう判断したと思うかね、セン?」「同意せざるをえなかった、と思います」と、私は言った。「とんでもない」と、バトラーは言った。「その依頼は却下されなければならなかったよ、もちろん」。それから彼は話題を変えた。ジ・アヴェニューを通って帰り、バトラーから木々についてまたあれこれ教わりながら、私は自分がきつく叱られたことを知った。教育というのは、いろいろな形でなされるのだと、私は思った。

第22章　ドッブ、スラッファ、ロバートソン

1

トリニティのプライズ・フェローとして私が負っている義務は、自分自身が選んだ研究をすることだけだった。しかし、一つにはジャドブプル大学での経験から、私は教えることはそれ自体じつに楽しいだけでなく、自分の研究を補う素晴らしい方法にもなりうることを理解するようになっていた。そのため、経済学を専攻する何人かのカレッジの学生の研究を指導してはどうかというトリニティ側の提案を、私はすぐさま受け入れた。

講義をしてみたいかとも聞かれた。この提案にも惹かれたので、私は経済学の助講師の職に応募し、採用された。私は経済の原則に関する初歩的な講義を何度か行なったほか、ジェームズ・ミード教授とも組んで講義を受けもった。ミードはじつに洞察力に富む、主流派の素晴らしい経済学者で、一九五七年にロンドン・スクール・オヴ・エコノミクスからケンブリッジへ移ってきて、デニス・ロバートソンの後任として政治経済学教授（もともとアルフレッド・マーシャルが保持してきた経済学の上級教授職）になった。私はミードが経済学理論の総合的な講義をしたあと、共同で授業を実施した。

私たちは主流派経済学が生みだす分析上のやっかいな問題について数多く論じ、もちろん学生からの質問にも対応した。こうした質問はしばしば非常に面白いものになった。

私は投資計画に関する若干の講義も行なったが、これは技法の選択に関する私の研究と関連するものだった。光栄なことに、スコットランドからトリニティに〔院生として〕きたばかりのジェームズ・マーリーズも、こうした講義を受けてくれた一人だった。マーリーズがケンブリッジに入学したことは大きな出来事だった。その頭脳明晰さは、いつの日か彼が間違いなく経済学を背負って立つ人になると思わせるものがあったためで、後年、彼はまずオックスフォードで、続いてケンブリッジでまさしくそうなった。マーリーズは、最適な政策のために何が必要かについての私たちの理解を変える研究を生みだしただけでなく、イギリスの主要な経済学者となる人びとを数多く育てた。

講義を聴いてもらったことで励みになったもう一人は、ハーヴァードからのスティーヴン・マーグリンだった。最前列に座って、じつに深い洞察力と独創性をもって質問してくる彼に、私はたいそう感銘を受けた。彼が学部教育を終えたばかりだとは信じがたかった。彼はハーヴァードの学士号の一環として、優れた卒業論文を書いていた。これは投資判断を下すための手順の定説を、なかでも投資の順序に関した説を覆すものだった。彼もまた親しい友人になった。

2

若い講師として、私はデニス・ロバートソン、モーリス・ドッブ、ピエロ・スラッファと共同してトリニティで教えることに興奮していた。三人は私の先生だったので、それまではあまり話したことがなかったが、同僚となって初めて彼らを本当によく知るようになった。

ロバートソンは、ドッブやスラッファに比べて、私自身の研究とはあまり密接にかかわっていなかったが、ケンブリッジにきた最初の年から、彼のことはそれなりによく知っていた。彼がトリニティにいたからだけでなく、いつでも親しみやすく、喜んで話をしてくれたからだ。ロバートソンはとりわけ私の好奇心を掻き立てた。というのも、同世代の大半の経済学者とは異なり、彼は功利主義倫理学に問答不要の忠誠心を抱いていたからだ。彼は〔経済学では〕精度を高めることに重点が置かれ過ぎていると考え、たとえ一対一で多様な人びとの効用を明確に突き合わせることが難しくても、何ら問題なく社会厚生について良識をもって判断は下せるのだと考えていた。ロバートソンは本能的に貧しい人びとに共感する人だったが、経済的平等が根本的に失われている場合には、公共政策に圧倒的な重要性があることを彼に説得することはできなかった。

ロバートソンは良識ある功利主義的な根拠から、非常に貧しい人びと――たとえば慢性的な失業者――のために余分な収入を確保することを、公共政策の重要な目的とすべきことは受け入れていたが、社会の主要な目標として平等主義を追求することには、あまり情熱をもっていなかった。そのような目標は、効用の個人間比較への彼自身の信念をもっと活用すれば追求できただろうが、彼は衡平と正義を目指して根本的に政策転換を考えることには、とくに熱心ではないようだった（効用を個人間で比較すれば、収入はどんどん増えても、人の総合的な効用を増やすには効果的でなくなる）。彼にアルフレッド・マーシャル（当時主流の「ケンブリッジ学派」の指導者）について語らせるのは簡単だったが、トリニティのより急進的な思想家、ヘンリー・シジウィックの思想について彼を議論に引き込むのは、功利主義的な関心事を共有しているにもかかわらず、難しいと思った。

社会正義の経済学について、シジウィックは大いに語っていたが、ロバートソンが興味を示さなかったのは、マクロ経済の工学的側面とでも呼ぶべきものに彼が深く関心をもっていたことと関係するかもしれない。実際、経済学者としての彼の名声は、主として実際的なマクロ経済で彼が果たしたいくつかの貢献に関連するものだった。経済のなかの国民所得、投資、貯蓄額、雇用総数など、経済規模の総計を決めることに取り組むものだ。彼がトリニティのフェローシップに応募するために書いた論文「産業変動の研究」は、第一次世界大戦で自分が――何かするとすれば――どんな役割を果たすべきかをめぐって彼が動揺していたさなかに書かれたもので（彼は平和主義者だったが、最終的に入隊した）、好況と不況につながる経済プロセスの分析に素晴らしい貢献をしていた。

ロバートソンの研究は、ジョン・メイナード・ケインズもやはり追究することになる多くの考えを探求するものだった。彼らは実生活においても親しい間柄で、どちらもアポスルとして積極的に活動していた。二人は似たような問題を研究し、似たような経済関係を研究し、互いに年中、意見を交換し合っていたので、ロバートソンが次のように述べたのも無理はなかった。すなわち、ケインズとは「じつに多くの議論を重ねた」ので、「私たちはどちらもそうした考えのうち、どれだけが彼ので、どれだけが私のか、いまではわからない」のだと。[1] その親しさは、ロバートソンとケインズの個人的な関係を、かなり問題をはらんだものにした。ケインズはもちろん、きわめて名を馳せるようになり、ロバートソンはそうならなかったので、二人の研究の重なり合いを考えれば、ロバートソンはそのことをやや不当だと思ったかもしれない。学生のころ、私は二人のそれぞれの研究で、どちらが先行していたのか確かめようと時間を費やしたことがあった。だが、これは非常に難しい作業となり、最終的に私は、双方の研究を区別しようとしてもそれはできないと言ったロバートソンの言葉は正しいと認めた。

3

経済学者をカテゴリー別に分ければ、ロバートソンは間違いなく保守的だった。彼は革命が好きではなく、それに関してはモーリス・ドッブに任せるとしていた。だが、実際には彼は、ドッブが革命好きかどうかも疑っていた。「モーリスは知ってのとおり、混乱のない平和な世界が好きなんだ」と、ロバートソンは私に言った。ドッブの本能的な好みを明らかにした点では、ロバートソンは正しいのだろう。だが、ドッブが「熟考のうえで」政治的に選ぶものはそうではない、と私は思う。

デイヴィッド・シャンパーノウンの家で、ロバートソンと共にした最後の夕食のことは忘れられない。私は二日後にはインドへ一カ月ほど帰省することになっていた。ロバートソンはこう言った。「なあ、アマルティア、知っているかい？《フクロウと猫》の正しい節回しを誰も知らないんだ。私は祖母に教わってね。どの部分も忘れないよう、努力しているんだ」。私はこう応じた。「聞いてみたいですね」。すると、デイヴィッドも私と一緒になって歌をリクエストした。そこで、ロバートソンは歌った。それが終わると、彼は言った。「私が死んだら、誰も《フクロウと猫》の正しい調べを知らなくなるだろう」。その二日後に、私はインドへ発った。ロバートソンが私に最後に言った言葉は、「戻ってきたら、また議論を続けよう」だった。私にとって不平等を減らすためにきわめて重要だったことに関して、互いの意見が食い違っていたことに、彼は言及していたのだろうと思う。私たちは数年にわたって、その問題についてときおり議論を続けていた。

一カ月後に空港から帰ってくる途中で、私はキングスクロス駅でケンブリッジ行きの列車にもう少しで乗り遅れそうになり、プラットフォーム沿いを走らなければならなかった。同じコンパートメントに長年の友人で、ケンブリッジの経済学の教師の一人であるマイケル・ポズナーを見つけたとき、私はまだ息を切らしていた。彼はすぐさま、デニス・ロバートソンが亡くなったのを知っているかと聞いてきた。私は悲しみで胸がいっぱいになった。六〇年を経たいまでも、デニスがいないことが寂しい。そして、フクロウと猫について考えると、懐かしさが込みあげてくる。

4

モーリス・ドッブは、カルカッタで経済学を学び始めたときから私のヒーローだった。マルクス主義者であることが、ドッブをとりわけ魅力的にしていた。私もやはりマルクスの思想には強く関心があったからだ。彼は一九七六年に他界するまでイギリス共産党員であり、ソ連や東欧での出来事の報道に悩まされたときも党にたいする忠誠は変わらなかった。共産党がしばしばあまりにも独善的だと彼が考えていたことは確かだったし、大学の支部の別の党員から、会合でドッブはかなり頻繁にその線に沿った発言をしていたと聞いた。ドッブは無秩序になることを望んではいないという点で、デニス・ロバートソンは正しかったし、私の友人のジャック・ギャラガーなどは、一九一七年一〇月に赤の広場で演説をする〔という想定の〕ドッブのおかしな真似をして見せた。演説はドッブのこんな言葉で始まる。「同志たちよ、時は熟していない」

カルカッタでドッブが一九三七年に刊行した『政治經濟學と資本主義』を初めて読んだとき、私がいかに圧倒されたかは第13章で触れた。なかでも、そこに含まれていた「価値論の必要条件」と題された小論に、私は驚嘆した。そのなかでドッブは、価格決定の理論とは別個のものとして、価値論の重要性について論じていた。労働価値説と効用理論はどちらも、価値論の重要な事例であって、それらをただ価格理論にたどり着くまでの中間的な産物だと見なしてはいけない（主流派の経済学者はそのように見なしがちだったが）と、ドッブは主張した。そうではなく、それぞれの理論の独自の重要性ゆえに、関心をもつべき理由のある豊かな記述と見なすべきなのだった。

若いころに読んだドッブの作品から私が引きだした決定的なことは、綿密に精査した記述経済学の重要性だった。それは人間社会にたいする基本的な関心において、私たちを啓発するものであり、単に価格の予測を助ける以上のものとなりうるのだ。経済学がごく狭い範囲の問題へと、すなわち、特定の経済規模をどれだけ容易に予測できるかという、かならずしも重要でないことに主として専念する方向へ、着実に進みつつあるように思われることに私はいらだっていた。モーリス・ドッブは私には、この傾向に対抗して揺るぎなく立ち向かっているように思われた。私は学部生時代の二年目にようやくドッブの学生の一人になったが、それよりずっと以前から彼のもとを定期的に訪れては、長く話し込むようになっていた。

カルカッタにしばらく帰ったのちに、一九五七年にプライズ・フェローとしてトリニティに戻ると、私は彼との定期的な雑談をまた続けるようになった。経済学における優れた洞察力に加えて、ドッブがいつもたいへん親切な人であることに私は感動した。彼はいつでもほかの人を助けるために、ことさら尽力していた。私たちが話をするときは、よく紅茶をいれてくれたのだが、彼は蓋の割れた古いティーポットを、とくに新調することもなく使いつづけていた。のちにティーポットそのものが壊れたとき、室内清掃員が親切にも彼のために新しいティーポットをプレゼントし、それを手渡してこう言ったのだと、ドッブは私に語った。「ミスター・ドッブ、あなたが蓋はお好きでないのを知っているので、蓋は捨ててしまいました」。私は彼に、蓋なしティーポットの来歴をその室内清掃員に説明したのか尋ねてみた。「いや、もちろんしなかったよ」。そのため、彼は私が記憶する限りずっと、蓋なしポットで紅茶をいれつづけていた。

5

トリニティの学部生時代を通して、ピエロ・スラッファに私の研究指導者《ディレクター・オヴ・スタディーズ》になってもらえたのは幸運だった。彼は私を指導教官《スーパーヴァイザー》たち――それぞれ別々の時期にモーリス・ドッブ、ジョーン・ロビンソン、ケネス・ベリル、およびオーブリー・シルバーストン――のもとへ私をしっかり送り込んだが、いつでも話したいときに、自分のところへくるようにと促してもくれた。そこで私は、(第16章で)前述したように、そのとおりにして、彼をもう一人の指導教官のように扱っていた。ほどなくして、スラッファがじつに多岐にわたる話題――経済学からヨーロッパの政治の伝統からコーヒーのいれ方まで――について雑談するのを楽しむ人であることが私には明らかになった。また、この驚くほど独創的で詮索好きの知識人が、野心的な共同作業にほかの人と一緒に取り組むのを楽しむことも知った。

プライズ・フェローになり、その後、カレッジの講師になったのちに、私は一九五八年から六三年にかけてスラッファと一緒に過ごす機会がずっと多くなった。私たちはほぼ毎日、昼食後に長い散歩に出かけ、よくケンブリッジから数キロ先のコトンまで出かけた。何よりも、私はイタリアでアントニオ・グラムシや『オルディネ・ヌオーヴォ』誌関連の人びとと研究した日々が、彼にとっていかに重要であったかに気づかされるようになった。これはファシズムの脅威に抵抗し、イタリアで急進的な社会改革を成し遂げることを目的とした左翼雑誌だった。同誌はグラムシが一九一九年に立ちあげ、その編集者になっていた。スラッファはこの雑誌に定期的に執筆しており、一九二一年には編集委員会に加わったが、一九二〇年代後半にファシストから迫害されてイタリアを離れなくてはならなくなった。一九二七年に渡英するころには、彼はイタリアの左翼の知識人社会で一目置かれる人物になり、イタリア共産党にも近い――ただし党員ではない――存在になっていた。

6

スラッファが出した著作はわずかしかないが、それでも多方面にわたるいくつもの知的探究に多大な影響をおよぼしていた。彼が執筆を渋ることをめぐっては、さまざまな逸話があった。ケンブリッジに入学したころ、日頃、静かで落ち着いたニコラス・カルドアが掛かりつけの医師に、「水虫」になりかかっているのではないかとこぼした話を私は聞いたことがあった。自分の患者を熟知していた医師は、それは「ミスター・スラッファが書痙《しょけい》になるくらい、ありえない」と述べたという〔水虫は長時間、靴のなかで汗をかくと発症しやすいため、英語ではアスリーツ・フット、運動選手の足という。書痙は英語ではライターズ・クランプ、文筆家のけいれんと言い、字を書こうとする指が震える症状で、職業病でもある〕。

実際には、スラッファは「出版けいれん」とでも呼ぶべきものに罹《かか》っていた。大半はイタリア語とはいえ、彼は経済学、哲学、政治学の多様なテーマについて、大量のメモを書いていたからだ。これらのメモはときおり私たちの会話のなかでもちだされていた。それらを選んで——本格的な編集作業を経てから——出版物にするアイデアが彼に浮かんだのではないかという印象を私はもった。あるとき私はスラッファに、彼がなぜデイヴィッド・ヒュームをそれほど好いているのか尋ねたことがあった。彼によると、ヒュームについては、以前に匿名で刊行した出版物があるほか、関連した長いメモがあるのだという(2)。これらの未発表の著作物は、トリニティのレン図書館に保管されている。

スラッファは経済学と哲学の双方に多大な貢献をしたほか（これについてはすぐ詳述する）、モーリス・ドッブとともに、デイヴィッド・リカード全集の決定版を編集する作業に、重要な貢献も果たしていた。これは一九五一年から刊行され始めた全一一巻からなるもので、一九五三年に私がケンブリッジに入学した際に、すでに盛んに議論されていた。最終巻の「総索引」は一九七三年に刊行された。索引自体は驚くほど詳細で注釈がついており、スラッファとドッブが一年がかりで制作に当たっていた。ケネス・アローがケンブリッジを訪問してスラッファに会おうとした際に、リカード全集の索引を準備するのに多忙で誰にも会わないと言われてがっかりしたと私に言っていたのを覚えている。アローは私にこう言った。「驚かないかい？　索引なんて、どこにも行く当てのない雨の日曜日にやるようなものじゃないのかい？」あれはそのような類いの索引ではないのだと説明して、スラッファの弁護を務めたが、アローはまったく納得していなかったと思う。

7

経済学では具体的に言えば、スラッファの研究から生まれた主要な洞察もしくは考えが少なくとも三つある。一点目は、一九二〇年代に示されたもので、市場の結果が完全な競争均衡から生じるものだと解釈する主流経済学では一般的な慣行が、重大な内部矛盾をはらむかもしれないというものだ。というのも、規模にたいする収穫が一定（もしくは逓増《ていぞう》〔しだいに増加〕）である場合、完全な競争均衡は保てないからだった。競争市場は、売られている財の価格が上がらない限り、企業が無限に売り上げを増しつづけられることを保証する。また、規模に関する収穫が一定もしくは逓増の場合は、財を生産する単位原価は、変化するとすれば、下がることになるだろう。したがって、拡大を阻むものは何もない。これは、市場競争の真っ只中に独占の要素が存在する事実を認めざるをえないことを示していた。アルフレッド・マーシャル（当時主流の「ケンブリッジ学派」の指導者）や彼の信奉者（デニス・ロバートソンもその一人だった）が率いる主流派経済学が示しつづけた壮大な理論では受け入れられない考察である。

スラッファはこのように、定説となった価格理論の基礎に手の施しようのない欠陥があることを示したのだ。彼の小論はまずイタリア語で発表されたが、その英語版は一九二六年に『エコノミック・ジャーナル』に掲載され、即座に反響を引き起こした。デニス・ロバートソンはマーシャルの理論の弁護を試みたが、最終的にスラッファがこの論争に勝ったことを認めた。スラッファの分析に続いて、とくにジョーン・ロビンソンとエドワード・チェンバリンが多くの新しい論文を発表し、「不完全競争」と「独占的競争」の特性が探究された。

　第二の重要な貢献は、より専門的な推論が関係するもので、数値で表わされる生産の一要素としての資本という一般に用いられている概念が、ひどく幻想的なもので、それ自体が（非常に特殊な仮定をしない限り）矛盾を生みだすことをスラッファが示した点と関連する。生産の技法は、より「資本集約的」かどうかという観点からランク付けることはできない。資本集約度は金利に左右され、金利が全体的に上がると、相対的なランク付けがたびたび逆転しうるからだ。この証明は、「多切り替え《マルティプル・スウィッチング》」という魅力的な名称で知られる。そのため、資本の寡多に関する考えは混乱したものになり、資本を生産の一要素として扱うことが難しくなる。また、このことは主流派経済学で生産要素が果たすはずの役割とはかなり異なっている。同様に、主流派経済学は資本を生産要素として扱うため、その相当部分で深刻な不一致が生じる。

　第三の貢献は、より建設的なことで、進行中の全生産活動を（すべての投入物・産出物を含め）、任意の金利（もしくは任意の賃金率）とともに総合的に記述すれば、どんな商品でも市場価格がいくらになるかを示すうえで、数学的に充分であることをスラッファが示した点だった。私たちは商品の価格を割りだすのに、その商品の需要状況を知る必要はないのである。このことは、スラッファが一九六〇年に出版した『商品による商品の生産』〔邦訳は有斐閣〕という短い本で、その他の見解とともに整然と、じつに巧みに示されていた(3)。

　これは優れた分析結果だが、この三つ目の貢献は、スラッファが主張したこと以上のものとして見なさないよう注意する必要がある。新古典派経済学理論の批評家には、スラッファの証明を因果的価格決定において需要状況の過剰さを表わすものと考えようとする傾向が強く見られる。ジョーン・ロビンソンは、この不当な飛躍をした唯一の評者ではなかったが、彼女はそれを最大限に活用していた。

［……］生産のための一連の専門的な方程式と、経済全体で均一の、現実の賃金率を与えられれば、均衡価格の決定で需要方程式が入り込む余地がなくなる。(4)

これは、残念ながら真実ではない。スラッファの手法における計算全体が、任意の、かつ実際に目にした生産状況について行なわれているため（経済の生産活動のスナップ写真のように、投入物も産出物もすべて決めて）、需要状況が変わればどうなるかという疑問――そうなればもちろん、当該の商品の生産が異なるレベルになりうる――は、この例題では何ら検討されていないのだ。数学的な決定（つまり、私たちが計算できること）を因果的決定（つまり、何が何を決めるのか）だと解釈する傾向は、このように大きな誤解を招きうる。

私たちがスラッファから得たことは、充分に大きい。賃金率（もしくは代わりに利益率や金利）さえ決まれば、生産関係から価格理論に行き着くのだ。任意の生産形態――それこそ、商品による商品の生産の形態――には、利益率と賃金率のあいだに明らかに計算できる関係が、それどころか直接的な関係があるのだ。一つが決まれば、そこからもう一方も得られるのだ。これは、ほとんど階級闘争の写実的描写のようなものであり、モーリス・ドッブが述べたように、階級関係の経済学の素晴らしく洞察力に満ちた描写なのである。

スラッファの本には「経済理論批判序説」という副題がある。明らかに彼としては、同書が主流派の経済学理論にたいするもっと全面的な批判につながることへの期待があったのだろう。だが、彼が本気でそのような批評を書くことを計画していたとは思わない。彼は間違いなく、自分がすでに書いたことをほかの人がどう広げていくかは、非常に関心をもっていただろう。私はこの本が出版されるずっと以前に、原稿を読ませてもらうという幸運に恵まれていた。実際には、執筆中の段階でモーリス・ドッブと私が読んでいた。スラッファはトリニティの彼の部屋で、夕食後にだけそれを許されており、そその間、スラッファは（天井の照明が視界に入らないようにするため、緑色の目庇《まびさし》をかぶりながら）『ル・モンド』や『コリエーレ・デラ・セラ』などの新聞を読むのだった。私が原稿から目を逸らすと、彼はすかさず質問するのだった。「なぜ中断した？　何か書いてあることが気になったのかね？」これは私にとって興奮するとともに、骨の折れる経験だった。悲惨でかつ、同時に感激させられるものだ。

スラッファの短い本は、ただその後に書かれたかもしれない批評の序説——彼が言うことを明確に解釈するとすれば——というだけではなく、それ自体が目から鱗が落ちるような内容だった。だが、ほかの人びとはスラッファの考えを利用して、さらなる問題を探究した。ルイジ・パシネッティとピエランジェロ・ガレニャーニがとくにそうだが、ハインツ・クルツ、クリシュナ・バーラッドバジャ、ジェフリー・ハーコート、リチャード・デイヴィス、アレッサンドロ・ロンカリャ、アジート・シンハなどもやはり取り組んできた。パシネッティはまた、スラッファの研究とケンブリッジのケインズ派の研究のあいだの関係について多方面にわたる解説も書いた。

8

スラッファの経済思想に私は大いに関心をもったが、それ以上に、彼の哲学思想に私は魅了された。私が初めて会ったころには、彼はすでに現代哲学に、なかでも英米の哲学に決定的な発展を引き起こすうえで一役買っていた。すなわち、ルートヴィヒ・ヴィトゲンシュタインが草分け的な著書『論理哲学論考』で示した初期の立場を否定し、『哲学探究』で発表されたのちの哲学を展開させることになった重大な出来事である。

若いころバートランド・ラッセルの教え子だったヴィトゲンシュタインは、一九一三年にトリニティとケンブリッジを離れたころには、すでに世界最高の哲学者の一人としての評判を確立していた。一九二九年一月に（スラッファ自身がケンブリッジに赴任した直後に）戻ってきたときには、彼はさらに有名になっていた。『論理哲学論考』が主張した言説の論理構造の恐るべき要求は、哲学界で広く知られ、きわめて大きな影響力をおよぼした。

ヴィトゲンシュタインの並外れた評判を考えれば、彼が戻ってきたことはケンブリッジではかなりの事件だった。ジョン・メイナード・ケインズはすぐさま妻のリディア・ロポコワに、天才哲学者の帰還について書き送った。「さて、神はやってきたよ。五時一五分の列車で会った」。ケンブリッジは沸き返った。『論理哲学論考』の結語は有名な命令文で、いい加減な言葉で話すのを即座にやめさせるのに充分なほど厳格なものだった。「語りえないことについては、沈黙しなければならない」。スラッファはヴィトゲンシュタインの命令文が下した要求に異論はなかったが、ヴィトゲンシュタインの厳格な決まりに従わなくても、申し分なくよく話し、語り合うことはできると主張した。

『論理哲学論考』では、ヴィトゲンシュタインは、「意味の写像理論」とも呼ばれる手法を用いた。文章というのは、状態を写像のように表現するものだと見なす手法である。ここには、一つの命題とそれが表現するものは同じ論理的形式を取らねばならないという――やや単純化し過ぎるきらいがあるが――一つの主張がある。スラッファはこの哲学的な立場はまったく間違っている、それどころかばかげているとすら考え、ヴィトゲンシュタインと頻繁に話をするなかで、その間違いを納得させようと試みた。人は互いにこのように対話するわけではないし、そうしなければならない理由もないと、スラッファは主張した。私たちは、大半は言外に、ほかの人びとも知る意思伝達の決まりに従って語っているのであって、それらの決まりがヴィトゲンシュタインの主張するような論理的形式である必要はないのである。

広く知られていた逸話によると、意味のある意思伝達をするには、厳密に規定された論理的形式が必要だというヴィトゲンシュタインの主張への疑念を、スラッファは指先で顎を撫でながら伝えたという。疑念を表わすこのナポリ風のジェスチャーは、ヴィトゲンシュタインには明らかに充分に理解されていたので、スラッファはこう尋ねた。「この意思伝達の論理的形式は何かね?」この一件について私がスラッファに聞くと、その逸話は完全な作り話ではないとしても（「そのような特定の出来事は覚えていない」）、実際に起こったことではなく、むしろ教訓話のようなものだと彼は主張した。「ヴィトゲンシュタインとはあまりにも年中、あまりにも多くの議論をしたので、私の指先がそれほど語る必要はなかったよ」と、彼は言った。しかし、この逸話はスラッファの問いが発した威力と、『論理哲学論考』の哲学にたいする彼の懐疑心の本質を鮮やかに表わすものだ（もちろん、言語と表現の双方に関して、社会的慣習がいかに意思疎通をはかるかを理解する一助にもなる）。

ヴィトゲンシュタインはのちに、やはりトリニティにいた著名なフィンランドの哲学者のイェリ・ヘンリク・フォン・ヴリクトに、一連の会話でいかに「枝をすべて切り落とされた木のような」気分になったかを語った。彼にとっては明らかに由々しいことだったのだ。スラッファの批判は実際には、当時、ヴィトゲンシュタインが直面していた唯一の批評ではなかった。ケンブリッジの若い数学の天才フランク・ラムジーも別の批評を書いていた。ヴィトゲンシュタインは『哲学探究』の序文のなかでラムジーに感謝しているが、「この大学の教師であるP・スラッファ氏が長年、絶え間なく私の思想を訓練してくれた」批判に、「さらなる」恩義を感じていると書き記し、「この本の最も重要な考えにたいするこの刺激に恩義」を感じていると付け足した。スラッファの批評について語りながら、ヴィトゲンシュタインは友人（ケンブリッジの別の哲学者のラッシュ・リーズ）に、スラッファから教えられたなかで最も重要なことは、哲学的な問題を見る「人類学的な方法」なのだと語った。

ヴィトゲンシュタインの作品は「前期ヴィトゲンシュタイン」と「後期ヴィトゲンシュタイン」に分けることが慣例となっているが、その二つの時期を明確に分けるのが一九二九年だった。『論理哲学論考』は言語を、それが使われる社会的状況から切り離して見ることを試みたが、『哲学探究』は発せられた言葉に特定の意味を与える慣習と決まりを強調する。「日常言語学派」として知られるようになるものと、この視点との関連は容易に見てとれる。この学派は、ヴィトゲンシュタインが意思伝達の理解を変えたのちの時代に盛んになった。

指先で顎を撫でるナポリ風の習慣から伝えられる懐疑心は（たとえ撫でているのがトリノ生まれでトスカーナ地方のピサ出身者あっても）、ナポリ界隈では決まりや慣習――「暮らしの流れ」――の一環と見なされるかもしれない。『哲学探究』では、ヴィトゲンシュタインは人びとが言語やジェスチャーの意味をどう学ぶかを表わすのに、「言語ゲーム」という言葉を使っていた（もちろん、実際の言語にはそれよりはるかに多くのことが含まれるのだが）。

9

スラッファは自分の考えが、私たちの時代を代表する哲学者と言われる人に与えた影響に感激していたのだろうか？　いつもの午後の散歩をするなかで、私は彼にその質問を一度となくしたことがあるが、彼は、いや、そんなことはない、と答えた。畳みかけると、自分が指摘していた点は「かなり明白」だったと説明した。

一九五三年に私がトリニティに入学したころは、まだヴィトゲンシュタインが亡くなって間もない時期だったが、この二人の友人のあいだには何かしらの亀裂があったのだろうと感じられた。私の質問に答えながらも、実際に何があったかを詳細に語るのをスラッファは何よりも渋った。「彼と定期的に会話をするのはやめなければならなかった。何と言うか、飽きてしまったんだ」というのが、私が知りえた最も近い回答だった。しかし、その出来事についてレイ・モンクが、ヴィトゲンシュタインの伝記のなかで書いていた。

> 一九四六年五月に、ピエロ・スラッファはもはやヴィトゲンシュタインと会話を続けるのを望まなくなり、ヴィトゲンシュタインが論じたがっていた問題には、もう自分の時間と関心を向けることはできないと告げた。これはヴィトゲンシュタインには大きな打撃となった。彼はスラッファに、たとえ哲学的な話題から離れることを意味しても、毎週一度の会話を続けてくれと懇願した。「何の話でもするよ」と、ヴィトゲンシュタインは言った。「そうだな」と、スラッファは答えた。「ただし、君のやり方で[5]」

スラッファとヴィトゲンシュタインとの友情には、謎に包まれた多くの特徴がある。対話や議論をこよなく愛するスラッファが（私は幸運にもその恩恵をこうむった）、二〇世紀最高の頭脳の一人と語ることを、どうしてそれほど渋るようになったのだろうか？　それ以上に、ヴィトゲンシュタインにとってそれほど重要だったその会話が、現代の哲学にとってそれほど重大な意味合いをもつことになったものが、トスカーナ出身のこの若い経済学者にはどうして「かなり明白」なことに思われたのか？

これらの疑問の確かな答えを、私たちが知ることはないのだろう。さらに関連した問題もある。スラッファはなぜ、ヴィトゲンシュタインとの会話の奥深さや目新しさについて、それほどまでに語らなかったのだろうか？　この答えの一部は、ヴィトゲンシュタインにとって新たな知恵に思われたものが、『オルディネ・ヌオーヴォ』紙に関係したイタリアの知識人社会では、日常の議論のテーマだった事実にあったのだろうと私は思う。これには、意思伝達の決まりのいわゆる「人類学的な」側面も含まれていた、と私は推測する。それでも、スラッファがヴィトゲンシュタインに伝えた疑念の衝撃は、主流派哲学で分析的な考え方を大々的に生みだす結果となり、いわゆる「日常言語学派」を復活させたのである。スラッファの批評から生みだされた創造性は、いくら強調しても足りないだろうと私は思う。

10

スラッファの書いたものを読み、彼と会話を続けたことで、私はアントニオ・グラムシが哲学におよぼした基本的な貢献にたどり着いた。一九二七年一月にジョン・メイナード・ケインズがスラッファに手紙を書き、ケンブリッジ大学が彼に講師職を提供したい旨を伝えたころ、グラムシはその前年一一月八日に逮捕されたばかりだった。刑務所で、とりわけミラノで悲惨な経験をしたのち、グラムシはほかの何人もの政治犯とともに、一九二八年の夏にローマで裁判にかけられた（「二〇年間はこの頭脳の機能を停止させなければならない」と、検察官は陳述のなかで述べ、その言葉自体もそれなりに有名になった）。グラムシはその後、〔南イタリアの〕バーリから三二キロほど内陸に入ったトゥーリの刑務所に送られた。そこで一九二九年二月から、グラムシは小論文やメモを書く作業にかかり、それらがのちに彼の『獄中ノート』〔未邦訳〕（イタリアでは一九五〇年代に出版され、一九七一年に英訳された）として有名になった(6)。

グラムシが書いたメモは、彼やスラッファや、その仲間たちが何に関心をもっていたかを知るための窓を、見事に開けてくれる。彼らは実際の政治にじかに深くかかわっていたが、目先の政治を超えた概念の世界もまた彼らの関心の的だった。収監されているあいだも、グラムシは思想を書きとめるべきだとスラッファは力説した。そして、ミラノの書店（スペルリング&クープフェル）からグラムシが本や筆記用具を付けでいくらでも買えるように手配し、その費用はスラッファが自分で面倒を見ていた。

『獄中ノート』の「哲学の研究」に関するある小論で、グラムシは「いくつかの仮の評価基準」について論じており、そこには次のような大胆な主張が含まれていた。「ただ特定の種類の専門家や、職業的で体系的な哲学者たちに固有の知的活動だからというだけで、哲学は奇妙で難しいものだとする蔓延した偏見を打破することが肝要である」。その代わりに、グラムシはこう主張した。「誰にも備わっている〈自然発生的な哲学〉の範囲と特徴を定義することで、人は誰でも〈哲学者〉なのだということをまず示さなければならない(7)」

この「自然発生的な哲学」とはどんな種類のものなのか？　グラムシがこの見出しのもとに並べたリストの最初のものは、「言語そのものであり、それは決定された考えや概念の全体であって、文法的に内容のないただの言葉ではない」というものだ。ヴィトゲンシュタインが「言語ゲーム」と呼ぶようになったものを含む、慣習や規則の役割や、スラッファが彼に主張した「人類学的な方法」の妥当性は、世界にたいするグラムシの理解のなかでいずれも際立っていた。それらはグラムシとスラッファが共有していた理解だったのだ。

スラッファとグラムシは、一九三七年にグラムシが死去するまで親密に連絡を取りつづけており、彼がスラッファに、とりわけマルクス主義の考え方に関して、多大な影響を与えたことは容易に見てとれる。しかし、『オルディネ・ヌオーヴォ』の関係者のあいだでは、二人はよい関係を築いてはいたものの、スラッファは完全に忠実な信奉者ではなく、いくつかの重大な問題でグラムシとは意見を異にしていたと言われていた。グラムシとスラッファの関係についての私の理解は、一九五〇年代末から六〇年代初めに、私がスラッファと長い会話を交わしたときに（第24章で触れるように）、また一九七〇年代に私がアルティエロ・スピネッリと知り合ったときに、さらに深まった。スピネッリはイタリアの偉大な政治家で、私の義父に当たる。この二人はどちらも、イタリアの左翼の知的関心事に関する私の見方を広げてくれ、世界について私自身が理解するうえで欠くことのできない人物だった。

第23章　アメリカでの出会い

1

一九五九年に、私は詩人で、小説家で、文学者でもあるノボニタ・デブと婚約し、一九六〇年六月に私たちは結婚した。ノボニタのことは、一九五六年に私がカルカッタのジャドブプル大学で教えていたころから知っていた。彼女はそこで比較文学を学んでいたのだ。それからほどなく、彼女はアメリカのインディアナ大学の特別研究員《フェロー》の地位を与えられ、一九五九年秋から同大の博士課程に進んだ。渡米の途中で、彼女はイギリスに立ち寄った。私たちはオックスフォードとケンブリッジを一緒に訪ねて回ったほか、ウェールズにも非常に楽しい旅行をした。結婚式はその翌年、カルカッタで挙げた。

ノボニタはすでに若い詩人として成功しており、のちにベンガル文学の著名な文芸作家の一人となり、ジャドブプル大学の教授としても有名になった。私たちの結婚生活は残念ながら一九七三年に離婚で終わったが、私たちのあいだには二人の素晴らしい娘たち、オントラとノンドナがいる。ノボニタの両親もやはり有名な詩人であり、彼女は有名人としての地位を、親しみやすさと温かさを何ら失うことなく、彼女に与えられた多くの栄誉とともに保ちつづけた。

一緒に暮らしていたころ、ノボニタのもとには彼女の助言を得ようと、あるいは自分の作品を見せようとする文学ファンがひっきりなしに訪れていた。彼女が不在のときは、私もできる限りそうしたファンをもてなさねばならなかった。経済学や数学、哲学を専門とする者にとって、これはやっかいな務めだった。あるとき、一人の詩人がノボニタの前で自作の詩を朗読し、講評してもらおうと考え、大量の詩を携えてやってきた。ところが、彼女は留守にしていたので、その詩人は自分の数百編の詩を代わりに私に読んで聞かせようと言いだした。私には文学的洗練さがまるで欠如しているのでと懇願すると、彼はこう請け合った。「いやそれなら、なおさら結構です。私は普通の人間が――洗練されていない普通の人間が――私の詩作品にどういう反応をするか見ることに、とくに関心があるのです」。普通の人間が威厳と自制心をもって対応したことを、私は喜んで報告する。

2

一九六〇年から六一年に、ノボニタと私はどちらも、アメリカの大学で一年間を過ごすというのは心惹かれるアイデアだと考えた。ノボニタは当時、新しい学問分野であった比較文学にどっぷり浸かっていたし、私はケンブリッジの新ケインズ派と新古典派のいざこざから離れて、アメリカの経済学者としばらく過ごしたくてたまらなかった。そのため、経済学部で客員助教として一年間を過ごさないかという手紙が、渡りに船でMITから届いたときには嬉しくなった。そのうえさらに、二人の有名な開発経済学の専門家、マックス・ミリカンとポール・ローゼンスタイン゠ロダンが主導する国際研究センターの特別研究員にもなれば、通常求められる授業負担が半分になるとも言われた。私の友人で優れたアメリカの学者ソロモン・アドラーは、左翼に非寛容なアメリカからイギリスのケンブリッジに避難したのち市民権を失っていたが、ためらうことなくこう助言した。「ぜひ行って訪問するといい！　MITなら楽しめるだろう」

客員期間は一九六〇年の秋に始まることになっていて、ちょうどノボニタがインディアナ大学を休学して、ハーヴァード（MITと同様にマサチューセッツ州ケンブリッジにある）で一年間を過ごす予定になっていた。ハーヴァードでは、彼女はとくにA・B・ロード教授の指導のもとに口承叙事詩の研究をした。ロード教授は、この分野を創設したミルマン・パリーの主たる共同研究者だった。

私たちは一九六〇年から六一年の年度が始まる直前にボストンへ飛んだ。ノボニタは口承叙事詩に没頭したが、比較文学のその他の方面でも忙しくしていた。偉大なサンスクリット学者のダニエル・H・H・インガルスと一緒にサンスクリットの研究をすることも、その一つだった。彼女のまわりで、私も気づくと多くの時間を世界のさまざまな地域からの叙事詩とともに費やしていた。ギルガメシュ、イーリアスとオデュッセイア、ロランの歌、ニーベルンゲンの歌、カレワラなどである。私が壮大な物語を楽しみ、叙事詩の喜びを味わっているあいだも、ノボニタは言語学的な構成の細部を検証する難解な仕事に取り組んでおり、それによって（選ばれた少数の句をたびたび繰り返す傾向などから）特定の構成の叙事詩は、もともと文字で書かれたものではなく、口頭伝承だったと推測することができた。

当時、私は（第4章で述べたように）祖父のキティモホンのヒンドゥー教に関する原稿の編集という、別の種類の本の仕事に取り組んでいたが、その間にも祖父は、痛ましいほど老いて衰弱していた（祖父は一九六〇年三月一二日に永眠した）。その本はあまりにも短かった――キティモホンは短く簡潔であることにこだわっていた――ので、ペンギン・ブックスの編集部からの助言で、私たちはヒンドゥー文学の古典から選んだ作品を、前述した『リグ・ヴェーダ』の第一〇巻からの素晴らしく不可知論的な詩、「創造讃歌」をはじめ、いくつか加える計画を立てていた。

サンスクリットに関しては私もそれなりに確かな基礎知識をもってはいたが、祖父が残した原文の見解の微妙な側面や、巻末に含めるべきヒンドゥーの文学作品の選択についてはぜひとも助言が必要だと考えた。となれば、ダニエル・インガルス以上に助言を求めるのにふさわしい人が、ほかにいるだろうか？　だが、インガルスはワイドナー記念図書館内の人目につかない研究室で、世間とは没交渉の暮らしを送っているという評判だった。しかも、彼はそこでもなかなか見つからず、会話に引き込むのはさらに難しいのだという。人前に出ないインガルスに私があえて近づいてみる前に相談した友人たちは、彼から助けを得られる可能性については、大いに疑問であると伝えてきた。

それでも、私は約束を取りつけ、ワイドナー図書館の隠遁所にいるインガルスに会いに出かけた。喜ばしいことに、この面会は大成功となった。私の懸念と手助けを必要としている旨を聞くと、彼は毎週金曜の午後三時であればどうかと提案した。私はおずおずと、何回ほど会いにきてもよいのかと質問した。彼は明らかにこれを愚かな質問だと思ったようだった。「もちろん、私たちの作業が終わるまでだ」というのが、彼の答えだった。

インガルスが私に与えてくれたのは、きわだって賢明な助言だった。彼の文学の知識はもちろん比類のないものだが、私が予期していなかったのは、洞察を求める読者にとって、よく知られていることと同時に興味をそそられ、かつ細部に辟易することのないヒンドゥー教の紹介として、何がふさわしいかを判断する彼の並外れた能力だった。彼は巨大な粘土の塊を前にして、自分がつくりたいものをどう成形するか、正確にわかっている彫刻家のようだった。

3

MITにいることで何よりも素晴らしかった点の一つは、プレジデンシー・カレッジ時代の親友のスコモイ・チャクラヴァルティーがやはり、客員としてこの大学で教えていたことだった。彼と妻のラリトは、私たちと同様に〔マサチューセッツ州の〕ケンブリッジのプレンティス・ストリートにアパートをもっていた。どちらのアパートも、ＭＩＴで数学の博士課程を終えようとしていたラメーシュ・ガンゴッリが手配してくれたものだった。いつも頼りになり、とてつもなく手際のよい私たちの共通の友人である。ガンゴッリと彼の妻のシャント、それにスコモイとラリト、ノボニタと私はよく、お互いの誰かの家で交互に夕食を共にした。それらの夕べは、そこでの会話ゆえに楽しいものとなったほか、私たちの誰もがインドの新しい情報を把握しつづけるうえでも役立った。

ＭＩＴでの授業負担はかなり軽いもので、私はすぐさまいくらか数学の知識のある工学部の学生が相手であれば、経済学の基礎を講義するのは難しくないことを発見した。学生たちは感じがよく、熱心に耳を傾け、質問をした。国際研究センターのために私が実施した開発問題の研究も、さほど時間のかかるものではなかった。そのため、私には自由な時間があり、そのことがこころよくもあれば役立ちもした。

私が最も多くを学べるのではないかと期待した二人の経済学者——ポール・サミュエルソンとロバート・ソロー——は、気軽に近づいて話をすることができた。もっとも、ソローは大半の時間をワシントンＤＣで、就任したばかりのケネディ大統領に助言をして過ごしていた。それでも、ケンブリッジに戻ってきたときには充分によく捕まえられたし、私は彼の私生活に足を踏み入れるのもためらわなかった。

ロバート・ソローは、彼との断続的な会話から私がどれだけ多くを学んでいたかは気づいていなかったかもしれない。もちろん、ＭＩＴに行く以前から、ソローの著作にはかなり親しんでいたが、彼の話がどんな話題でもいかに面白く、しばしば聞き手の心をわしづかみにするものとなるかは、まるで考えてもいなかった。話をした初日に、彼は私がいま何を研究しているのかと質問してきた。じつは、モーリス・ドッブから突きつけられた疑問に私は取り組んでいた。すなわち、新旧の機械の相対的な価格が、金利と賃金にいかに左右されるか、そしてそのことが高金利の経済と低金利の経済で、古い機械を使う場合と新しい機械にした場合のそれぞれの相対的な利点に、どう影響するかという問題だ。私はドッブに、一般原則としては賃金が低く金利の高い国では、賃金が高く金利の低い国と比較すると、古い機械を買ったほうが経済的な価値は高いという内容の手紙を送ったばかりだった。高金利の経済の国にいる人びとのほうが、時価であれば、古い機械から得る利益が高いだろうと示すことは容易だった。

これは解析的関係であって、一般原則を生みだすものではあったが、私はこの事例を興味深い問題以上のものとするつもりはなかった（最終的に『レヴュー・オヴ・エコノミクス・アンド・スタティスティクス』で発表された際には、その結果は「中古の機械の有益性について」と題された論文になっていた[1]）。ソローは私にこう尋ねた。「本当にそうかい？　書いて見せてもらえるかね？」ソローは私が走り書きしたメモをもち帰り、翌朝こう告げた。「なあ、君の言うとおりだよ」。私は彼に、いま証明を確認していただいたので、自分が正しかったことに確信がもてたと告げた。しかし、私は彼にこうも質問してみた。目の前に少しでも新しい問題が差しだされるたびに、それが彼自身の関心事からどれだけかけ離れていても、いつもそのようにすぐに対応するのかと。ソローはこう答えた。「確かめたくないのであれば、教師をする意味がどこにあるのかね？」彼が口にしなかったことは、このような責任感が彼を経済学の最も優れた教師の一人にしたということだった。このことは彼の学生たち——その多くは超一流の地位に登りつめた——からだけでなく、ＭＩＴで私が過ごした短い一年で、経済学をこれまでになく急速に学んだ自分の経験からも知った。

4

ＭＩＴの経済学部のきわめて好ましい点の一つは、経済学者たちが総じて平日は教員《ファカルティ》クラブで、円形のテーブルを囲んで昼食を一緒に取ることだった。サミュエルソンやソローのほかに、通常そこにいた教員には、フランコ・モディリアーニ、エヴジー・ドーマー、フランク・フィッシャー、エドウィン・クー、ルイス・レフィーバー、リチャード・エカースなどがいて、私は彼らと話をするのを大いに楽しんだ。気兼ねしない雰囲気が大いにあったが、古いほうのケンブリッジでの経済学者の集まりとの際立った違いは、異なる学派のメンバー間にほとんど派閥意識が見られないことだった。私は議論することに無関心だったことはない（そしてＭＩＴの昼食のテーブルでは大いに議論が交わされた）が、古いケンブリッジで明確に線引きされた学派のあいだで、周到に準備された非難の応酬を聞かされることにはうんざりしていた。ＭＩＴでは素晴らしいことに、そのような倦怠感は何ら覚えなかった。

ＭＩＴが知的な刺激とくつろいだ時間の双方を与えてくれたおかげで、私は経済学にたいする自分の理解を全般的に振り返る機会をもつことができた。経済学を、異なる学派間の勝つべき争いという観点で見ずに済むことには快いものがあった。私は経済学を、異なった手法を受け入れる余地のある統合された学問と考えるようになっていた。そこには状況しだいで異なった重要性があって、独特の分析ツール（特定の数学的推論を利用する場合も、しない場合もある）を生産的に利用して、多様な疑問を公平に評価することが可能なのだ、と。私は非常に若いころから、経済学のさまざまな手法にかかわってきたし、多様な関心と理念をもった経済学の理論家たち（アダム・スミス、コンドルセ、メアリー・ウルストンクラフト、カール・マルクス、ジョン・スチュアート・ミルからジョン・メイナード・ケインズ、ジョン・ヒックス、ポール・サミュエルソン、ケネス・アロー、ピエロ・スラッファ、モーリス・ドップ、それにジェラール・ドブルーまで）を研究することがつねづね好きだったので、彼らが互いにどうすれば話し合えるようになるかを検討してみたいと考えた。このことは自分の教育になるだけでなく、大いに楽しめるものでもあり、経済学が当初思ったよりもはるかに偉大な学問であるという確信も、私の心のなかにしっかりと生まれてきた。これは信じられないほど建設的な時期であり、あまり予期していなかったことでもあった。

5

ＭＩＴには何人もの優秀な経済学者がいたが、ポール・サミュエルソンがその筆頭であるということで意見の一致を見ていただろう。それどころか、彼はすでに世界最高の経済学者の一人としてよく知られていたし、経済学のほぼすべての分野について決定的な論文を書いていた。私が彼の研究に触れたのは、カルカッタのＹＭＣＡの自室だったが、いまや彼の講義に出て、彼の経済学からも、その推論と詳しい説明のスタイルからも学んでいた。

サミュエルソンが会議のためにワシントンＤＣへ行かなければならなかった折に、経済学理論に関する彼の通常の講義の一つを代講できるかと聞かれたとき、私は光栄に感じたのと同じくらい、身の引き締まる思いもした。「厚生経済学に関する講義となるはずなんだ」と、彼は言った。「それに関しては君が何かしら知っていると言われているのでね」。私はその代講の仕事を引き受けることに同意したが、厚生経済学について私が知っていること（とくにサミュエルソン自身の著作から）を講義することと、講師としてポール・サミュエルソンの代わりを務めることはかなり別問題だと自分に言い聞かせた。

私は厚生経済学について二時間の講義をするのを楽しみ、傑出した学生たち（経済学者のなかでもきわめて独創的な思想家としてのちに花開くピーター・ダイアモンドなど）を相手にすることは、私にとってかなり心躍る経験となった。私はサミュエルソンの路線に沿って（彼の著作の『経済分析の基礎』の第8章が、プレジデンシー・カレッジ時代から私が知っていたように、このテーマに割かれていた）講義をしたが、その過程で、サミュエルソンは驚くほど偉大な人ではあるが、彼の厚生経済学の考え方が完全ではないことにも確信をもった。[2] 一つの重大な問題は、さまざまな人びとの効用を個人間で比較するという考えと、それをどのように正確に定式化するかであった（あるいは、その点に関して言えば、個々の優位性の指標を個人間で比較する問題についても同様だった）。効用に関する実証的証拠を手に入れることは明らかに困難（すでにたびたび議論されてきた問題）であるうえに、異なる人同士の効用を――さまざまな方法で――比較するには分析のための堅固な枠組みが必要だった。ある人の効用と別の人の効用のあいだには、共通の単位など存在しないのだ。

私が行なった講義では、個人間比較の分析的問題については軽く触れただけで、おおむねサミュエルソンの指示に従った（ただし、彼が個人間の比較の難題に、充分に本格的に取り組んだとは思わないが）。その隙間を埋めようとしたことで、私は系統的な個人間の効用の比較にたいする、確固とした分析の基礎を開発してみようという気になった。一九七〇年に私は、数学者が「不変性の条件」と呼ぶものを利用して、個人間比較のための分析の基礎を築くうえでより納得のいく方法だと思うものを発表した。これは要するに、私がサミュエルソンのための代講をするにあたって、彼と交わした討論の続きだったのである。[3]

個人間比較の特性を明らかにするために不変性の条件を使うことは、当時は多くの人にとって異例のことに思われていたが、まもなくその手法を採用した社会的選択理論に関する文献がかなり多数見られるようになった。サミュエルソンは互いの意見が食い違っても変わらず親切だったが、私が使っていた枠組みを彼が受け入れたように思われたのは、ずっと後年になってからだった。サミュエルソンとの議論のスタイルは、古いケンブリッジでの議論とは対照的に、私にとって興味深いものにもなった。彼は論争に勝つことに関心を向けるより、議論から生じうる真実に始終専念しつづけた。勝つだけであれば、経済学における彼の優勢的な立場を考えれば、苦もなくできていただろう。

6

MITで忙しくしていたとき、私は突然、スタンフォード大学の経済学部から、夏学期に開発経済学に関するコースを教えないかという招待状をもらった。私は社会的選択理論にますます関心を深めており、そのまぎれもない先駆者のケネス・アローはスタンフォードの教授だったので、そこの客員になるという考えに即座に魅了された。問い合わせてみると、アローは当時、スタンフォードから離れる予定だったことがわかったが、彼はたいそう親切にも、近いうちに私と情報交換できることを願っているという手紙を書いてくれた。その後長年のあいだに、私たちは実際にしばしば顔を合わせることに、それどころか一緒に仕事をするようになった（一九六八年から六九年にかけて、どちらもハーヴァードにいた際にはともに教え、三冊の本を共同で執筆し、日本の偉大な社会的選択理論家の鈴村興太郎とも一緒に研究をした）。

スタンフォードが私を呼び寄せる提案をした背後にあった直接の理由は、同大の主要な――それどころか唯一の――マルクス主義経済学者で、いつも夏期講習で教えていたポール・バランが心臓発作に見舞われ、交代要員として考えうる人物として彼が私の名前を挙げていたためだった。私はバランがイギリスのケンブリッジを訪ねてきた際に何度か会い、彼との雑談を大いに楽しんだことがあった。

彼は私に、トリニティの学寮にピエロ・スラッファを訪ねたことがどれほど楽しかったかを語っていた。スラッファの控え室にある本棚を彼が調べていると、部屋の主がこう言ったという。「ああ、そこにあるのは無視してくれ。本当に重要な本はなかの書斎に置いているのでね。そちらにご案内するよ。ここにある本はどれもくだらないものだ」。一方の部屋からもう一方の部屋へと移動するあいだに、バランはやや面白いことに、スラッファにくだらないものとして指定されたなかに、自分の本がすべて、しっかりと位置づけられていたことに気づいた。

私たちがスタンフォードで過ごした二カ月と少しの日々は素晴らしいものだった。授業は楽しいものとなったし、同僚たちとの雑談はじつに面白かった。スタンフォードとその近郊の夕べは興味深いものが目白押しだった。劇を観たければ、いつでもサンフランシスコまで足を延ばすことができた。私の古い友人のディリープ・アーダールカルと妻のチトロもいて（ディリープはスタンフォードで博士課程を終えつつあった）、私たちのために居心地のよい宿泊先を探してくれ、その二カ月あまりのあいだ私たちと楽しく付き合ってくれた。ポール・バランから学ぼうと計画していた優秀な学生も何人かいて、（彼らにとっては残念なことに）私がその代わりになったわけだが、そのうちの何人かは生涯にわたる友人となった。ノボニタと私はサンフランシスコ湾岸地域が提供してくれたものを大いに楽しみ、ビッグ・サーからロサンゼルスまで、カリフォルニアを旅して回った。

7

やがて、夏は終わりになった。私たちはイギリスに戻ることになり、クイーンエリザベス二世号でニューヨークからロンドンへ渡った。途中、ニューヨークではヴェッド・メヘタのところに泊めてもらい、出航を待つあいだ旧交を温め、この大都市でなすべきことを彼が案内してくれた。大西洋の横断は大嵐で始まった。クイーンエリザベス二世号は荒天にかかわらず、出航を決めた唯一の客船だった。時化《しけ》の海には格別な美しさがある。その美しさは、巨大船に乗った私たちのように、自分が絶対に安全だと思えば、楽しむことができる。

アメリカでの経験から、私は学術面でかなり欲深くなっていた。仕事という観点からは、MITとスタンフォードは申し分なく思われた。インドと、アメリカかイギリスのよい大学のあいだでうまくやりくりできれば、それらを掛け合わせた暮らしは楽しく、かつ生産的なものになりうるだろうと、私は自分に言い聞かせた。一九六〇年から六一年をMITで過ごしたあと、私は幸運にも四年ごとにアメリカのよい大学の客員となることができた（偶然にも毎回、大統領選挙の年に重なった）。一九六四年から六五年にはカリフォルニア大学バークリー校の客員教授となり、その後、一九六八年から六九年にはハーヴァードへ行った。私の社会的選択の研究は、デリーに戻ったのち着実に進んでいたが、アメリカで過ごした年には大躍進を遂げた。一つには海外で生まれつつあることについて学んだからだが、私自身の研究結果を示し、この分野にかかわっている人びとからの反応が得られたためでもあった。

バークリーでは、私はピーター・ダイアモンド、ジョン・ハーサニ、デイル・ジョーゲンソン、ダニエル・マクファデン、カール・リスキン、ティボー・シトフスキー、ベンジャミン・ウォード、ロイ・ラドナー、オリヴァー・ウィリアムソン、メグナッド・デサイ、ディポク・バナルジなど、多くの人びとと話をする機会を活用した。社会的選択理論を含む、私が直接的にも間接的にも興味があるテーマを追っている人びとだ。ハーヴァードでは、私はケネス・アローと偉大な哲学者のジョン・ロールズ（私たちは共同で授業をした）と交流する格別な機会に恵まれたほか、サミュエル・ボウルズ、フランクリン・フィッシャー、トマス・シェリング、チャールズ・フライド、アラン・ギバード、スティーヴン・マーグリン、ハワード・ライファ、ジェローム・ローゼンバーグらとも交流することができた。

何とも奇妙なことだが、私がアメリカに滞在するたびに、政治が急進的な展開を見せる事態が重なった。私は一九六四年から六五年には幸運にもバークリーでフリースピーチ運動が展開するのを間近に見たし、一九六九年にはハーヴァードのユニヴァーシティ・ホールを学生が占拠するのを目撃した。偶然にも、私は一九六八年春に〔大学紛争が起きた〕コロンビア大学にもいたし、一九六八年の初夏にもさまざまな事件が〔五月危機で〕相次いだパリに滞在していた。これらすべての偶然のおかげで、伝統的な要因分析では、私が騒動を引き起こした「元凶」だと認定されさえするかもしれない！

8

カルカッタでは学生運動に参加したことがあったが、一九六四年のバークリーのフリースピーチ運動で起こったような、突発的ながら組織立った学生運動の展開のようなものは見たことがなかった。その大義――広義の言論の自由《フリースピーチ》――に私は強く同調し、公民権運動とベトナム戦争反対に関連した、その根底にある懸念事項にも共感していた。私はバークリーではフルタイムで教えており、しかもかなりの数の熱心な聴衆を惹きつけた社会的選択理論をとくに教えていた。授業が中断されたことは一度もなく、私たちはフリースピーチ運動に関連した問題が、社会的選択の討論と手続きにいかに重要であるかについて、素晴らしい議論をした。

私は社会的選択の推論がどのように進み、どんな違いを生みだすかを教えようと試みながら、多くを学んでいた。指導者と政策の選択がフリースピーチ運動の指導者たちのあいだで広く論じられていた――私は友人たちから定期的に運動に関する報告を受けていた――ので、外の世界で起こっていることと、教室内で議論されていることのあいだに、不気味なほどの類似が見られた。たとえ重要な関連を私が見逃しても、行動と理論の双方に熱心な数名の優秀な学生たちが修正してくれるだろうと当てにすることができた。

当時の私は客員教授だったが、ノボニタも私も大半の大学院生たちと年齢的にあまり変わりがなかった。同僚の教員たちと親しくなっただけでなく、学生たちの多くとも私たちは友人になった。カールとマイラ・リスキンはなかでも親しくなった学生だったが、インド出身でがんの研究で多くの称賛を得ていたシャーマラー・ゴーパーランや、彼女の夫でジャマイカ出身のドナルド・ハリスも、そうした学生たちだった。私が博士認定試験に立ち会ったドナルドは、有能な経済学者になった。シャーマラーとドナルドはオークランドに住んでおり、テレグラフ・アヴェニューから少し入った先のノボニタと私のアパートはオークランドとバークリーのほぼ中間地点にあったので、二人を訪ねるのは簡単だった。彼らの娘のカマラに初めて会ったのは生後数日目のことで、両親の友人たちがやたら物音を立てることにカマラがいかに抗議したかを記憶している。成長すると、彼女は若手の政治指導者として驚異的な評判をもっともながら得るようになった。本書を執筆しているいま、彼女はアメリカ合衆国初の女性の副大統領に選出されたところである。じつに素晴らしい快挙だ。

四年ごとの滞在で私が見てきたアメリカと、今日のアメリカを比べてみると、その大きな違いのいくつかは、この数十年間に私がたいへん幸運にも目撃してきた変化のプロセスに多くを負うことに気づかずにはいられない。お金が動かす力は減っていないかもしれないが、それにたいする抗議は、私が最初に訪米した時代にはなかったような形で、確固たる足場を築いている。「社会主義」の言葉はいまだパニックを引き起こすかもしれないが、ヨーロッパで「社会主義政党」を明らかに社会主義的にしているもの（公衆衛生、社会保障、最低賃金への懸念など）は、アメリカでも耳を傾けられている。恐ろしい社会主義のラベル付けがされていなければ、だが。公共の討論と急進的な運動が、この変化に多大な貢献を果たしたのである。

第24章　ケンブリッジ再考

1

一九六一年にケンブリッジに戻ると、トリニティは学寮から通りを隔てたところにあるアパートを私に用意してくれた。トリニティ・ストリート一五番地は中心街にあって、大学まで徒歩一分の距離にあった。私は戻ってきたことがたいそう嬉しかった。

ケンブリッジに着いた翌日、ジョーン・ロビンソンが私たちを訪ねてきた。彼女はノボニタに会うことをたいそう楽しみにしていて、大歓迎してくれた。自分がどれほどジョーンのことを好きかと考えているそばから、彼女は私がMITやスタンフォードの影響を受けて、ケンブリッジの経済学を忘れていないことを願っていると言いだした。彼女はまた、経済学で生じている大きな闘いにもっと関心をもちさえすれば、「新古典派の毒」は経済学から容易に除去できるのだとも言った。彼女はもちろん、なかば冗談を言っていたのだが、昔からの懸念が相変わらず消えていないことが私にはわかった。

その週の終わりごろ、私たちはモーリス・ドッブに会いに、ケンブリッジにほど近いフルボーンにある自宅まで行き、バーバラ夫人も一緒に昼食をご馳走になった。そこでは経済学の闘いの話題は何もなく、私たちは素晴らしい午後を過ごした。学部生のころトリニティに引き寄せられた大きな影響はドッブの経済学だったが、私をこれほど彼の信奉者にしているのは、その人格と親しみやすさゆえだと思ったのを記憶している。

2

ケンブリッジに再び腰を落ち着け始めたころ、私が不在のあいだにフランク・ハンが赴任してきたことをめぐる騒動について耳にした。優れた数理経済学者で、教師としても話し手としても有能だったハンは、当然ながらすでに有名で、バーミンガム大学に籍を置いていたのだが、ケンブリッジに移籍するように説得されたのだった。彼はチャーチル・カレッジのフェローシップを得てきており、驚くほど早くこの地に馴染んでいた。彼の妻のドロシーも経済学者で、ニューナム・カレッジの上級研究者になった。フランクとはすぐに親友になり、私は多くのことに関して彼とドロシーの助言に頼るようになった。

ニコラス・カルドアはフランク・ハンにセミナーでただ一度会っただけで大いに感服し、その後、ケンブリッジ大学を説得してよい条件を提示させるうえでも、ハンを説得してケンブリッジに移籍させるうえでも、主要な役割を果たしていた。私はカルドアに、ハンは素晴らしい経済学者であり、指導者としての資質も優れているので、率先して彼の招聘に動いてくれて、たいへん嬉しいと伝えた。そして（少々カルドアをからって）ただ一度の出会いで、人についてそれほど確固たる見解をもてるのは素晴らしいことだとも言った。それにたいしてカルドアは、それは大いに自分を見くびった見方で、いつもなら、決定的な見解をもつのに一度の出会いも必要ではないのだと応えた。

私はハンの研究の大ファンであり、なかでも複雑な分析問題を扱う彼のやり方を高く評価していた。しかし、ジョーンを含め、ケンブリッジの主流の学者たちは彼の影響にたいし、とりわけ数理経済学に彼が与えた役割にたいしていらだっていた。ケンブリッジで支配的だった正統派は、一九五七年にジェームズ・ミードが政治経済学教授に任命されたことにも不満をもっていた。関係者のあいだでは、そのポストはジョーンかカルドアに与えられるだろうと堅く信じられていた。しかしながら、ミードは当初ややおとなしく、ケンブリッジの正統派とはまるで異なるのに、さほど戦う姿勢を示さずにいた。私と彼が一九五八年に共同で講義を受けもっていた時期には、確かにそうした傾向が見られた。

フランク・ハンがやってきたことで、事態は変わり始めた。正統派と反逆派のあいだで、公開の場での論争が起こりつつあった。後者ではハンが先頭に立っていた。経済学の世界の見方としては新ケインズ派が中心だとする考えを一蹴するのに、彼はみずから声を上げるのをためらわなかった。アメリカから戻ってみると、ジェームズ・ミードに闘争心が新たに芽生えているのが私には感じられた。その矛先はとくに、正統派が自分たち以外の誰にも耳を貸そうとしないことにたいして向けられていた。もうたくさんだと、ついに決心したような印象を彼は明らかに与えていた。彼はあるとき声をあらん限りに上げて、ジョーン・ロビンソンが放った言葉をかき消した。ジョーンが彼に同様の振る舞いをしたあとのことである。その一件は——二人の有名人同士でもときには起こりうる怒鳴り合いとして——見ていて愉快だったかもしれないが、気の滅入る事態でもあった。

争いははてしなく続くように思われた。厳選された少数の経済学者たちは火曜日クラブという「秘密」クラブをつくり、毎週ゼミナールを開いていた。ただし、集まっていたのは月曜日の夕べだった（もしくは月曜クラブが火曜日に開かれていたのかもしれない）。そこでの議論はときには面白いものになったが、たいていは特定の学派のメンバーのそれぞれの忠誠心を反映した内容で、往々にして取るに足らないものだった。私はこのクラブで発表することはなかったが、ときおり議論は楽しみ、アーツ・シアターの上階のレストランでの会合前の夕食はいつもたっぷり味わった。リチャード・カーンとジョーン・ロビンソンは私たちをよくそこへ連れていってくれた（カーンは私がこれまで知ったなかでも格別に気前のよい奢り手だった）。

私は当時、自分でも闘いの最中だった。厚生経済学と社会的選択理論を教える許可を得るための闘いである。私は大学で講師の職を得ており、一週間に二度講義をする約束になっていた。私は開発経済学と投資計画を教え、〔プライズ・フェローとしての〕最終年の三学期には一般的な経済原則に関する一連の講義もしていた。年度の初めに教えていたことへの、一種の補講のようなものだった。このような講義を、満員の教室で行なうことは充分に楽しんでいた。学生は総じて、試験が目前に迫ると講義に押しかけてくるものだ。だが、教授会は、私が大学院生のころに厚生経済を学ぼうとしたときと同じくらい、この分野を私が教える許可を与えまいと強く反対していた。そのようなコースを始めたいとした私の提案は、リチャード・カーンが議長を務める経済学部委員会にかけられ、即座に却下された。二年ほどそれを阻止されたあと（「厚生経済学は、本当の教科ではない」と、ある有力メンバーは私に言った）、私は最終的に、八回だけ講義を行なう短期コースを教える許可を与えられた。これは厚生経済学がカリキュラムの一環として認められたというよりは、私を宥めるためのものとして見なされていた。私がトリニティを離れてデリーへ行ったのち私の後任となったジェームズ・マーリーズも、やはり厚生経済学のコースを教えたいと申しでた。このときもまた許可されず、彼は学部の重鎮たちにこう言われた。「その小さなコースはセンへの特別譲歩でね。経済学の通常の教育範囲としては考慮されていないものだ。別のものを考えたまえ」

3

このように、ケンブリッジにたいする私の評価はますます二分されていった。私は大学での生活も、同僚の大半と話をすることも楽しんだが、それでも経済学部の優先事項は、自分が最も好きなものから私を遠ざけるべく計算されているようだった。私はそのことと折り合いをつけるようになったが、それは容易ではなく、実りある研究のための時間をつくりださなければならなかった。私は社会的選択理論について考えることを奨励されていなかったが、自分が楽しんで力を注げる分野はほかにもまだあったし、ドッブやスラッファからはまだ学ぶべきことがいくらでもあった。

トリニティは経済学をはるかに超えた、その他の知的出会いの本拠地でもあった。このカレッジには遠方の地から学生——あるいは若い研究者——を呼び集め、見違えるような人間に育てる手助けをしてきた華々しい記録があった。トリニティの若いフェローだったころ、〔インド出身ということで〕私が何かにつけよく質問された人物は、驚くべきことではないが、インドの数学の天才、ラーマーヌジャンだった。だが、ほかにも近代の宇宙物理学者のなかでもきわめて独創的で影響力のあったチャンドラセカールもいた。彼はトリニティのあと、シカゴ大学に行って研究を続けた。ジャワハルラール・ネルーから、先見の明のある詩人ムハンマド・イクバールまで、ほかにも私の時代よりずっと以前にトリニティに留学していた人びとは大勢いたが、彼らとカレッジの関係はそれぞれの仕事にとって明らかに重要であり、私たちの会話のなかで彼らはしばしば話題に上った。

何年ものちにトリニティで特別講演をすることになった折に、カレッジに入学したころについて触れ、その前年に口腔がんのために受けた高線量放射線治療からまだ回復途中だったと話したことがあった。トリニティが発行した私のこの講演録を読んで、マイケル・アティヤが、それまで私も知らなかった彼自身のことを教えてくれた。アティヤは素晴らしい数学者で、じつに好人物であり、第一回のアーベル賞（数学の最高の賞）を受賞し、私の一代前の学寮長を務めた人である。

ちょうどトリニティ年間記録を読んでいたところで、スラッファ（およびヴィトゲンシュタイン）についてのあなたの記事と、八〇歳誕生記念のスピーチの双方を面白く読みました。トリニティはもう少しで、学寮長を二代連続して若年で失うところだったことを発見したのです。あなたは一五歳で〔原文ママ〕口腔がんを経験し、長年それに苛まれたが、私は一三歳のときカイロで脳脊髄膜炎になりました。これはものの数日で死にいたることもある病気で、私はひとえにその少し前に開発されて、学校の先生とおじが見つけてくれた新しいサルファ剤（M＆B693）によって、救われたのです。

マイケルは、スーダン人の祖先とエジプトでの子供時代についてよく話していたが、その事実がイギリスの数学者としての彼の強いアイデンティティを少しも揺るがすことはなかった。彼のスーダン人としてのアイデンティティは、トリニティのアイデンティティと継ぎ目なく一つになっていたのだ。人間の多様なアイデンティティについて考えるべき理由は、私の大学生活に遍在していたようであり、ケンブリッジで過ごした年月に私にはそのことがますます明らかになっていった。戦争で命を落とし、トリニティのチャペルで追悼された人びとは間違いなくイギリス人だが、後年のトリニティの、スーダンからインドまで世界各地からの関係者とのつながりには、それぞれの国籍と共存する現実があった。アイデンティティを唯一の、明確に分断された分類手段と考えがちな社会アナリストたちは、私たちの誰もがもっている複数のアイデンティティの豊かさを見逃している。地理的な出身地、国籍、居住地、言語、職業、宗教、政治的傾向など、私たちのアイデンティティのその他多くの側面は問題なく共存できて、一緒になって私たちを、現実のままの人間にしているのである。

もちろん、アイデンティティはその複数ある側面がきちんと理解されていなければとくに、紛争の原因ともなりうる。分断はにわかに生じることもあり、一九四〇年代のインド分離前の政策で暴力が煽られたように、敵対心に火を付けることが奨励されかねない。一九三〇年代のもの静かなインド人は、突如としてみずからを好戦的なヒンドゥーか、闘う覚悟を決めたムスリムとして見なし始めるよう説得されたのである。アイルランドでも似たような暴力の助長が、カトリックとプロテスタント間の相違の脆弱さに付け込むように、とりわけ北部で起こった。アイデンティティ問題の複雑さについて考えるなかで、そうした問題は明らかに目に見えない、隠されたままの形で存続する場合ですら、いかにとてつもなく重要な、場合によっては炎上しやすいものとなりうるのかが私には見え始めた。

4

唯一の主要なアイデンティティとされるものに関する混乱した考えから生じる可能性のある悪事や暴力には、別の種類のアイデンティティ問題も伴う。社会組織の機能の仕方を誤解することにつながりうるものだ。私がそれについて考えるようになったのは、博士課程の研究を始めたばかりのころに、世界的に有名な経済学者のオスカル・ランゲと話をしたことによってだった。

市場社会主義の先駆的なアナリストとして、ランゲは社会主義経済が取りうる別の形態を明らかにしただけでなく、その過程で、競争市場経済がどう機能するかにも光を投げかけ、また社会主義下でも資本主義下でも順調に機能する市場システムがあれば、いかに分散された情報が適切に集められるかも解明した。

シカゴ大学の教授だったランゲは、一九四三年にアメリカに帰化した。だが、それから間もなくして、彼は自身の以前の研究に疑問の目を向け始めた。第二次世界大戦が終わったころには、（彼の同僚をはじめとする経済学者をかなり驚かせたことに）ソ連式の中央集権的な資源配分のほうが優れていると認めており、市場を通じた分権化の利点を否定していた。そこには、彼自身の経済思想の産物でもあった市場社会主義の考えも含まれていた。彼は自分のアメリカ市民権も放棄し、ヨシフ・スターリンの考えを——ここで息を止めて言おう——「スターリンの経済理論」を含めて擁護する、一連の限定的分野《モノグラフ》の研究論文を執筆し始めた。

ランゲの名前は、一九五二年ごろ私がプレジデンシー・カレッジにいた時代に、カルカッタのカレッジ・ストリートのコーヒーハウスで交わされた政治・経済議論でしばしば口に上っていた。スコモイ・チャクラヴァルティーは、ランゲがたどった政治的遍歴に魅了されていたので、ランゲが突然スターリン主義理論に鞍替えしたときには、面食らっていると私に語った。ソ連式経済学にランゲが転向したことは、共産主義の信奉者たちがよく言及していたが、共産主義体制に批判的な人びとからはもちろん、見当違いの戯言として非難されていた。専門の経済学者のあいだでは、ランゲの初期の研究の輝かしい資質は称賛されつづけた——ケネス・アローはとりわけ盛んに褒めていた——が、彼の後期の思想には通常、疑念の目が向けられていた。

ランゲについて話をすると、モーリス・ドッブもやはり彼の初期の研究には多くの称賛の意を示し、ランゲがいま向かっている方向が自分には理解できないと述べていた。スラッファはもっと率直で、ランゲは非常に頭がいいが、経済学的推論からの要求と、イデオロギー的政治の要求をひどく混乱しているタイプの人間だと言った。スラッファはランゲと連絡を取りつづけており、一九五六年初めにランゲがケンブリッジにくる予定で、私にぜひ会いたいそうだと伝えてくれたのは、スラッファだった。

実際には、ランゲは私の当時の研究分野（ちょうど「技法の選択」の研究に取りかかり始めていた）についてモーリス・ドッブから聞いており、私に助言を与えたいと考えていた。ランゲに会ってみると、彼はたいそう親しみやすい人だった。私が最終的にどんな理論を展開したのか見てみたいのだと彼は言った。だが、この種の経済上の意思決定は、政治的な優先事項に大きく左右されるので、私が技法の選択で試みたように純粋な経済理論で何をしようと、そこに関係する意思決定の重要な側面は見落とされるのだとも彼は感じていた。

「具体例を挙げよう」と彼は言って、ポーランド政府がクラクフの古い都市の隣にあるノヴァ・フータに大きな工業団地——およびウラディーミル・レーニン製鉄所と呼ばれる関連の工場——を建設したことを説明しだした。「純粋な経済分析の観点からは、優良農地を取りあげて、石炭や鉄鉱石を含む多くの生産材料を遠隔地から輸送することに頼る工業団地を、その地に設置する決断を正当化するのは難しい」と、ランゲは言った。問題は、不適切に思われる場所に、それほど巨大な産業投資をなぜ彼らが行なったのか、であった。なぜその場所に？

私にはその答えが何であるか推測できなかったので、こう尋ねた。「実際、なぜですか？」「それはだね、クラクフが非常に反動的な都市で、昔からの右翼の歴史があったからだよ。彼らはナチスともまともに戦わなかった」。そのため、クラクフには「大勢のプロレタリアートのいる」近代的産業都市がまさしく必要だという決断が下された。「クラクフの人びとはすでに、さほど反動的でなくなってきている」と、ランゲは自信たっぷりに言った。「この問題への答えは、俗世間を離れて経済学的な推論をどこまで掘り下げても得られないだろう。この場合は完全に政治的な推論によっていたわけだ」

ランゲは別の用事があったので、そこで帰って行ったが、私に真心を込めて、ポーランドまで自分に会いにくるようにと言った。彼がわざわざ私に会いにきて、経済面の意思決定で関連する政治的配慮を重視することの必要性について説明してくれたことに感謝した。

ランゲが帰ったのち、私は彼の言っていたことは本当に正しいのかと考えつづけた。経済的な意思決定に政治的配慮が重要となることを指摘した点では、彼は正しいに違いないが、ノヴァ・フータの事例はあまりにも整然として型通りだった。物事は、ランゲやその仲間が予期するように実際に展開するのだろうか？　当時はその答えがわからなかったが、私はのちにそれを見いだした。実際には、一九八〇年代初めには顕著になっていた反共主義の連帯運動が、ノヴァ・フータのウラディーミル・レーニン製鉄所を強力な拠点としており、ポーランド政府のかつての期待は完全に覆されたのだ。この製鉄所は新たなカトリックの労働運動の砦となった。ノヴァ・フータがクラクフを改革する代わりに、クラクフがノヴァ・フータを制圧したのである。経済的な意思決定で政治は確かに重要だという点では、ランゲは正しかったが、政治的指導者によって計画されたのとは逆の方向にも、事態は推移しうるのである。

アイデンティティも変化の影響を受けないわけではないだろうが、かといって計画的な操作の影響をたやすく受けるはずもない。長年のあいだに連帯運動は拡大して成熟していったので、この問題をランゲと再び、彼の当初の予測とノヴァ・フータで実際に起こったことを踏まえながら、論じ合う機会があれば喜んで応じただろう。残念ながら、彼は連帯が一目置かれるほどの勢力になるずっと前の一九六五年に亡くなった。アイデンティティが変わりうることと、操作の可能性について考えるなかで、人間のアイデンティティがいかに、往々にして予期しない形で、状況に適応するかについてはもっと慎重に考えなければならないと、私はますます確信するようになった。

5

ケンブリッジでは教える義務と研究義務を果たしても、まだ時間の余裕があったので、多少ためらったのちに、ともかく社会的選択理論を探究してみることにした。ケネス・アローの研究もいくらか知られ、理解されるようになっていたので、世界各地の多くの人びとが社会的選択に関心をもち始めていたし、この分野には早急に探究すべき大きな問題がいくつかあるように私には思われた。やや保守的ながら、とても愛想のいい経済学者のジェームズ・M・ブキャナンが、素晴らしく基本的な疑問を投げかけていた。すなわち、アローをはじめとする社会的選択理論家の用いる、社会的選好という考えが、実際に何らかの意味をなすのか、というものだ。社会は人ではないので、「社会の選好」などというものをどうすれば良識的に考えられるのか、と。ブキャナンはなかでも、社会的選択の一貫性という特質（アローが「集団的合理性」と呼んだもの）について語ることに、意味があるのかを問うた。社会は、個々の人間のように、総合的に考える作業に従事することはできないからだ。

この問題や関連のテーマについて、私がまだケンブリッジの学部生だった一九五四年に、ブキャナンは非常に興味深い二本の論文を発表していた(1)。当時、私は卒業試験の準備をしていたので、ブキャナンの疑問の妥当性と彼の推論の幅広い筋道に気づく以上のことはできなかった。一連の社会的選択にどうして、たとえば推移性のような、何らかの規則性がありうるのか（社会的にX、Y、Zの順で選好されるならば、XはZよりも社会的に好まれるはずだとするもの）。そして、そこからさらに、私たちがそのような一貫性を求めるのをやめれば、もしくは――さらに言えば――社会的選好という考えそのものを捨て去れば、アローの不可能性定理は崩壊するのではないのかを問うものだ。

私には、これらの懸念について話し合える人が周囲に誰もいなかったので、一九五四年にブキャナンが論文を発表したのちの忙しい歳月のあいだ（私は別のテーマを研究していたし、ジャドブプル大学で教えてもいたので）、ブキャナンが発した疑問は棚上げされていた。しかし、一九六〇年から六一年にＭＩＴで過ごした時期に、とりわけ厚生経済学についてサミュエルソンの代講をした際に、私は社会的選好の考えを探究する仕事がまだ終わっていなかったことを思いだし、遅かれ早かれ、そこに戻ることになった。私は勝手ながらサミュエルソンに、ブキャナンの疑問について考えたことがあるかも質問してみた。彼は明らかに考えていたが、私の質問の仕方が悪く、ただ笑うだけだった。「いつかそれについては一緒にやろう」と、彼は優しく言った。

アメリカからケンブリッジに戻ってしばらくのちに、私はアローの枠組みにたいしてブキャナンが発した疑念と、アローの不可能性定理を一蹴した件をきちんと見直すことにした。ケンブリッジにはまだこの問題について論じ合える人が誰もいなかったので、私はインド独立に向けて闘っていた時代にタゴールが書いた、人を鼓舞する歌を思いだした。「呼びかけに誰も応じなければ、一人で行かねばならない」。独自に進むことは不可能ではなく、しばらく研究したのちに、社会的選好に関するブキャナンの疑念は、少なくとも一定の種類の社会的選択では、大いに意味があるという結論を、私はとりあえず下した。

たとえば、投票制度を考えてみよう。既存の選挙制度から何らかの方法で出される投票意思決定の根拠として、一種の社会的選好が見られると考えるのは、はなはだしく問題がありうる。かりに候補者ＸはＹに勝つことができ、ＹはＺに勝つとしても、それゆえにＸがＺに勝てることは何ら保証されない。ＸはＹよりも有利で、ＹはＺよりも有利なので、ＸはＺより有利なはずだと考えたくなるかもしれないが、投票結果など、せいぜいただの手続き上の結果と見なせるに過ぎず、そこには直接的な説得力のある評価上の意味合いは何もない。したがって私には、ブキャナンが社会的選好を疑問視したのは正しいことのように思われた。それを投票結果から推定するとすればだが。

ところが、社会的選択が投票結果ではなく、社会厚生の判断を反映するのだとすれば、私たちの理解はかなり変わってくる[2]。社会厚生政策の順序付けに必要な一貫性があれば、そこから生じる社会厚生の価値は調和したものになるだろう。たとえば、社会政策AがBの政策より多くの社会厚生をもたらし、Bの政策がCの政策よりは社会厚生を増すとすれば、評価は矛盾しないので、Aの政策ならばCの政策よりも多くの社会厚生が得られると私たちは想定できるはずだ。その場合、集団的合理性の考えは、社会厚生の判断においては、純粋に選挙制度上の結果では得られない形で、意味をなすはずだ。したがって、社会厚生を判断する場合には、社会的選好の推移性のような要求は意味をなすだろう。これはアローの世界であって、ブキャナンの世界ではない。

となると、アローの不可能性定理についてはどう結論を出せるのだろうか？　社会厚生を評価する場合には、この理論はアロー自身の路線で――集団的合理性に必要な一貫性を備えて――妥当なものでありつづけるだろう。だが、別の場合には、投票と選挙から社会的選好を突き止めようとすると、まぎれもなく困難に遭遇する。集団的合理性が投票による意思決定では問題のある要求だとすれば、アローの不可能性の結果を得ることは、少なくともアローの数学的推論を使ってはできない。というのも、不可能性を証明するうえで、アローは集団的合理性を必須のものとして利用していたからだ。となると、投票のような手続きの場合には、不可能性の結果は得られないのだろうか（社会厚生の判断には使えたとしても）？　それとも、集団的合理性を除けば、アローの不可能性の結果をまだ利用する方法があるのだろうか？

私はこの問題についてかなり考え、卒業した年に継続していたその他の研究の一つとして（「技法の選択」の研究に打ち込むかたわらで）検討しつづけたが、完全に解決することはできなかった。最終的に、何年ものちに、私は集団的合理性を必要としないアローの不可能性の証明を考えだした。やや複雑な数学的定理で、それが（何十年ものちに）計量経済学会で私が行なった会長挨拶の骨子となった。[3] 一九七〇年代末に私がこの新しい定理とその証明をアローに送ると、彼はどこかに間違いがあるに違いないと確信していると返事をよこした。その指摘を私に送ると彼は約束したが、それが届くことはなく、大いに安堵したことに、最終的に彼は私の定理と証明の正当性を認めてくれた。社会的選択理論にも、幸せな瞬間はあるのだ。

6

ブキャナンが示した懸念のほかにも、私は社会的選択理論でいくつか分析的疑問に取り組んだが、それらの問題には周囲の誰からも関心をもってもらえなかった。モーリス・ドッブは、同僚や学生、教師や友人のあいだでほとんど関心をもたれない問題を研究するのは孤独なものになると、私を諭した。だが、いつもながら、ピエロ・スラッファの幅広い関心事がこの辛い孤立状態から救ってくれた。スラッファは以前に、哲学と称することなく、真剣に哲学に取り組んだことがあり、自分がやっていることが社会的選択であることを認識せずに、実際に社会的選択を研究したことがあったのだ。

ある特定の問題について、スラッファとグラムシの意見の不一致はかなり甚大なものとなった。その問題自体でも、社会的選択理論との関係においても、二人の意見は食い違った。これは人間の諸々の価値観のなかで、個人の自由にどれだけの重要性を与えるべきかにかかわるものだった。また、社会的選択理論の公理的構造のなかに反映された基本的な要求のなかに、個人の自由が独自の位置を占めるべきかどうかに関するものでもあった。後者の疑問は、社会的選択で自由をどう位置づけるかが、アローの古典的な枠組みを超えて標準的な社会的選択理論を拡大しようと試みるうえで、探究したかった主要な問題の一つであったため、私にはとくに関心があった（アローの枠組みでは社会的選択のための基本的な公理に自由の入る余地がなかった）。MITから戻ったあと、古いほうのケンブリッジで私が過ごした最後の二年度（一九六一から六三年）に、私がそのテーマについて考え始めるきっかけとなったのは、自由の重要性をスラッファが調べていたことだった。

社会的、政治的な取り決めにおいて自由が占める位置を論じることで、スラッファは何に関心があったのだろうか？　彼は個人の自由の重要性を無視する共産党の傾向を批判しており、なかでも共産党が「ブルジョワ的自由」——とやや見下したように呼んでいたもの——を無視する姿勢を批判していた。私自身も、一九五〇年代初めのプレジデンシー・カレッジでの学生時代に、自由の考えにたいする権威的左翼が取る、同様の見下したような態度に遭遇したことがあった（彼らもやはり「ブルジョワ的自由」と呼んでいた）。カルカッタでの学生時代には、一九二〇年代にグラムシとスラッファが論争したことなどは何も知らなかったが、いつもの午後の散歩の途中でスラッファと話をするなかで、その話題がもちあがった。

MITから戻ったのちも、左翼の政治理論では個人の自由の位置に関して、カルカッタ時代と同様に、相変わらず基本的に同じ論争が続いていることに衝撃を受けた。自由をめぐる言説は、経済的衡平さなどの平等主義的な価値観を追求するうえで、反動的な攻撃として悪用されかねないと、スラッファは確信していた。グラムシも明らかにそのように利用されることを案じていた。このような反平等主義的な利用例を探しだすことは、確かに可能だった。自由の考えを衡平〔平等〕の考えと対峙させようとする傾向である（フランス革命の初期には、その双方が支持されたことはよく知られるが）。しかしスラッファは、人間の暮らしにとって自由がもつ真の重要性に目をつぶらなくても、そのような悪用は避けられるのだと主張した。何か重要なことをしようと思えば自由は必要であり、その自由が社会の別の重要な目的の達成への障壁になるかもしれないなどと案ずることなく、その重要性を受け入れることは可能なのだ。スラッファが述べたように、間違っているのは、

ブルジョワ的「自由」をあまりにも軽蔑することなのだ（たとえば、『ウニタ』［イタリア共産党の機関紙］がやるように）。それが美しいと思われようが、醜かろうが、自由こそいま労働者が最も必要としているものであって、この先あらゆるものを獲得するうえで欠かせない条件なのだ。(4)

スラッファは、グラムシに自由の重大さを考え直させるうえでかなりの影響力をおよぼした。グラムシは最終的に自由の重要性を認めたものの、私が見る限りでは、そこにスラッファのような熱意は見られなかった。

ここでの興味深い問題の一つは、カール・マルクス自身は人間の暮らしの質を高めるために自由が果たす中心的な役割に非常に強い関心をもっていたのに、共産主義運動そのものはつねづね、個人の自由にずっとわずかにしか理解を示していなかったことだ。これはイタリアの場合だけでなく、共産党が政権を握ったほぼどの国にでも（ソ連から中国、キューバ、ベトナムまで）言えることだった。若いころ、マルクスは報道の自由を支持する論説を多数書いていたし、言論の自由を強く擁護していた。彼のこうした主張は、社会的協働の自由と産業の組合化に関する著作にも当てはまるものだった。マルクスがこの点に共感していたことは、世界の大半の共産主義国家で労働組合運動が事実上廃止されたことと矛盾していた。要するにマルクスは、社会的意思決定における自由の領域を拡大したがっていたのだ。前述したように、彼は人間の暮らしを豊かにするうえで自由が果たす役割を、選択の余

地を拡大して強調することに熱心で、こう書いていた。「今日は自分が一つの仕事をし、明日は別の作業をすることが、たとえば午前中には狩りをして、午後には魚を捕り、夕方には牛を育て、夕食後は批評するといったことが可能になる。ちょうど私が一度もハンター〔ママ〕や漁師、羊飼い、評論家にはならずとも、そうしてみたいと願うとおりになるのである」(5)

ケンブリッジでの大学院の一年目に（資本理論という味気ない研究分野から逃避して）自由について初めて考えるなかで、私は社会的選択のなかに自由を位置づけ、そこから浮かんできたさまざまな一貫性の問題を検討するのを楽しんだ。私は日々の散歩のなかでスラッファを引き込もうと考え、興味深い部分をいくつか共有し、彼がそれらに示した関心から大いに恩恵を受けた。数年後にはそうした結果の一つを、『ジャーナル・オヴ・ポリティカル・エコノミー』誌に論文（「パレート派リベラルの不可能性」）として発表した。これはおそらく私が書いたほかのどの論文よりも、よく読まれただろう。(6)

7

スラッファと私がよく議論したもう一つの社会的選択の問題は（私たちはそれを「社会的選択」という正式な名前で呼びはしなかったが）、社会で生じていることの奥行きを深めるうえで、議論や討論が果たす役割に関するものだった。この議論にも、とりわけ現実的な背景があった。スラッファはファシズムにたいする闘いに全力でかかわり、イタリアではファシスト党の主たる対抗勢力であったイタリア共産党とも近い関係にあった。だが、彼は友人であるグラムシが、共産党の指導者として下した主要な政策決定の一つにも強く反対した。すなわち、イタリアのその他の反ファシスト政党と手を組むのを拒絶したことである。グラムシは、自分たちの明確に定義された政治目的から逸らされるべきではないと考えていたが、これは間違いだとスラッファは主張した。

一九二四年に、共産党の単独行動主義にたいする鋭い批評のなかで、スラッファは統一した「民主的な野党勢力」をつくることの重要性に関する声明を出した。反ファシスト運動のさまざまな勢力が、ムッソリーニのファシズムに団結して反対することがきわめて重要だと、彼は主張した。互いに話せば、運動をより冷静なものにする一助にもなるし、そのうえ手を組めばファシズムへの抵抗運動が力を増すことになる。グラムシは当初、スラッファの主張をまったく聞き入れず、スラッファの反対を、彼がまだ「ブルジョワ的思考」の罠にはまっているせいだとした。しかし、のちにグラムシは考えを変えた。イタリア共産党は最終的にその他の反ファシスト政党と共同して、イタリアのファシズムにたいする強い抵抗運動を生みだした。

午後の散歩のなかで、スラッファは自分とグラムシのあいだの違いは、グラムシから学んだことと比べればはるかに些細なことだと私に言った。この点では、スラッファの言うとおりだろうと私は思う。グラムシの思想がスラッファにおよぼした影響が非常に深いことは、私にも容易に見てとれた。それでも、当時、自分の関心が社会的選択理論に（自由と説得の問題を含め）強く向けられていたため、スラッファがグラムシに示そうとしていた主張も、とてつもなく重要なものであると感じざるをえなかった。それはまたスラッファが社会的選択の根底にある哲学に関心があることも示していた。彼自身は、社会的選択理論は研究分野として自立できるものだとは考えていなかったが。

第Ⅴ部

第25章　説得と協力

1

一九五三年の秋に私が渡英したころには、第一次世界大戦の直接の記憶はほぼ失われていたが、第二次世界大戦の記憶はまだヨーロッパ全土で生々しかった。戦争が始まる前の日々の苦痛に満ちた不安もまだ強く残っていた。当時の雰囲気は一九三九年初めに書かれたW・H・オーデンの「W・B・イェイツの思い出に」のなかで、よく捉えられている。

暗闇の悪夢のなかで
ヨーロッパ中の犬が吠え、
生きている民は待つ、
みな憎しみに閉じ込められつつ。

その後に続いた出来事は、オーデンが予期した最悪の事態を裏づけるばかりとなった。

イギリスで過ごした最初の数年間に、戦争までの時代がいかに不安なものだったのかという話をたくさん聞いた。世界大戦が再び繰り返される恐ろしい可能性はじつに多くのヨーロッパ人を苛み、自滅的な戦争に突入する不安のない、ヨーロッパの統一に向けた運動は政治的な統一を求める欲求に強く駆られていた。そのような結果を実現させたいという希望は、その運動を始めた二つの先駆的な文書によって明らかにもたらされた。一九四一年のヴェントテーネ宣言と、一九四三年のミラノ宣言である。ヨーロッパの統一を断固として、歯に衣を着せずに主張した四人のイタリア知識人たち――アルティエロ・スピネッリ、エルネスト・ロッシ、エウジェニオ・コロルニ、ウルスラ・ヒルシュマン――によって準備されたものだ(1)〔ヒルシュマンはドイツ出身〕。

経済的な統合をはかる利点は、ヴェントテーネとミラノの両宣言を支持する人びとにはよく理解されていた。長期的には金融面の統合を目指すことすら、彼らに近い人びとによって明らかに示されていた(なかでも、のちにイタリア大統領となったルイジ・エイナウディによって)。ヨーロッパ統一の必要性の根底にあった直接の懸念は、通商や事業への配慮ではなく、統合された銀行業務や通貨協定(これらは後年実現することになった)でもなく、ヨーロッパの平和のために政治的な統一をはかる必要性だった。

私は七〇年にわたってヨーロッパ統一のプロセスを見守る機会に恵まれた。先に述べたように、ヒッチハイクをした若いころに、ヨーロッパのさまざまな国の人びとに気軽に出会い、密接にかかわったことや、それらの人びとの振る舞いや優先事項が似ていたことから、私には「ヨーロッパ」として一緒になりつつある地域にいるのだという感覚を味わった。当時の私の主たる動機は、政治的な英知を育むことではなく、ただヨーロッパをよく知り、旅行を楽しみたいだけだった。しかし徐々に、自分はヨーロッパ統合が展開する様子を眺めてもいるのだということが明らかになってきた。

統一したヨーロッパを誕生させることは長年の夢であり、この夢はキリスト教の普及に大いに助けられながら、文化的、政治的統合の波を何度もくぐり抜けてきた。ボヘミア王イジーは一四六四年にすでに汎ヨーロッパ統一について語っていた。その後の時代にも多くの人びとが彼に続いた。一八世紀には大西洋の向こうから、ジョージ・ワシントンがラ・ファイエット侯爵に、「いつの日か、アメリカ合衆国をモデルに、ヨーロッパ合衆国が誕生するでしょう」と書き送った。年月とともに、ジョージ・ワシントンの予測が実現するかもしれない事態になり始めた。

二〇二一年に本書を執筆するなかで、状況はハンガリーやポーランド、そして一部にはフランスやイタリアですら変わりつつある。世論はヨーロッパの統一に反対するようになり、ヨーロッパの民主主義の伝統による要求にすら反対の声が上がりつつある。この後ろ向きの姿勢はもちろん、イギリスでも非常に蔓延しており、二〇一六年のいわゆるブレグジットに関する国民投票では、ヨーロッパ連合を脱退することに賛成を投じた人がわずかながら多数となった。いまではヴェントテーネを逆戻りさせる風潮が強くなっている。

2

だが、その間の八〇年間に、ヨーロッパではいくつかの驚くべき成果が――法の支配、人権、参加型民主主義、経済協力に――見られ、そのいずれもが一九五三年に私がティルベリー・ドックスに上陸したときには、確実には期待できなかったものだった。私が見たなかで最も感動的なものはおそらく、国民保健サービス（NHS）をはじめ、福祉国家の発展に建設的な兆候が見られたことだった。この抜本的な変化は、社会にたいする新しい考え方と関係していた。私はイギリスに腰を落ち着けるようになったころ、ウィリアム・ベヴァリッジ〔NHSを生んだベヴァリッジ報告で知られる経済学者・政治家」の多くの著作を（および彼の「貧困、疾病、無知、貧相、怠惰」との熱い闘いについて）読んだことを思いだす。そのルーツを探ったところ、これらの変化は終結したばかりの戦争とも、やや弁証法的ながら関係しているようだった。なかでも、人びとに協力の重要性にもっと気づかせた共通の経験が評価されたことと関連があるようだった。

自分の疑問や憶測を、こうした問題についてじつに多く考えてきたピエロ・スラッファと共有できたことは、私にとって幸運だった。グラムシの考えを引き合いに出した（スラッファの場合それは珍しいことではなかった）ほか、世論の形成および重要性と、社会変革でそれが果たす役割について、ジョン・メイナード・ケインズを読むべきだと、とくに『ケインズ説得論集』〔邦訳は日経ビジネス人文庫〕を彼が熱心に勧めた事実にも私は驚かされた。スラッファはケインズ――彼の古い友人――が人間社会を変えるうえで説得が果たす中心的な役割を強調した点を大いに称賛していた。ケインズは何よりも、立場の違う者同士が、それぞれの目的の実現のために、一緒に力を合わせることがいかに欠かせないかを示すことに熱心だった。互いの目的が完全に一致しなくても、何かしら共通の目的がある場合にこれは当てはまる。

二度の世界大戦のあいだの時期に、ケインズはヨーロッパ諸国間の敵対心をやわらげることに心を砕いていた。これはとくに第一次世界大戦後の各国政府の政策と、一九一九年のヴェルサイユ条約がもたらした深刻な損害に当てはまった。イギリス、フランス、アメリカなどの戦勝国が敗戦国のドイツに過酷な賠償を課したものである。無慈悲な賠償はドイツを破滅させ、その他のヨーロッパの経済にも悪影響をおよぼすことになるので、とてつもなく誤った判断だとケインズは考えた。それによってドイツは、自国が受けた扱いについて強い不満を覚えることにもなるだろう、と。

敗北したドイツに制裁を与え、その繁栄をなし崩しにすることがイギリスでは人気を博した考えであることはケインズも知っていたが、ドイツにそのような過酷な罰と強制的な緊縮財政を課しても、ドイツ、イギリス、フランスのいずれの利益にもならないことを彼はイギリス国民に理解させたがっていた。『平和の経済的帰結』のなかで、彼は公共の教育と公共の推論がきわめて重要であると主張し、かなりの情熱を込めて、「世論を変える教育と想像がもつ力を揺り動かす」自分の目的を表明していた。[2] 実際、彼はこの本を「将来の世論の形成」のために捧げていた。

当時の政府の政策を揺さぶろうとするケインズの努力は、当初は功を奏さなかった（彼が勧めた政策は大半が却下された）が、彼は当時、何が間違っていて、一九三〇年代の経済不況にいたったのかをめぐる「将来の世論」には大いに貢献した。ケインズは国際機関の枠組みを築くうえで大いに影響力を発揮したのち、一九四六年に六六歳で死去した。経済学への彼の最大の貢献は、彼の名著『雇用、金利、通貨の一般理論』（一九三六年）〔邦訳は日経BP社など〕で打ち立てられたいわゆる「一般理論」で、これは失業と経済不況の原因の理解を変えたものだった。

ケインズの幅広い経済分析からの教訓は往々にして忘れられているが（二〇〇八年の金融危機後に、イギリスを含むヨーロッパで厳しい緊縮財政が課され、まるで逆効果になったことからも見事に示されたように）、私たちは実際、いわゆる「ケインズ革命」によってもたらされた経済学の知恵を無視するわけにはいかない。啓発された「世論」の領域でケインズが建設的にもたらした主要な変化も、私たちは忘れることはできない。各国間の関係に関して言えば、一九四四年のブレトンウッズ協定を通じて――ケインズの思想に大いに感化され――設立された国際通貨基金や世界銀行などの機関は、それ以来、世界を方向づけてきた。

3

国家間の協力がもたらす前向きの効果は、それぞれの国内の個人間の協力にも建設的な結果を生みだし、類似性を見せる。最も印象的な展開――福祉国家の誕生――はある面で、明らかに戦時の遺産と結びついていた。なかでも、経験や努力を共にしたことで、力を合わせることの重要性に人びとがより気づくようになったことと関連していた。

驚くべきことに、第二次世界大戦中の食料不足で困難な時期に、イギリスでは実際には栄養不良の発症率は急激に減っていた。一九四〇年代に食糧の総供給量が減少する見込みに直面して（戦争中は輸送が困難で危険であったこともその一因だった）、政府が入手可能な食糧をより平等に分配する制度を導入したからだ。つまり、配給と価格統制によってである。その結果、慢性的に栄養不良だった人びとが急に、それまで買えた以上に、自分たちに必要な食糧が買えるようになったのである。統制された低価格での配給は、当初は飢えが大規模に広がるのを防ぐためだったのかもしれないが、食糧を誰もが買える値段で手に入れられるようにしたことで、イギリスは貧困層の栄養状態を改善するうえで大きな前進を遂げていた。それどころか、イギリスでは一人当たりの食糧の安定供給量が最低となったまさにその時期に、深刻で極端な栄養不良はほぼ完全に解消されていたのだ。同様のことは医療をもっと効率よく行き渡らせることでも生じた(3)。

もっとうまく共有できるようにした結果は驚くべきものだった。戦争があった一九四〇年代の一〇年間に、イングランドとウェールズの平均寿命は、その前の一〇年間と比べて男性で六・五歳も急激に伸びた。女性では平均寿命は七歳伸び、戦前の一〇年間の一・五歳の伸びをはるかに上回ることになった。イギリスはそれ以前にも食糧、医療品などの物資不足に直面していたが、第二次世界大戦中には本当に抜本的な変化が生じていたのだ。おそらくは戦争に関連した不幸を集団で分かち合ったことが、ともに肩を組んで戦う必要性の理解と相まって、そのような協力的な視点や、統合に向けた対話を生みだしたのだろう。それどころか、リチャード・ハモンドによる戦時中の食糧配給の研究が示すように、イギリスは他者を飢えたまま放置することはできないという新たな確信——説得の共有——を発達させたのだ。「国民を養うことにたいするイギリス国家の姿勢に、革命が起こったのである」(4)。そしてこの共有の文化が、とりわけ国民保健サービスの保護下で確立し、明らかに繁栄するようになると、それをすべてなし崩しにして、戦前のひどく不平等で、社会の健康状態に格差がある状況に戻ろうとする本格的な誘惑はなくなった。戦時中にも戦後にも、より衡平な社会を強く主張したアナイリン・ベヴァンが、イギリス最初の国民保健サービスの病院——グレーター・マンチェスターのパーク病院——を誕生させたのは、一九四八年のことだった。したがって、私がイギリスに上陸したときには、この病院はまだ創立五年目だったのである。

4

戦後のヨーロッパでは総じて何か特別なものが生まれつつあり、イギリスではとくにそれが顕著で、世界はそこから学ぶものが数多くあった。私がケンブリッジに到着してからほどなくして、私は自分のカレッジの裏手の川の近くにある金属製の椅子に座って、こう自問したのを覚えている。「インドではなぜNHSのようなものが何も生まれなかったのか？」新しい労働党政権によって強く感化されたイギリスの政治プロセスが、協力という新しい概念を試す一方で、植民地では帝国時代の昔ながらの状況がインドの独立にいたるまで、ほとんど途切れなく続いていたのだ。説得が経てきたプロセスとそれがおよぶ範囲に見られた違いは、ここではきわめて重大なものとなっていた。宗主国たるイギリスは、〔食糧や医療、説得を〕共有する体験を植民地の臣民に伝えることにはほとんど関心がなかった。新たに急進的になった戦後のイギリスの社会的成功から、植民地の臣民が手本にできた実践例もなければ、本格的に学べることもなかったのである。

実際には、インド在住のイギリス人は、イギリス本国のイギリス人とはまるで異なった方向に進んでいた。ラビンドラナート・タゴールはこの違いをとくに能弁に語っていた。最後に公開の場で行なった講義「文明の危機」で、彼はこうした点や、似たような対比について論じていた。

政府の二つの制度を対比せざるをえない。一つは協力にもとづくもので、もう一方は搾取にもとづくものだ。両者は考えうる限り正反対の状況を生みだしてきた(5)。

それどころか、イギリスで深刻な栄養不良が見事に根絶されていたちょうどその時期に、インドは途方もない飢饉——一九四三年のベンガル飢饉——に見舞われ、三〇〇万人近くが命を奪われたのだ。ヨーロッパで最先端の民主主義によって統治された国が、いったいどうしてそのような飢饉の発生を許したのか？　この問題への答えは、第7章で触れた分析と、勇気ある一人のジャーナリストによって部分的に打破されるまで情報統制が果たした破壊的な役割を、再び考えさせることになる。

ベンガル飢饉は、前述したように、日本軍が進軍したことでイギリス軍が撤退していた第二次世界大戦中に起こった。イギリスは、自国軍の撤退に関する情報が流布された場合に生じうる士気喪失を非常に恐れていた。そこで植民地政府は情報の流れを制限することにし、ベンガルの新聞を検閲して報道・出版の自由をいちじるしく制限した。だが、イギリス人所有の英字新聞『ステイツマン』は公式には検閲されなかった。その代わりに、植民地政府はその愛国精神に訴え、イギリスの戦争遂行に弊害をもたらすことは何もするなと要求したのだ。

『ステイツマン』は長期間その検閲体制に従い、紙面で飢饉に関することは何も論じないよう注意していた。しかし、一九四三年夏に同紙のイギリス人編集者のイアン・スティーヴンスが、大惨事のニュース報道を植民地政府が規制していることへの怒りを募らせ、ベンガルで困窮状態に苦しむ人びとの写真を掲載することにした。それらの写真は議論も批評も付されずに紙面に出た。

ある日——一九四三年一〇月一三日だったと私は推測すらできる——スティーヴンスは倫理的にもはや沈黙を容認できなくなり、植民地政府を誰も批判しないことにたいして募る疑念をこれ以上抑えきれなくなった。彼は明らかに、自分が職務に反しているのだと考えていた。ジャーナリストなのに、周囲で生じている最も重大な惨事について何も書いていなかったからだ。そこで、一〇月一四日に、さらに一〇月一六日にも、『ステイツマン』は飢饉に関するイギリスの政策にたいする痛烈な攻撃文を、その証拠を提供する報道記事とともに掲載した。インドには当時、議会がなかったが、イギリスにはあった。イギリスの議会は、スティーヴンスが語る以前には、この人災について議論することはなかった。そのすべてが変わったのは、『ステイツマン』が報道した直後からだった。

実際、『ステイツマン』の社説がでたあと、事態の重大さはロンドンでも議論しないわけにはいかなくなり、イギリスの新聞紙上で大きな関心を集めた。数日以内に、飢饉を食い止めるための政府介入の決議が下され、それから数週間以内に一九四三年の飢饉では初めて、公式の飢饉救済が始まった。飢饉は九カ月にわたって続いていたので、一〇〇万人以上がすでに死亡していた。最終的に世論による説得が政策を大きく変える結果になった(6)。

イアン・スティーヴンスが決定的な介入を果たしてから何年ものちに、私はケンブリッジで彼に会う機会があった。スティーヴンスがインドを引き払ったのち、キングズ・カレッジの上級特別研究員になっており、実際にそこに居住していることを、確かアポスルズの会合で教えてくれたのは、モーガン・フォースターだった。フォースターは喜んで引き合わせようと言ったが、スティーヴンスは人付き合いのよい人なので、ただ行って部屋のドアをノックしても大丈夫だろうとのことだった。そこで、私は行ってノックしてみたが、返事はなかった。ドアに鍵がかかっていなかったので、私はなかへ入った。スティーヴンスは頭立ちをして——彼がインドで身につけた習慣——部屋の隅でヨガをしており、古代の彫像のように見えた。私が現われると、彼は脚を下ろして身体の上下を正しい向きにし、それから私たちは話を始めた。彼と出会ってからまだ六、七分しか経っていなかったはずだが、私たちはカルカッタで何があったかについて語っていた。彼は自分の人生におけるその時代をたいへん誇りに思っていた。

フォースターは、最初に言葉を交わした機会に私にこう言っていた。「だがね、イアン・スティーヴンスがインドの友でないことは忘れてはいけない」。彼が言わんとしていたのは、インドの分離独立後すぐにイギリスに帰国しなかった現地在住のイギリス人たちがそれぞれの陣営に分かれたことで、スティーヴンスは明らかにパキスタン側についていた、ということだった。ヒンドゥーの反乱者とは違い、ムスリムのほうが帝国支配にさほど敵意をもっていなかったという、（ややイギリス的な）見解をスティーヴンスはもっていたが、これは少々事実とは異なる（フォースターの『インドへの道』（一九二四年）のなかでも、インド人主人公のアジズは明らかにムスリムだ）。スティーヴンスはインドの政策に、なかでもカシミール問題に、きわめて批判的だった。一九五一年に『ステイツマン』を退社したのち、彼はパキスタンに行った。これはインドで生じていた政治的な出来事に彼が不満であったことと関係するものだった。スティーヴンスがパキスタン側を支持していた事実も、私は何ら案ずることはなかった。彼がベンガルで命を救ったのは、ヒンドゥーとムスリムの双方であり、責任ある編集者として彼が果たした役割から人類がこうむった多大な恩恵は、特定の一つの地域に限られたものではなかったからだ。

5

イアン・スティーヴンスとの会話から、私はいくつかのことを学んだ。何よりも重要なことは、世論による公共の議論の弾圧が、なぜ一つの地域の全住民に惨事を招く可能性があるのか、なぜそれが飢饉すら引き起こす一助にすらなりうるのか、ということだった。このような惨事を生みだす政府は、それに関する報道を事実上弾圧できて、政策の失敗にたいする批判に直面せずに済めば、世論の怒りを免れる何らかのチャンスはあるのかもしれない。それこそ、イギリス政府がベンガル飢饉の折に、ある程度は成し遂げたことだった。スティーヴンスがホイスッルを鳴らしてからようやく、ウェストミンスターの議会は飢饉について議論しなければならなくなり、イギリスの報道機関は即座に飢饉を食い止めることを要求するようになった。そうなってようやく、植民地政府は処置を講じなければならなくなったのだ。

公共の議論には明らかに、社会がどのように機能すべきかを決める重要な役割がある。ケインズが説得を強調したことは、ジョン・スチュアート・ミルがよい政策決定をするために公共の推論を支持したことと非常によく一致する。ミルが民主主義を「議論による統治」として特徴づけたことも、同じ領域に属する問題だ。この語句は、たまたま、ミルが発した正確な言葉ではなく、ウォルター・バジョットの言葉だった（第6章で言及）。ただし、その考えが理解されるために大半のことをなしたのはミルだった。

よりよい意思決定をするための公共の推論は、啓蒙時代後の西洋世界だけでなく、ほかの社会でも、ほかの時代でも用いられていた。投票手続きがアテネ起源であることはよく言及されるが、アテネの市民が啓発／悟り《エンライトゥンメント》の源として議論に加わったことに目を留めることも重要だ。この考えはインドでも、とりわけ仏教の伝統において多くの関心を集めた。第6章で論じたように、紀元前三世紀に、インド亜大陸のほぼ全土（および今日のアフガニスタンにまでおよぶ地域）を支配した仏教徒のアショーカ大王が——最大規模の——第三回結集《けつじゅう》をその都のパトナー（当時はパータリプトラと呼ばれていた）で開催し、同じ方法で論争に決着を付けた。アショーカ大王は、開かれた議論は社会が必要とするものをより理解するうえで役立つだろうと強調した。彼は国土一帯だけでなく、その先の土地にまで、容易に読める碑文を刻んだ石柱を建てることで、この考えを広めようと試みた。それは平和と寛容を謳い、違いを解決するために定期的に秩序ある公共の議論を重ねることを訴える内容だった。

同様に、七世紀初めの日本で、仏教徒の聖徳太子がいわゆる「十七条憲法」を六〇四年に制定したとき（これはマグナ・カルタよりも六世紀前のことだ）、ほかの人びとと相談することで、より多くの情報を得ることとの必要性が主張されていた。「夫れ事は独り断《さだ》むべからず。必ず衆《もろもろ》とともに宜しく論《あげつら》ふべし」。民主主義は「議論による統治」であり、ただ投票に関するだけではないという考えは、今日もきわめて妥当なものでありつづける。近年の民主的統治の大々的な失敗の多くは、制度上の明白な障壁からではなく、まさしく公共の議論が不充分であることから生じたのだと、私は主張する。

祖父のキティモホンがアショーカ大王の公共の討論に関する勅令に私の注意を向けてくれたシャンティニケトン時代から、私はこの問題に関心をもってきたが、ミルとケインズによって社会的選択における公共の議論の役割が新たに明確になった。これは社会的選択に関する別の面で私に多くの影響を与えたケネス・アローの考えでは、さして顕著に見られた側面ではない。だが、それがピエロ・スラッファと私の午後の散歩で論じ合うことのできた社会的選択理論の多くの話題の一つであったことが、私には嬉しかった。スラッファは「社会的選択理論」という用語を使いたがらなかったが（彼はそれが不快な専門的用語だと感じていた）、議論と説得が投票と同じくらい社会的選択の一部であることを、影響力をもって私に教えてくれた。

第26章　近くに、遠くに

1

一九六〇年代初めには、私はインドで新たに経済学の中心地となった〔デリー大学の〕デリー経済学院と、この大学院を主導していたK・N・ラージ教授について、多くの評判を聞くようになった。私は一九五七年にデリーを訪れた際にラージと面識だけは得ていた。それ以来、私たちは連絡を取り合いつづけていたが、一九六一年にもらった手紙の一通で、彼が突然、「デリー経済学院での仕事に興味はありますか？」と質問してきた。私はこう返事を書いた。「実際に提供できる仕事の口があるのでしょうか？」彼はこう返答した。「それはわからない。本校の有名な年配の教授で、この教授職に就いておられたV・K・R・V・ラーオが退任したばかりで、適切な後任が見つかった場合にのみ、そのポストを譲ると言われるのです」。「そんなことが可能なのですか？」と、私はやや驚いて尋ねた。「自分が退任した教授職がいつ埋まるかを、本当に彼が自分で決められるのですか？」それにたいする短い返答は、どうやら「イエス」だった。

K・N・ラージとのやりとりのすぐあとに、V・K・R・V・ラーオの息子で、ケンブリッジで経済学を専攻する学部生だったマータヴ・ラーオが、次に私がデリーに行くことがあれば、彼の父が私と昼食を共にしたいそうだ、と伝えてきた。「美味しい南インドの昼食です」と、彼は言い添えた。マータヴはその朝、A・C・ピグーを訪ねたものの、不首尾に終わって憤慨していた。ケンブリッジの偉大な経済学者のピグーは、はるか昔にV・K・R・Vがケンブリッジで博士課程にいたころの指導教官だった。マータヴは予約を取っていたのだが、学寮の三階にあったピグーの部屋に行ってみると、ピグーはこう質問してきた。「ようこそ。ところで君はなぜここへきたのかね?」「私の父のV・K・R・V・ラーオはあなたのもとで博士号を取ったので、父に代わってご挨拶をするよう言われて参りました。もちろん、私からもご挨拶を」と、マータヴは答えた。「それは結構」と、ピグーは言った。「挨拶は確かにいただいた」。そう言い終わると、ピグーはその場を離れて窓から外を眺めだした。そこでマータヴは階段を、そこへたどり着いて六〇秒後に降りて行った。ピグーが訪問客から感染症をうつされるのを(世界的なパンデミックが生じるはるか以前から)真剣に恐れていたことはよく知られていたが、マータヴは自分の体験に気落ちしていて、私にそう語った。それからこうも付け足した。「私の父ならあなたに、非常に美味しい南インドの昼食をゆっくりご馳走しますよ」

その翌年、一九六二年の春に私がデリーを訪れたとき、ラーオ家の昼食は実際にゆっくりした、くつろいだものとなり、菜食主義《ベジタリアン》の料理は非の打ち所なく美味しかった。その後、帰りがけにラーオがこう言った。「私の教授職に応募してみてはどうかね?」私は自問した。「ということは、これがそれか?」面接試験を含む難関は、通り過ぎてしまったということだろうか?

実際にそのとおりだった。正式な選出プロセスは、マータヴのピグー訪問と同じくらいあっという間に終わっていた。副総長が司会を務めた短い正式な面接はあって、オミヨ・ダシュグプトとI・G・パーテル両教授からの質問があった。その後すぐさま仕事のオファーをもらった。ノボニタとはすでにその可能性について話し合っており、彼女はたいそう喜んでくれたので、私はその場で引き受けることができた。

一九六三年六月に、私たちは荷造りをしてデリーに向けて出発した。私たちの第一子、オントラが、九月末か一〇月初めに生まれる予定で、ノボニタはインドで産むことに強くこだわっていたのだ。ケンブリッジのアパートを片づけるときは、イギリスの親切な友人たちが何人か手伝いにきてくれた。私たちはみな、互いに離れ離れになるのが悲しかった。友人の一人が、壁に飾ってあったゴーガンの複製画——私のお気に入りの一枚——の優雅なポリネシア人一家をしげしげと眺めていることに私は気づいた。「この絵がお好きなんですか？」と、私は彼女に聞いた。「ええ」と、彼女は言った。「とってもね。でも、私は御家族の肖像のなかにいる人たちをおもに見ているの」。彼女はこう念を押した。「みなさんご親戚でしょう？」私は息をのまねばならなかったが、ゴーガンが描いたポリネシアの友人たちをもう一度見て言った。「そう、確かにそのとおりです。ただし、まだ会ったことはないんですけどね」

2

私たちは自分のすぐ身の回りの人びとをはるかに超えて、親しい友人になることができる。一方で、友情を築ける本当の可能性の多くは、地理的な障壁ゆえに決して育まれない。おそらく、ライン川沿いのリューデスハイムのワイン祭りで会った若いドイツ人女性が私にわからせようとしていたのは、そのことだったのだろう。出発の前の晩、ケンブリッジの経済学についてこぼしながらも、私はケンブリッジが自分の知り合いの幅を広げてくれたことを、大いに感謝しなければならないと思った。大学内の生活でもその外でも、与えられた多くの出会いは、この街へこなければ私が一度も知り合うことのなかったはずの人びとに会う多くの機会を与えてくれた。

遠方に住む人びとのもとまで私たちを連れてゆく作用には、何か非常に建設的なものがある。グローバル化は問題を引き起こしているとして多くの非難を受けるが、私たちの関係の広がりを価値あるものと見なせば、グローバル化をもっと前向きに考えることができる。産業革命と世界貿易網の拡大は一部の人びとには破壊的な勢力のように見えるかもしれない。だが、全般的な生活水準にもたらされた影響はさておき、そのようなグローバルな発展は、私たちを見知らぬ領域に連れてゆく活動がなければ、知り合うことのなかった人びととの関係を生みだす。それどころか、その人びとの存在すら、私たちはまったく知らないままになっていたかもしれないのだ。ほかの人びとを知ることは、自分たちの道徳の世界をどう見なすかを含め、世界をどう考えるかについて深い意味合いをもちうるものだ。

偉大な哲学者のデイヴィッド・ヒュームは、『道徳原理の研究』（一七七七年）〔邦訳は哲書房〕のなかに含まれている「正義について」と題された論文のなかで、世界貿易と、互いの経済関係の拡大が正義感を含め、私たちの道徳的な関心事をどのように広げられるかに言及していた。

〔……〕いくつかの別々の社会が互いの便宜と利益のために一種の交流を続けたと仮定すると、正義の範囲は人びとの見解の大きさと、相互の関係の力に比例して、さらに拡大する。(1)

私たちの正義感のおよぶ範囲は、誰と知り合いになり、誰と親しくなるかによるのかもしれない。そして、これは通商や交流によるものを含め、私たちの出会いによって促進されうるものだ。その反対に、親近感を覚えなければ、ほかの人びとは私たちの思考には上らず、それらの人びとについては、正義に関する私たちの関心から除外されたままになるかもしれない。実際に接することで、より広い規模で道徳について考える可能性が与えられるのだ。これはさまざまな社会のあいだだけでなく、それらの内部においても言えることだ。前述したように、第二次世界大戦中のイギリスで栄養不良がいちじるしく減少したことと、その後に国民保健サービスが設立されたことは、少なくともある程度は、戦争の緊急事態によって人間関係が新たに緊密なものになったことから生じたという考えを退けるのは難しい。イギリス社会が国民の健全な暮らし《ウエルビーイング》のためにより多くの責任を受け入れた態度の変化が、制度改革を促すのに役立ったのだ。明確に階層化された社会では、逆の方向に目を向け、カーストや階級の区別が実際に共通の目的の欠如につながる恐れがあるのではないかと問うこともできる。

私はインドで経済学を教える教師として、自分がこうした対比について考え、それを研究しなければならないことを知っていた。独立したインドの民主的な憲法の制定で指導的な役割を担った偉大な社会・政治アナリストのB・R・アンベードカル博士は、対立したツケを決して忘れるなと私たちに促した。カーストにもとづく不平等やインドの多くの地域で続く不可触民差別にたいする嫌悪の情から、アンベードカル――彼自身も「不可触民」のカーストに属していた――は、一九五六年に亡くなる少し前に、カースト制度を拒否する仏教に改宗した。ケンブリッジで過ごした最後の二年間に、私はアンベードカルがインドを中心に不平等の歴史を研究した洞察に満ちた調査録を読み、非常に強い印象を受けた。

3

インドへ最終的に引きあげる日が近づくにつれて、私はパキスタンからの友人たちとの密接なつながりを失うことを真剣に案ずるようになった。パキスタン人がおそらく敵国視する国の首都に身を落ち着けてしまったら、この友人関係を維持するのは難しくなるのがわかっていたからだ。一九六三年初めにデリーへ引っ越すための準備をしていたころ（これは初回の移動で、最終的に引きあげたのはその年の夏だった）、インドは突如として中国との紛争を始めた（一九六二年一一月の中印国境紛争）。この紛争は長くは続かなかったが、この一件は私たちすべてに隣国同士のあいだでにわかに紛争が起こる危険に注意を向けさせた。私はもちろん、パキスタンとの激しい戦争にのめり込むだけの政治的な火種が、インドにはかなりたっぷりあることは認識していた。私は戦車や飛行機に妨害される前にパキスタンを訪れて、友人たちにどうしても会いたかったので、インドへ帰国するにあたって一風変わったルートを取ることにした。まずはパキスタンのラホールへ（ケンブリッジ留学後に帰国した友人のアリフ・イフテカールの故郷）、それからカラチ（マブーブ＝ウル・ハックが当時そこに住んでいた）へ、その後ようやくデリーへと向かった。私がラホールに到着したとき、アリフは仕事でイスラマバードに行っていた。そのため、私に会いに彼が急いで戻ってくるあいだ、一日だけ自分一人で過ごした日があった。その「自由行動の日」を、私はアリフの母親から助言をもらい、格別に優雅なこの都市で美しいモスクを見学しながら過ごした。アリフはその晩、戻ってきた。イフテカール家は非常に左翼的であると同時に大金持ちでもあったので、翌日、私たちは宮殿とともに労働組合の本部も訪ねながら市内を散策した。ラホールには見るべき素晴らしいものがじつに多くあり、私は数日間にわたってそれを探索して回った。

一緒に過ごしたある夕べに、ラホール・クラブで豪勢な食事をしたあと、ちょうどその出口ゲートでアリフの車が故障した。何十台もの後続車に乗っていた人びとが、大声で抗議しながら出てきた。アリフの知り合いらしい何人かの若者が彼の車を囲んで、やたら大声で何か囃《はや》し立て始め、私にはそれが恐ろしい呪文のように聞こえた。これは不吉な事態であり、初めのうち彼らが何を言っているのか聞き取れなかったのでなおさら悪い予感がした。ようやく理解できるようになると、掛け声はスローガンのように韻を繰り返しているに過ぎず、扇動的なものではないことがわかり、私は安堵した。「ムーヴ・ザ・カール〔車を移動しろ〕」、イフテカール、イフテカール！」アリフはボンネットを開けて何かを修理していたので、私は前に進み出て自分が誰であるかを〔インド人であることを〕名乗りでた。すると、そのあとに一〇〇回もの温かい握手とも思われたものが、断固とした指示の言葉とともに続いた。「エンジョイ・パキスタン！〔パキスタンを楽しめ！〕」私は新たに得た友人たちからの命令を実行すべく、最善を尽くすことを約束した。

美しいモスクに優雅な建物のあるラホールは、楽しまずにいられない都市だ。ここにはもちろん、ムガルの皇帝や貴族たちがカシミールへ行く途中で休憩した世界最高の庭園、シャーラマール庭園もある。この都市の古い地主だったイフテカール家は――アリフの猛烈な左翼の政治活動とは好対照に――何百年にもわたってシャーラマール庭園の公式の管理人を務めていた。ムガルの皇帝たちからはいつも礼儀正しく、夏にカシミールへ避暑に行く途中でこの庭園を使用する許可を求める手紙をもらっていたのだと、アリフの母親は教えてくれた。その見事な庭園を散策しながら、アリフは自分が政治的な活動ができないことが、いかにいらだたしいかを語った。障害となっているのは、アリフの家業から求められる義務（それは確かに大きいが、可能ならばいつでも捨てる覚悟はできていると彼は言った）と、非寛容な政府による左翼の政治活動の厳格な取り締まり（こちらは克服するのがより困難だった）の双方なのだった。アリフは私たちの時代のケンブリッジ・ユニオン・ソサエティで最高の演説家であり、私がこれまで知り合ったなかでもきわめて優秀で、心の温かい人間の一人でもあった。家族の暮らしを根底から崩すことなしに、人びとを助けられることであれば、彼は何でもするだろうと私は確信していた。

私たちの親しい友人であるシリーン・カディールもやはりラホールに住んでいた。私がアリフに彼女を訪ねたい旨を告げると、シリーンについてはよい評判を聞いたことがあるが、彼女の父親であるマンズル・カディールの「反動的な」家には、どんな状況であれ私を送ってゆくことはできないと言った。彼女の父はたいそう有名な弁護士で、アリフは明らかにその政治活動に反感を覚えていた。そこで、アリフは車の鍵を私に投げてよこして、こう言った。「自分で運転するんだな！　ローレンス・ロードはそう遠くないし、僕の車はすぐ外にある」。シリーンは私が非常に大きな車を運転して彼女の家の敷地内に入ってゆくと、かなり驚いていた。

私がカラチ空港に着くと、マブーブと、もう一人ケンブリッジ時代の共通の友人であるカリッド・イクラム（彼はのちにシリーンと結婚した）が待っていた。私がインドの飛行機でインドからくるのだと思っていたカリッドは、到着が遅れているので心配していたのだと、悪気のない冗談を言った（「あれ［インドの飛行機］は非常に危険だからね」）。だが、その後、私がパキスタンの飛行機でラホールから飛んでくるだけであることを知って、彼は安堵したのだという。この当時は、インドとパキスタンの舌戦による冗談半分の言葉が、実際に嫌悪感をあらわにすること以上に多く見られた。

私はカラチで、マブーブとバニーの夫妻と何度も長々と話し込んだ。マブーブはパキスタンの計画委員会の経済部門トップという高い地位に就いていながら（彼はのちにさらに出世してパキスタンの財務大臣になった）、要するにやり場のない思いに駆られているのだと私は感じざるをえなかった。パキスタンで経済計画を活性化させる試みのなかで学んだことを、彼は説明してくれた。容易に実現できるよい方法があるのに、進歩への障壁――狭量な政治や支配的な封建的構造に由来するもの――はなかなか克服できないのだった。

魔法のようなカラチの街に太陽が沈むなかで朗々と響くマブーブの声には、深い情熱を帯びた反抗心と冷静な分析が入り交じっていた。パキスタンの昔ながらの問題にどう対処すべきかを彼は知っていたが、進歩に向けた直接の可能性を見いだせるかどうかは懐疑的だった。多くのことを――パキスタンのためだけでなく――達成したいのに、それらを成し遂げるには別の足場を探さねばならないことが彼にはわかっていた。何年かのちに、彼は国連開発計画（UNDP）でそのような機会を得て、そこで人間開発の手法を先駆けることになった。その手法では、各国はそこに住む人びとの生活の質という観点から評価されている（教育、栄養など、諸々の資源が手に入るかどうかを含め）。一九八九年夏にニューヨークで人間開発事務所が設立されていたころ、マブーブは私に何度も電話をかけてきて、こう主張した。「アマルティア、すべてを放りだして、ここへこいよ。世界とは何かを理解するんだ！」そして、一九九〇年代を通じて、彼は非常に影響力のある『人間開発報告書』を毎年発行することで、まさしくそれをなすべく相当な歩みを遂げた（この報告書で私は、片腕のようなものとして、彼を補佐する特権にあずかった）。

4

私はパキスタンからデリーへ、デリー経済学院《スクール・オヴ・エコノミー》で教え始めるのにぎりぎり間に合うタイミングで移動した。学生たちはここをDスクールと呼んでいた。私の多くのアイデンティティのうち、教師であるという認識はつねづね最も強く、それは私自身がシャンティニケトンの生徒だった時期に、仮設の夜間学校で部族民の子供たちに勉強を教えていた時期にまでさかのぼるものだった。デリーで驚くほど才能豊かな学生たちを教えて経験した興奮は、とうてい言い尽くせない。彼らが優等生に違いないとは思っていたが、それをはるかに超えていた。

私は経済理論の講義をいくつかのレベルで行なったが、長年のあいだにゲーム理論、厚生経済学、社会的選択理論、経済計画、それに認識論や科学哲学も（哲学の大学院生などに）教えたほか、数理

シャンティニケトンの庭で読書中（1964年頃）

論理学の講座も（それについて学びたいどんな人でも対象に）開いた。ジャドブプル大学のときのように、ほかの人びとに教えようと努めることで、私自身がたいへん多くを学ぶ結果となった。

私は一九六三年三月からDスクールで教え始めたが、デリー大学の年間予定では夏休みがすぐに――四月初めに――始まり、それはつまり二カ月の休暇があることを意味したので、私はケンブリッジで待っていたノボニタのもとに戻った。しかしやがてデリーへ最終的に出発する日が本当にやってくると、ノボニタと私はアテネやイスタンブルなど、途中あちこちに寄りながら長い空の旅を経てデリーに移動した。

ギリシャでは、数回の連続講義をする予定があり、素晴らしい二週間を過ごすことになった。これはアンドレアス・パパンドレウが率いる研究機関での講義だった。パパンドレウは優れた経済学者で、政治指導者としてもきわめて才能豊かな人物であり、ギリシャ国民の民主的権利のために闘っていた。ギリシャの軍事指導者たちはパパンドレウを忌み嫌っていた。私が訪問した直後に彼は逮捕され、軍事政権の犠牲になって国を追われた。しかし、世論の喚起や司法からの挑戦で、軍事政権は最終的に崩壊し、パパンドレウは華々しく帰国することができた。彼はその後、首相にまでなった。その間に彼と妻のマーガレットは私たちの親友になり、政界で浮き沈みを続けた時代を通じて連絡を取りつづけた。やはりアンドレアスという名の彼らの息子は、のちにオックスフォードの博士課程を私のもとで修め、とくに環境政策を分析して、外部性に関する優れた論文を書いた。

ノボニタと私は古代ギリシャの素晴らしい遺跡を堪能し、古代演劇の上演も何度か観ることができた。ノボニタはアッティカ方言〔古典ギリシャ文学の大半はこの言語で描かれている〕をいくらか知っており、そのことがときおり役立った。私たちがクレタ島を訪れて、ミノア文明とクノッソスの息をのむほど見事な遺跡を見学したのは、パパレンドレウの助言からだった。これらの驚異的な遺跡を見たことは、人類の文明の発展に古代世界が果たした功績を私が理解するうえで役に立った。クレタ島で古代ギリシャの歴史にどっぷり浸かりながらも、私はDスクールの学生たちのもとに早く戻りたくてたまらなかった。

5

私はDスクールで教える機会を大いに楽しんだほか、ここの多くの大学院生や若い先生たちが社会的選択理論に関心をもち始めていた事実からも恩恵をこうむった。モーリス・ドッブからは、私がほかにも社会的選択理論を研究する仲間を見つけるまでは、別のテーマを研究したほうがよいと助言を受けていた。彼の言うことは正しかったが、実際には社会的選択の専門知識をもつ学生集団をかなり急速に生みだすことが可能だったのだ。Dスクールの学生たちはほとんどが社会的選択理論など聞いたこともなかったのだが、それに関する第一回目の講義から、多くの学生たちがそれを自分のものにしようと決心するのが感じられた。驚いたことに、デリーには社会的選択理論家の集団が驚異的なスピードで出現していた。それどころか、そのうちの何人かは新境地を開き始め、この理論を拡大したほか、新たな応用方法も編みだしていた。私の最初の学生の一人、プラサンタ・パッタナイクはDスクールに入学してまもなく、説得力のある——かつ難しい——社会的選択の結果を考えだし、世界中から認められるようになった。プラサンタ本人が学生の一人として教室でベンチに慎ましく座っている前で、「パッタナイク定理」として世界各地でたたえられているものを講義することは、私にとって格別な喜びとなった。

　私たちのゼミで社会的選択理論を扱った際の興味深い特徴の一つは、たとえばヒュームやアダム・スミス、カントなど、道徳哲学の手法で役に立った考えや特徴を取り入れようと試みたことだった。私たちはまた、「社会契約」の概念のなかでホッブズ、ルソー、ロックによって入念に提示され、精査された道徳原則も論じた。すなわち、他者も同様に約束をしてくれるならば、それぞれの人が他者のために特定のことを行なう（もしくは行なわないようにする）個人間の契約のことである。構成《コンストラクティヴ》的な社会的選択の推論では、社会契約の考えは、たとえば税制が公平かどうか、あるいは食糧不足の状況にあわせて人びとが配給を受け入れようとするかどうか（前述した、第二次世界大戦中の事例のように）を評価するうえで、大いに利用することができる。(2) 私たちはまた、違反すれば罰を受けることを含む一連の契約上の義務が、相互依存を強調しなくても人びとが自分たちの務めとして受け入れる道理にもとづく義務（「無条件の義務《シャルトヒン・コルトッボ》」）と、どう対比できるかも調べた（この点は、第6

章で釈迦が『スッタニパータ』のなかで提示した議論に沿って論じた）。実際には、他者にたいする相互的義務も非相互的義務も、アダム・スミスの研究が明示するように、社会的選択の議論を通じて容易に吟味することができるのだ。

社会的選択理論家になれば、ある程度の分析能力をもてるようになるが、私たちが取り組むような社会集団の問題は、私たちが何を重要で興味深いと思うかにも左右される。(3) 教え子の何人かの学生たちが社会的選択の手法を、政策策定に関連した実際的な問題に応用した真剣さを私は誇らしく思った。私のもとには、社会的選択とはかなり異なるテーマを研究していた学生たちもいて、何人かはそれぞれの選んだ分野で並外れた才能を発揮した（主要な開発経済学者となったプラバート・パッタナイクはその一人である）。若い学生たちの学業成果が世界的な関心を集めることがいかに嬉しいことであるかは、自分自身がどうかかわったにせよ、言葉に尽くせないものがある。

6

デリーで教えることはたいへん充実感のあるものだったが、インドで機会喪失が蔓延している現実には目を背けられなかった。問題は貧困だけではなく、学校教育や基本的な医療を含む、欠くことのできない公共サービスが欠如しているゆえでもあった。これはそのような便宜を図ることに人びとが無関心だからではなく、学校教育や基本的な医療に向けられた公共の資源が驚くほど少ないためだった。こうした公共施設が途方もなく無視された現状には、公共政策を決定するうえでも、経済を計画するうえでも、社会からの関心がごくわずかにしか向けられていない。独立した民主主義国家となったインドでは、確かに飢饉は克服されたが、栄養不良は広範囲に残りつづけたし、すべての国民が受けられる基本的な医療も相変わらずなかった。この教育と医療の不足は、インドで社会・経済面の不平等が持続していることと密接にかかわっていた。インド社会の最下層で顧みられることのない人びとには、特権階級とは異なり、教育も医療もほとんど使い道がないのだとしばしば考えられており、そのようなとんでもない誤解が昔ながらの不均衡をさらに硬直化させていた。

社会から見放された状況の本質を、何人かの学生（アヌラダ・ルターやプラバート・パッタナイクなど）とともに調べようと試みた際に、国内の全般的な不足状況の総計と、国民のなかでとくに貧しく、不利な立場にある人びとの深刻な困窮状態の関係を調べることは有益だった。

インドでは不平等は長い歴史をさかのぼって存在しており、歴史的には世界の大半の国よりも過酷なものだった。それらの不足状況には、所得や財産における大きな格差（貧困層と極貧層を不自由のない層や富裕層と区別するもの）だけでなく、低い社会的地位や社会の負け犬としての悲惨な立場などの多大な社会的不衡平も含まれ、その末端に不可触民は置かれていた。紀元前六世紀にはすでに釈迦が、人間を互いに分断し隔離する社会的障壁を許容することに反論を唱えていた。それどころか、運動としての仏教は、世界の本質をめぐる認識論や形而上学からの抜本的な離脱であるのと同じくらい、社会的不衡平にたいする反論でもあったのだ。

7

私はDスクールの授業で、戦時中と戦後のイギリスで不平等が減少した事例を、インドが明らかに学ぶことのできるものとして利用することに決め、適切な参考資料を探した。イギリスからは（大英博物館収蔵の）マルクスの著作物だけでなく、イングランドおよびスコットランドにおける政治経済学の創始者であるアダム・スミスの先駆的な声も見つかった。私はケンブリッジの経済学のカリキュラムでは、スミスの著作にはほとんど出合わなかったが、それ以前にプレジデンシー・カレッジでいくらか多く、そしてカレッジ・ストリートの道路の向かい側のコーヒーハウスでの会話ではさらに多く遭遇していた。Dスクールの授業のために教材を集めるなかで、私はインドにおける不平等とその解決策の理解に、スミスがいかに重要であるかを見てとることができた。

アダム・スミスは、市場とは無縁の制度を利用して市場プロセスを補うことに本格的な関心を抱いていた。たとえば、政府が支援する教育や医療といった公共サービスを拡大するための国家の介入によってである。対立や不足を克服するうえで、さまざまな制度を組み合わせることにいかに明らかな利点があるかを授業のなかで論じられたのは有益だった。国民のなかでも深刻な困窮状態にある人びとにとってはなおさらのことだ。

スミスの道徳的推論の説得力のある要素の一つは、彼が「中立的な観察者」と呼ぶものの利用だ。個人的な偏見、あるいは地域特有の偏見をもたない外部の人間であれば、不平等な状況が続くような特定の状況をどのように評価するだろうかと想像することによって、先入観も対立もない、私たちが利用すべき状況に関心を向けることである。授業での議論では、私たちはリチャード・ハモンドやリチャード・ティトマスなどの社会学者がまとめた研究結果を利用した。なかでも、イギリスの戦後の復興が、戦争中に国民が体験した協力的特性からどれだけ教訓を得ていたかを参考にした(4)。

授業での議論には、貧困者や恵まれない人びとに深く共感を示していたスミスが、高い地位の人間の主張する「優越性」につねづね立ち向かっていた事実も含まれていた。私たちが検討したある事例は、一七五九年に刊行されたスミスの『道徳感情論』(5)からのもので、そこにはイングランドの上流階級がアイルランドに抱いていた偏見が記されていた。もう一つの事例も、やはり『道徳感情論』からのもので、欧米の上流階級の相当部分が奴隷制の悪習を許容しつづけていることに関するものだった。私のクラスの学生たちは、インドで最下層カーストの人びとに恐ろしく屈辱的な仕事を強制し、奴隷制と同じくらい道徳を退化させてきた不平等の制度を見事に調査した。

奴隷制のような忌むべき制度をスミスが断固として拒んだことは、彼の友人のデイヴィッド・ヒュームが同じ問題で示した姿勢とも比べられる。ヒュームは、前述したように、人間の関係はできる限り幅広くあるべきだと考えていた。だが、奴隷制には総じて批判的ではあったものの、ヒュームの反対論にはやや弱さが見られた。かたやスミスは人種主義を徹底的に嫌悪し、どんな形態にせよ奴隷制はまったく受け入れられないとひるむことなく宣言していた。彼は奴隷所有者たちが奴隷を下等生物と見なしていることに憤慨していたのだ。

自分の論点を主張するために、スミスはアフリカから奴隷として強制的に連行された人びとは、白人に劣らないだけでなく、白人の奴隷所有者に比べれば、重要な点でより優れた人間だと明言した。

アフリカの海岸からきた黒人《ニグロ》で、この点においてある程度の寛大さをもち合わせない者は一人もいない。それはその下劣な主人の心にはまず浮かびもしないような寛大さなのである。(6)

Dスクールの講義で、私がスミスからのこの一節を読みあげたとき、クラス内で安堵のため息――および実際には興奮――を感じたのを覚えている。デリーの私の教え子たちはアフリカの海岸からの人びとについてはあまり知らなかったかもしれないが、遠くの地でも近くでも、不当な扱いを受けてきた人間同士のあいだに即座の連帯感が生まれた。学生たちはスミスの言葉に説得されただけではない。その言葉に誇りを感じたのだ。

地理と時間の境界を超えて広がる私たちの理にもとづく共感は、スミスの場合と同様に、自然に湧きでる愛情や議論の力から生まれてくるのかもしれない。ラビンドラナート・タゴールの思想は、本書でたびたび取りあげてきたが、彼は本能的に抱く共感と推論による説得の双方がもつ圧倒的な重要性を正しく見抜いていた。じつに多くの人びとが、その人種や居場所ゆえに世界の関心事から除外されている事実に、彼は衝撃を受けていた。一九四一年に彼が死の直前に行なった最後の公共の場での講演で、タゴールは人類の一部が受けてきた扱いへの嫌悪の情を表わした。それはちょうどスミスが、人間を奴隷とすることは許容できないと感じたのとよく似ていた。タゴールはこう述べた。

人類に与えられた最高の、最も尊い才能が、特定の人種や国の独占であるはずがない。その範囲は限られてはいけないのであり、地中に埋められた守銭奴の財宝と見なされるべきでもない。(7)

スミスやタゴールが主張した人間の根本的な尊厳や理解が、学生たちにこれほど明確に理解されたことを知ったときには心強く感じた。これは間違いなく、世界にとって強い希望の源になるに違いない。

訳者あとがき

一五年以上前に翻訳の仕事で、私は初めてアマルティア・センを知った。その数年前に、センが目の敵のようにしていたサミュエル・ハンチントンの書の翻訳に携わったという経緯だけで頂戴した仕事だった。センがどれだけの人であるか、当時の私は恥ずかしながら知りもしなかったのだが、その書でセンが語っていたことは脳裡に深く残った。

のちに彼の『アイデンティティと暴力』の翻訳にもかかわったので、ヒンドゥーとムスリムの集団間で発生した暴動を子供時代に間近に経験したことから、アイデンティティ問題を深く考えるようになった経緯などは知っていたし、ナショナリズムの弊害とともに、ヘイトクライムから国内外の紛争まで、さまざまな問題に遭遇するたびに、これらの書のなかで彼が力説していた言葉が私の心の拠り所となってきた。

八十代後半という高齢のセンが大部の回顧録を執筆したという話をうかがったときは、多数の研究者がおられるのに僭越だなと思いつつ、すぐさま手を挙げた。なにしろ、彼はイギリス領インドで生まれ、戦後はインド分割とともに故郷のダッカを追われ、ラビンドラナート・タゴールが創設したシャンティニケトンの学校で学び、一九五三年にはケンブリッジのトリニティ・カレッジに留学し、その後、経済学者、哲学者としてアメリカやインドでも華々しい活躍をし、一九九八年にはノーベル経済学賞を受賞、私が初めて知ったころには古巣のトリニティ・カレッジの学寮長を務めていた人である。その長い人生録が面白くないはずはない。

一〇年の歳月をかけて少しずつ執筆したという、四〇〇ページを超える大著は、*Home in the World: A Memoir*（『世界のなかの家――回顧録』）と題され、想像をはるかに超えるものだった。母方の祖父キティモホン・シェンがタゴールの右腕であり、少年時代にマハートマー・ガーンディーにも会ったという彼は、インドでもきわめて恵まれた知的環境に育ったことは間違いない。

二〇〇万人とも三〇〇万人とも言われる人びとが餓死した一九四三年のベンガル大飢饉には、九歳のころシャンティニケトンで遭遇した。市場に食べ物がなかったわけではなく、事実、彼の家族は飢えることはなかったのだが、米価が七〇パーセントも上がり、貧困者の手には入らないものとなっていたことを彼はのちに知る。多感な時期に目の前で餓死する人びとを見て、なぜ飢饉が起こったのか、どうすれば防げたのか、という少年時代に受けた衝撃や歯がゆさが、彼を経済学者の道へ進ませたと言っても過言ではない。食糧を買う権利を保有しているかどうかが、生死の境目となったと分析する彼は、「エンタイトルメント」（権利・資格の保有）という概念を後年、追究する。

シャンティニケトンの学校で打ち込んだのは数学とサンスクリットだったという彼は、問題を冷静に分析する数学者としての側面と、インドの哲学や文学の遺産を原文で読み、理解できる思想家としての側面を兼ね備えていた。つねに言葉の定義を深く追究し、どこに問題があったのかを分析する彼の著作には、必然的に日本人には理解しにくい「セン語」とすら言えるようなカタカナ語が頻出する。ケイパビリティ、エージェンシー、エンパワーメントの類いだ。しかし幸い、本書は回顧録でもあるため、こうした用語はほとんど使われておらず、たとえやや踏み込んだ経済理論や倫理の話題でも、彼がそう考えるにいたった具体的な経緯が書かれているのでわかりやすい。これまでセンを読もうとして挫折した方にも、本書はぜひお勧めしたい。

インドからの若い留学生だったセンが、まだ人種的偏見が多く残っていた時代に、ユーモアたっぷりの態度でそれを軽く受け流し、ケンブリッジで頭角を現わし活躍する様子が綴られるイギリス時代の数章はじつに印象的だが、故郷ベンガルで、じつに大勢の親戚や知人・友人に囲まれながら育った子供時代の活気あふれる情景も忘れがたい。外国暮らしが長いセンだが、いまでもインド国籍のままで年に数回はシャンティニケトンのプロティチ（プラティーチー）の家に戻っているという。コロナ禍でそれができないと嘆いておられたが、もう帰省できたのだろうか。

彼の出身地のダッカはいまではバングラデシュになり、シャンティニケトンはインドの西ベンガル州と分断されてしまったが、センにとってはどちらも大切な心の故郷のベンガルなのだ。必然的に、本書にはベンガル語の人名や地名をはじめ多くの言葉が登場する。ベンガル語は世界で七番目に話者数の多い言語だというのに、これまでベンガル語の言葉はたいがいヒンディー語読みされるか英語読みされてきた。実際の発音はかなり異なることがわかったので、東京外国語大学大学院総合国際学研究科のベンガル文学者の丹羽京子教授に、同研究科博士課程に在籍されているベンガル語専門の石川さくらさんをご紹介いただき、大量の単語の読み方のご指導を受けた。この場を借りてお二方にお礼を申しあげる。それによってサンティニケタン、シャーンティニケタンなどと記載されることの多かったタゴールの学校は、シャンティニケトンになった。センの祖父はクシティモハン・センと書かれることが多いが、前述のようにキティモホン・シェン、映画監督のサタジット・レイはショットジットット・ラエとなった。アマルティア・セン自身もベンガル語読みすればオモルト・シェンになるが、タゴールやチャンドラ・ボースなどとともに、従来の表記があまりにも定着している人は例外とした。

戸惑われる方もおられるだろうが、ベンガルへのセンの思いに少しは沿うことができたのではないだろうか。

最後になったが、『アイデンティティと暴力』につづいて、センの研究者でもない私にこの貴重な本の翻訳を任せてくださり、訳者のいたらぬ点を丁寧に補ってくださった勁草書房の上原正信氏に、心から感謝申しあげる。

二〇二二年一一月

東郷えりか

●著者紹介

アマルティア・セン（Amartya Sen）
ハーヴァード大学経済学・哲学教授。1998年にノーベル経済学賞を受賞。1998年から2004年までケンブリッジ大学トリニティ・カレッジの学寮長（マスター）を務めた。
『自由と経済開発』（日本経済新聞社）、『議論好きなインド人』（明石書店）、『アイデンティティと暴力』（勁草書房）、『正義のアイデア』（明石書店）などの著書は高く評価されており、40カ国語以上に翻訳されている。2012年にアメリカのオバマ大統領より国家人文学勲章が授与され、2020年にはドイツのシュタインマイヤー大統領よりドイツ書籍協会平和賞を受賞した。

●訳者紹介

東郷 えりか（とうごう えりか）
上智大学外国語学部フランス語学科卒業。本書以外のアマルティア・センの訳書として『人間の安全保障』（集英社）、『アイデンティティと暴力』（勁草書房）がある。ほかに、ルイス・ダートネル『この世界が消えたあとの科学文明のつくりかた』（河出書房新社）、グレタ・トゥーンベリ編著『気候変動と環境危機——いま私たちにできること』（河出書房新社）、トリストラム・ハント『エンゲルス——マルクスに将軍と呼ばれた男』（筑摩書房）など訳書多数。

人名索引

ア　行

カ　行

サ　行

タ　行

ナ　行

ハ　行

マ　行

ラ　行

事項索引

ア　行

カ　行

サ 行

タ 行

ナ 行

ハ 行

マ　行

ヤ　行

ラ　行

原　注

第13章　マルクスをどう考えるか

（1）　ドッブは、サミュエルソンに関するこの説得力のある見解を、自身が応じなければならない論点として引用し、問題の本質について考える際の概算の近さと概算の妥当性を区別することでそれを試みる。ドッブが私たちの関心を引いたこの区別の重要性について、私は以下の解説でそれなりに詳しく論じた。'On the Labour Theory of Value: Some Methodological Issues', *Cambridge Journal of Economics*, 2(2)（June 1978）, pp. 175–90.

（2）　Maurice Dobb, *Political Economy and Capitalism: Some Essays in Economic Tradition*（1937）（Abingdon and New York: Routledge, 2012）, pp. 1–33〔『政治經濟學と資本主義』M・ドッブ著、岡稔訳、岩波書店、1952年〕.

（3）　Karl Marx and Friedrich Engels, *The German Ideology*（1932）（New York: International Publishers, 1947）, p. 22〔『新編輯版ドイツ・イデオロギー』マルクス、エンゲルス著、廣松渉編訳、小林昌人補訳、岩波文庫、2002年〕.

（4）　以下の力強い書より引用。Aneurin Bevan, *In Place of Fear*（London: Heinemann, 1952）, p. 100.

（5）　Eric Hobsbawm, 'Where Are British Historians Going?' *Marxist Quarterly*, 2(1)（January 1955）, p. 22.

（6）　Gareth Stedman Jones, *Karl Marx: Greatness and Illusion*（London: Allen Lane, 2016）, p. 5.

第14章　若き日々の闘い

（1）　John Gunther, *Inside Europe*（London: Hamish Hamilton, 1936）『現代ヨーロッパの内幕』J・ガンサー著、坂西志保訳、新潮社、1962年〕.

第15章　イギリスへ

（1）　当時、ブリティッシュ・カウンシルとその図書館はカルカッタのシアター・ロードという通りにあったが、ここはすぐに市当局によって「シェクスピアル・シャロニ」（シェイクスピア通り）と改称された。イギリスの植民地主義者はこの点においては、アメリカよりも市当局から優遇された。ベトナム戦争のさなかに、アメリカ領事館があったハリントン・ストリートは「ホー・チ・ミン・シャロニ」に改称された。

第18章　何の経済学か？

（1）　A. C. Pigou, *The Economics of Welfare*（1920）（Basingstoke: Palgrave Macmillan, 4th edn, 1932）, p. 5〔『ピグウ厚生経済学』A・C・ピグウ著、気賀健三ほか訳、東洋経済新報社、改訂重版、1965年〕.

（2） Thorstein Velben, *The Theory of the Leisure Class* (1899) (Abingdon: Routledge, 1992)〔『有閑階級論』ソースティン・ヴェブレン著、大野信三訳、日本図書センター、2008 年〕.

（3） J. de V. Graaff, *Theoretical Welfare Economics* (London: Cambridge University Press, 1957)〔『現代厚生経済学』J・de・V・グラーフ著、南部鶴彦・前原金一訳、創文社、1973 年〕.

第 20 章　語り合いと政治

（1） Tam Dalyell, *The Importance of Being Awkward: The Autobiography* (Edinburgh: Birlinn Ltd, 2011).

（2） A. C. Pigou, *The Econoimcs of Welfare* (1920) (Basingstoke: Palagrave Macmillan, 4th edn, 1932)〔『ピグウ厚生経済学』A・C・ピグウ著、気賀健三ほか訳、東洋経済新報社、改訂重版、1965 年〕.

（3） W. G. Runciman, Amartya K. Sen, 'Games, Justice and the General Will', *Mind*, LXXIV (296) (October 1965), pp. 554-62.

（4） Amartya Sen, *The Idea of Justice* (London: Allen Lane, 2009)〔『正義のアイデア』アマルティア・セン著、池本幸生訳、明石書店、2011 年〕.

第 21 章　ケンブリッジとカルカッタのあいだで

（1） Ranajit Guha, *A Rule of Property for Bengal* はもともと 1963 年にムトン社と高等研究実習院〔フランスの大学院大学〕から刊行され、1982 年にオリエント・ロングマン社から再版された。その後、1996 年にデューク大学出版局から再版された（このとき私は長めの序文を書く特権にあずかった）。以前は貴重品を航空便の安全な小包で送るのは（インドの教師の給料と比較して）かなり料金が高かったので、最終原稿を自分の書類鞄に入れてヨーロッパまで運び、それを出版社に送る楽しい仕事は私に任せられた。ムトン社と高等研究学習院へ、である。

第 22 章　ドッブ、スラッファ、ロバートソン

（1） D. H. Robertson, 'Preface to 1949 Edition' *Banking Policy and the Price Level* (1926) (New York: Augustus M. Kelley 1949), p. 5.

（2） 私はトリニティ・カレッジに、スラッファが残したイタリア語の書類を、少々費用をかけて翻訳するよう説得を試みてきた。1983 年にスラッファが死去した際に、トリニティは彼から 100 万ドル以上の遺産を受け取っているのに、残念ながら私は自分のカレッジに、比較的わずかな額を翻訳に割り当てさせることに成功していない。翻訳のための助成金が得られていたら、2 人のイタリア人学者の手を借りて、シェリル・ミサック教授（フランク・ラムジーに関する素晴らしい本の著者）と共同で取り組んだのだが。研究支援のために私がわずかな資金すら得られないのを見て、シェリルはトリニティにいる私の哲学の同僚ヒュー・リチャーズに、「元学寮長はこのカレッジに何の影響力ももっていないの？」と尋ねた。ヒューはこう説明した。「学寮長なんてカレッジには何の影響力もない

ことを知るべきだよ、シェリル。そして元学長となれば、それ以下だ」

（3） Piero Sraffa, *Production of Commodities by Means of Commodities: Prelude to a Critique of Economic Theory* (Cambridge: Cambridge University Press, 1960)〔『商品による商品の生産——経済理論批判序説』ピエロ・スラッファ著、菱山泉・山下博訳、有斐閣、1978年〕.

（4） Joan Robinson, 'Prelude to a Critique of Economic Theory', *Oxford Economic Papers*, New Series, 13(1) (February 1961), pp. 53-8.

（5） Ray Monk, *Ludwig Wittgenstein: The Duty of Genius* (London: Jonathan Cape, 1990), p. 487〔『ウィトゲンシュタイン——天才の責務』レイ・モンク著、岡田雅勝訳、みすず書房、1994年〕.

（6） グラムシの *Prison Notebooks* は（*The Modern Prince and Other Writings*, London: Lawrence and Wishart, 1957とともに）、グラムシの視点をより深く理解するうえで役立つ。

（7） Antonio Gramsci, *Selections from the Prison Notebooks*, Quintin Hoare and Geoffrey Nowell Smith, eds and trans (London: Lawrence and Wishart, 1971), 'The Study of Philosophy (Some Preliminary Points of Reference)', p. 323.

第23章　アメリカでの出会い

（1） Amartya Sen, 'On the Usefulness of Used Machines', *Review of Economics and Statistics*, 44(3) (August 1962), pp. 346-8.

（2） Paul A. Samuelson, *Foundations of Economic Analysis* (Cambridge, MA: Harvard University Press, 1947)〔『経済分析の基礎』P・A・サミュエルソン著、佐藤隆三訳、勁草書房、1986年〕.

（3） 私の論文は以下のものだった。'Interpersonal Aggregation and Partial Comparability', *Econometrica*, 38(3) (May 1970), pp. 393-409. この手法のより詳細な研究結果については以下を参照。Amartya Sen, *Collective Choice and Social Welfare* (1970) (republished Amsterdam: North-Holland, 1979; expanded edtion, London: Penguin books, 2017)〔『集合的選択と社会的厚生』アマルティア・セン著、志田基与師訳、勁草書房、2000年〕.

第24章　ケンブリッジ再考

（1） James M. Buchanan, 'Social Choice, Democracy, and Free Markets,' *Journal of Political Economy*, 62(2) (April 1954), pp. 114-23、および 'Individual Choice in Voting and the Market,' *Journal of Political Economy*, 62(3) (August 1954), pp. 334-43.

（2） この対比と関連したいくつかの違いの批判的検討は、のちに米国経済学会で行なった私の会長挨拶に含めた。'Rationality and Social Choice,' *American Economic Review*, 85(1) (1995), pp. 1-24.

（3） この講演録は以下のように出版されている。'Internal Consistency of Choice,' *Econometrica*, 61(3) (1993), pp. 495-521.

（4） この引用と英訳の出典、およびスラッファとグラムシの関連の見解については、以下

を参照のこと。Jean-Pierre Potier, *Piero Sraffa—Unorthodox Economist (1898-1983): A Biographical Essay* (1991) (Abingdone: Routledge, 2016), pp. 23-27.

(5) Karl Marx and Friedrich Engels, *The German Ideology* (1845) (New York: International Publishers, 1947), p. 22〔『新編輯版ドイツ・イデオロギー』マルクス・エンゲルス著、廣松渉編訳、小林昌人補訳、岩波文庫、2002年〕.

(6) Amartya Sen, 'The Impossibility of a Paretian Liberal', *Journal of Political Economy*, 78(1) (Jan.-Feb., 1970), pp. 152-157〔「パレート派リベラルの不可能性」『合理的な愚か者——経済学＝倫理学的探究』アマルティア・セン著、大庭健・川本隆史訳、勁草書房、1989年〕.

第25章　説得と協力

(1) これらの4人の先駆者たちのうち3人は1970年代にエヴァ・コロルニと結婚した際に、私の親戚になった（エヴァはウルスラとエウジェニオの娘で、アルティエロの継娘だった)。私は1970年代にアルティエロとウルスラと2つの宣言の背後にあった動機について話をする多くの機会に恵まれた。エウジェニオは1944年5月に、アメリカ軍がローマを解放する2日前に、ファシストによって殺された。私はこうした歴史の展開について、エヴァや彼女の姉のレナータ、妹のバルバラとも話をして多くを学んだ。

(2) John Maynard Keynes, *The Economic Consequence of the Peace* (London: Macmillan, 1919; New York: Harcourt, Brace and Howe, 1920: republished with an Introduction by Robert Lekachman, New York: Penguin Classics, 1995)〔『平和の経済的帰結』ケインズ著、早坂忠訳、東洋経済新報社、1977年〕.

(3) R. J. Hammond, *History of the Second World War: Food*, Vol. II, *Studies in Administration and Control* (London: HMSO, 1956) and Brian Abel-Smith and Richard M. Titmuss, *The Cost of the National Health Service in England and Wales*, NIESR Occasional Papers, XVIII (Cambridge University Press, 1956).

(4) R. J. Hammond, *History of the Second World War: Food*, Vol. I, *The Growth of Policy* (London: HMSO, 1951). 以下も参照のこと。Richard M. Titmuss, *History of the Second World War: Problems of Social Policy* (London: HMSO, 1950).

(5) Rabindranath Tagore, *Crisis in Civilization* (Calcutta: Visva-Bharati, 1941).

(6) スティーヴンスは以下の本に、彼の経験や疑問が募ったことや、最終的に反旗を翻した経緯を書いている。Ian Stephens, *Monsoon Morning* (London: Ernest Benn, 1966). 彼は当然ながら、自分が変化を引き起こしたことをやや誇りに感じていた。私がロンドンで『タイムズ』紙に追悼文を書いた唯一の機会は、同紙のスティーヴンスの公式の訃報が、ベンガル飢饉を食い止め、おそらくは100万人の命を救ううえで彼が果たした役割に言及もされていないことに気づいたためだった。『タイムズ』紙が私の補足の追悼記事を掲載してくれ、スティーヴンスならば受けて当然の正当な評価を与えることができたときは嬉しかった。

第26章　近くに、遠くに

（1）David Hume, *An Enquiry Concerning the Principles of Morals* (1777) (LaSalle IL: Open Court, 1966), p. 25〔『道徳原理の研究』D・ヒューム著、渡部峻明訳、晢書房、1993年〕. この発言の心の広い寛容さは、「白人」の優越性についてやはりヒュームが残した別の発言とは相容れないものがあるようだ。アダム・スミスが人種的あるいは民族的な偏見をにおわす言葉すら決して口にしなかったのとは対照的に、ヒュームは明らかに自分の見解に若干の矛盾を許していた。

（2）よい社会を築くためにさまざまな種類の幅広い社会契約が必要だという議論については、以下を参照のこと。Minouche Shafik, *What We Owe Each Other: A New Social Contract* (London: The Bodley Head, 2021).

（3）私がプレジデンシー・カレッジの学部生だったころ、非常に若い先生だったタポシュ・モジュムダルは（彼については、私におよぼした影響を含め、第12章で述べた）、のちに社会的選択理論を、インドだけでなく世界各地の教育問題に応用することに大いに関心をもつようになった。デリーのジャワハルラール・ネルー大学を拠点に研究をしながら、彼はこの社会的選択の分野の範囲と重要性を大幅に増してくれた。

（4）以下を参照。Richard Titmuss, *Essays on 'The Welfare State'* (1958) (Bristol: Policy Press, 2019)〔『福祉国家の理想と現実』R・M・ティトマス著、谷昌恒訳、東京大学出版会、複製版復刊、1979年〕, R. J. Hammond, *History of the Second World War: Food*, Vol. I, *The Growth of Policy* (London: HMSO, 1951), Richard M. Titmuss, *History of the Second World War: Problems of Social Policy* (London: HMSO, 1950).

（5）Adam Smith, *The Theory of Moral Sentiments* (1759). アマルティア・センによる序文がある以下の記念版も参照。Ryan Hanley ed (London: Penguin Books, 2009)〔『道徳感情論』アダム・スミス著、村井章子・北川知子訳、日経BP社、2014年など〕.

（6）Adam Smith, *The Theory of Moral Sentiments* (1759), Vol 2, Chapter II, 'Of the Influence of Custom and Fashion upon Moral Sentiments'.

（7）Rabindranath Tagore, *Crisis in Civilization* (Calcutta: Visva-Bharati, 1941).

アマルティア・セン回顧録　下
イギリスへ、そして経済学の革新へ

2022年12月20日　第1版第1刷発行

著　者　アマルティア・セン
訳　者　東《とう》郷《ごう》えりか
発行者　井　村　寿　人

発行所　株式会社　勁《けい》　草《そう》　書　房
112-0005　東京都文京区水道2-1-1　振替　00150-2-175253
（編集）電話　03-3815-5277／FAX　03-3814-6968
（営業）電話　03-3814-6861／FAX　03-3814-6854
本文組版 プログレス・堀内印刷・松岳社

ISBN978-4-326-55090-6　　Printed in Japan